언저리 에세이

문풍지의 노래

위트와 해학이 넘치는 지성의 필체

초판 1쇄 인쇄 • 2018년 5월 29일
지은이 • 이정희
펴낸이 • 이승훈
펴낸곳 • 해드림출판사
주 소 • 서울 영등포구 경인로82길 3-4(문래동1가 39)
        센터플러스빌딩 1004호(우편07371)
전 화 • 02-2612-5552
팩 스 • 02-2688-5568
E-mail • jlee5059@hanmail.net

등록번호 • 제2013-000076
등록일자 • 2008년 9월 29일

* 책값은 표지에 있습니다
* 잘못된 책은 바꿔드립니다
* 이 책은 성남시 문화예술진흥기금 일부를 받아 제작하였습니다.

ISBN 979-11-5634-286-1

언저리 에세이

문풍지의 노래

위트와 해학이 넘치는 지성의 필체

이정희 지음

해드림출판사

작가의 말

해학과 유머로 꾸민 언저리 에세이

전망이 좋은 곳에 살고 싶었다.
앞이 탁 트인 풍광이 매우 아름다운 곳, 무성한 나무와 새가 어우러지고 푸른 하늘이 베란다 창을 통해 가득 들어오는 곳, 그런 곳에 살고 싶었다.
그런데 덤으로 맑고 아름다운 탄천까지 한눈에 다 보이는 그런 집을 갖게 되었다.

베란다 곳곳에 심어 둔 꽃은 나날이 그 꽃봉오리를 피워 올리고, 나무는 잎과 가지를 살찌우며, 씨앗은 싹을 틔워 봄날에 맞게 각각 제 본분을 다하고 있다.
2002년 첫 시집 출간을 기점으로 5권의 시집을 내었다. 그간 문학 활동을 꾸준히 해 왔고 작품 활동도 부지런히 해 왔기에, 나도 어느 정도 나무와 꽃, 씨앗처럼 문학인의 본분을 잊지 않고 있다고 생각한다.
문학에 대한 욕심이 많아서 장르를 불문하고 많은 글을 쓰고 있다. 이번에 내는 「문풍지의 노래」는 '언저리 에세이'다. 해학과 유머가 곳곳에 깔려 있어 순수 에세이라고 말하긴 뭣해서 '언저리' 단어를 살짝 덧붙인 것이다. 나의 성격이 밝고 활달해서이기도

하지만, 부담 없이 읽을 수 있기 때문이다. 유년기의 추억에서부터 교단 시절의 경험, 사색의 창을 통해서 꾹꾹 담아 두었던 긴 생각들을 짧은 시로 나타내기에는 또한 무리가 따르기도 했기 때문이다.

올해는 큰일을 두 개 겪었다. 하나는 내 정신적 지주이셨던 아버지께서 91세를 일기로 멀리 떠나신 것이다. 아버지는 그토록 사랑하셨던 어머니와 함께 이제 대전 국립현충원에 계신다. 세상을 살아오면서 먼저 떠나신 나의 어머니를 통해 자비심, 사람됨, 문학성을 배웠고, 아버지를 통해 강직함, 철저함, 유머를 배웠다. 그런 훌륭한 분들을 이제는 마음속으로만 그리워해야 한다.

또 하나는 내가 건강을 잃어 병원 신세를 진 것이다.

이 책을 헌신적 사랑으로 간호한 나의 애틋한 남편과 가족들, 그리고 아버지, 어머니, 형제들께 바치고 싶다.

발간을 위해 수고해 주신 '해드림출판사' 이승훈 사장님께 감사를 드리고, 다시 나를 새롭게 이끌어 주신 하나님께 감사의 마음을 드린다.

2018년 5월

溫鄕 이 정 희

차례

작가의 말 - 4

1부 : 봉숭아 꽃대

산타클로스의 선물 - 12
봉숭아 꽃대 - 18
누룽지 - 24
달을 따라서 - 27
먹을 줄 아는데 - 30
튀밥과 커피 - 36
옥수수 식빵 - 40
우산 - 43

조기와 현충일 - 47
명품 몸뻬 - 55
그리운 홍도 - 59
고위층을 접수하라 - 62
밤 한 톨 - 66
인기와 안개 - 70
끝없는 열정 - 74
잊히지 않는 그대 - 79

2부 : 문풍지의 노래

달빛 소나타 - 86
명석을 깔라니까 - 88
문풍지의 노래 - 91
담장 위의 부침개 - 94
바람의 승천 - 98
장날에 만납시더 - 101
품앗이 - 105
새참과 고수레 - 108
자치기, 그럼 때려 봐 - 113
누룽지, 누룽지야 - 117

넝마주이를 따르라 - 121
장마와 참게 - 124
뱰 뱰 꼬아 가는 길 - 128
이엉으로 엮어 가는 情 - 132
갈비야, 솔가리야 - 138
볼링과 구슬치기 - 142
고구마 빼때기 - 146
원더우먼 보자기 - 151
딱지,
속 터지는 겨울 이야기 - 154

3부 : 싸라, 싸라니까요

도토리 아지매 - 159

싸라, 싸라니까요 - 164

적반하장 - 171

잘 맞은 자에게 길이 있나니 - 175

발발 기게 될 것이다 - 183

이것들이 어쩌자고 - 188

알아도 모르는 척 - 193

잠과 침묵 - 197

정리정돈 - 203

피워, 맘대로 피워 - 208

4부 : 요것 봐라

파리약,
그 카오스의 세계 - 215
고양이의 가출 - 221
비행(飛行) 소녀 - 227
요것 봐라 - 231
임신 - 235
거머리 - 242
화려한 등교의
빛나는 쪽팔림 - 248
어떤 거래 - 255
족집게 도사의 비밀 - 262
신(神)들의 전쟁 - 269

튜브 공주의 노래 - 274
주문(呪文) - 279
우편배달부의 노래 - 283
엄마의 이름 - 288
나 잡아 봐라 - 292
길파라치 - 297
꿀 먹은 벙어리 - 302
까마귀 - 306
산중수도승(山中修圖勝)의
파계(琶溪) 이야기 - 309
쌍 바윗골의 비명 - 317

1부
····
봉숭아 꽃대

산타클로스의 선물

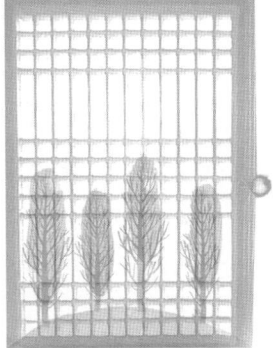

"엄마, 산타할아버지가 있어요?"
-없어.-
어느 해 겨울이었다. 어린이집에 다녀온 아들의 질문에 나는 빠르고도 단호하게 잘라서 산타할아버지는 없다고 대답해 주었다.
"으응? 우리 선생님은 분명히 산타가 있다고 했는데?"
-없어.-
"하하하, 진아, 산타할아버지는 없어."
옆에 있던 딸아이가 웃었다.
"왜 없어?"
착한 눈망울로 또랑또랑하게 묻는 아들의 그 입이 하도 귀여워서, 나는 있다고 말해 주려다 자칫 거짓말이 될 것 같아서 없다고 다시 딱 잘라서 말해버렸다.

"진아, 나도 어릴 때 산타가 있는 줄 알았는데 엄마가 없다고 해서 그 뒤로는 안 기다렸어. 그러니 너도 믿지 마라. 이 누나는 말이다, 3살 이후부턴 산타의 존재를 믿지 않았거든. 친구들이 산타를 기다릴 때, 나는 속으로 너희들 아무리 기다려 봐라. 산타가 오는지……, 엄마, 아빠가 산타인데, 이렇게 생각했단다."

딸아이는 동생에게 친절하게 설명해 주었다.

크리스마스가 다가오자 아들이 다니던 어린이집에서 선물을 보내라는 연락이 왔다. 산타 복장을 한 아르바이트생이 그날에 아이들에게 나누어 줄 선물을 준비해 달라고 했다. 그리고 아이들에게는 착한 일을 하면 산타할아버지가 선물을 준다고 말했다니, 순진한 아이들이 그 말을 철석같이 믿고, 선물을 받을 전날까지 내내 그 궁금증을 가족들에게 묻는 것을 어린이집 선생님들은 아실까?

나는 쓸데없는 희망을 갖는 것을 별로 달가워하지 않는다. 소용없는 희망은 처음부터 갖지 않는 것이다. 만약에 기대했던 것이 실망으로 돌아갈 경우, 거기에 따르는 실망이 얼마나 클 것인가를 알기에 그것을 처음부터 막기 위함이다. 그래서 큰 아이에게도 처음부터 산타는 없고 대신에 엄마, 아빠가 산타의 역할을 한다고 말했다.

"네가 엄마, 아빠를 기쁘게 하고 말을 잘 들으면, 네가 가지고 싶은 것을 엄마나 아빠가 사 줄 것이다."

아들에게 이렇게 말해주었다. 난 어릴 때 딱 한 번이자 그것이 마지막이 된 아주 멋진 크리스마스 선물을 받았었다. 어릴 때부터 철이 일찍 들어서 부모님을 기쁘게 해 드렸지만, 크리스마스가 다가와도 산타할아버지의 출현은커녕, 부스러기 선물 한 조각도 없었던 것이다. 착한 일을 하면 분명히 산타할아버지가 선물을 준다고 했는데 말이다.

나는 막내였지만 이렇다 할 말썽도 피우지 않았고, 도리어 장녀 같은 행동으로 어른들을 기쁘게 해 드렸는데도 선물이 없어서 어린 마음에 상처를 많이 받았었다.

'도대체 착한 일을 얼마나 많이 해야 산타할아버지가 선물을 주실까?'

하고, 고민을 무척 많이 했었다.

그러던 어느 해였다. 내 머리맡에 아주 귀엽게 생긴, 반짝이는 금으로 도금을 해놓은 예쁜 밥그릇 한 세트가 놓여 있었다. 그 해도 산타의 선물을 포기하고 잠에 일찍 푹 들었었는데, 자고 일어났더니 나에게도 산타가 왔다 간 것이었다. 그 일이 너무나 신기하고 주고 간 선물이 얼마나 예쁜지 눈물이 날 뻔하였다. 그러나 언니 오빠들은 나의 기뻐서 감격하는 순간을 참지도 못하고, 바른 말을 해버린 것이다.

"산타는 엄마, 아버지야. 이 바보야! 하하하 호호호······."

좋아서 눈물을 글썽이던 나에게 언니, 오빠들은 찬물을 끼얹어 버렸다. 그래서 이 세상에는 산타는 없다는 것을 알았던 것이다.

아들은 흥분하여 제가 가지고 싶은 물건을 이것저것 몇 가지를 늘어놓았다.

-한 가지만 말해!-

"엄마, 큰 자동차를 갖고 싶어."

아이는 큰 자동차를 가지고 싶어 했다. 그 말을 듣고 아이랑 함께 백화점에 갔다. 그런데 막상 장난감을 살펴보니 아이들 장난감 가격이 장난이 아니었다. 좀 괜찮다 싶으면 가격이 너무 비쌌다. 아이들의 심리는 새로운 것이 있어서 그것을 가지고 놀게 되어도, 대부분 며칠을 못 넘기고 곧장 그 장난감에 시들시들해 버린다. 그 심리대로 다 맞춰주려면 감당이 되지 않기에, 예전에는 집과 가까운 거리에 사는 친구와 의논하여 아이들의 장난감을 서로 교환하여 가지고 놀다가 돌려주는 방법을 강구했었다.

아이가 갖고 싶어 하는 것에 가격이 적당한 장난감 세트를 샀다. 잘 포장하여 어린이집에 가져갈 선물이라고 말을 했지만, 아이는 당장 그것을 가지고 놀고 싶어서 안달을 하였다.

'포장을 뜯어버리면 다시 또 하나 사야 하는데……'

집으로 돌아와 나는 이런 고민을 하다가 아이에게 가지고 놀라고 과감하게 사 온 장난감을 줘버렸다. 아이는 기뻐서 포장지를 뜯고서 장난감을 가지고 신나게 놀고 있었다. 이 선물을 가지고 갔다가 다시 받아오면 어차피 아이가 가져야 할 물건이 아닌가! 이런 생각이 미치자 고민이 말끔히 사라져버렸다.

-그래, 가지고 맘껏 놀아라.-

다음날이 되었다.

'선물을 또 하나 사야 하나 말아야 하나?'

하는 고민에 빠졌다가 번뜩이는 생각이 들었다.

-그래, 바로 그거야!-

나는 입가에 흐뭇한 미소를 머금고 베란다 창고로 갔다. 선물로 들어온 화장품 세트가 다행히 몇 개가 있어서 한 세트를 골라서 들고 나왔다. 예쁘게 포장하여 아이 편에 들려 보내려는데 아이가 물었다.

"엄마, 이 안에 든 것이 뭐야?"

-비밀! 궁금해도 좀 참아라. 산타할아버지로부터 선물을 받으면 알게 돼.-

다음 날 퇴근을 해서 돌아왔더니, 어린이집에서 돌아온 아들이 숨도 돌리지 않고 물었다.

"엄마, 산타할아버지가 왜 나에게 화장품을 선물했어? 나 아직 어린아이인데 말이야."

나는 풋 하고 웃음이 터져 나오는 것을 꾹 참고 대답했다.

-으응, 그것은 말이야. 우리 진이가 아토피 피부라서 피부 좋아지라고 화장품을 선물하신 것일 거야.-

"그래? 그런데 엄마, 다른 아이들은 다 장난감인데 나만 왜 화장품이야?"

나는 웃음이 연신 입가로 삐죽삐죽 밀고 나오는 것을 겨우 참고 말했다.

-응, 그건 말이다, 어제 진이가 장난감을 선물로 받았는데 또 달라고 하니, 아마도 산타할아버지가 엄마랑 같이 쓰라고 화장품을 주신 것 같아.-

"응, 그런데 엄마, 엄마도 아토피야?"

-아니, 엄마는 피부가 좋아. 아마도 산타할아버지가 우리 진이가 엄마랑 함께 쓰라고 주신 것 같아.-

"으응, 그렇구나."

아이는 그렇게 대답을 해 놓고도, 산타가 어린아이에게 왜 화장품을 선물했는지 그것이 이해가 잘되지 않은 모양이었다. 그리고는 틈만 나면 나에게 이렇게 되묻곤 하였다.

"엄마, 산타할아버지가 왜 어린아이에게 필요 없는 화장품을 선물했어?"

봉숭아 꽃대

 초여름부터 그리운 역사는 시작된다. 뜨거운 햇살을 담은 봉숭아꽃은 소녀의 애틋한 첫사랑이 이루어짐을 기다리는, 붉은 손톱에 흔적으로 남아서 설렘의 겨울로 가기 때문이다.
 바윗돌 밑에 뿌리를 내리고, 키 큰 나무 아래에서 올망졸망 씨주머니를 옆에 꿰어찬 봉숭아 연분홍 꽃, 하얀색 붉은 얼굴로 서로 엉켜서 민족의 슬펐던 역사를 달래주던 그 봉숭아, 나는 그 봉숭아를 보면 가슴이 저려온다.
 오동통한 올곧은 꽃대를 보면 귀여운 꽃대로서의 감정이 아니라, 눈물이 묻어나는 애정으로 다가오는 소중한 마음이 일기 때문이다. 봉숭아는 나에게 어머니의 추억으로 남아 있기에, 여름이면 초겨울의 그날로 항상 떠올려지게 만드는 꽃이다.

초등학교 4학년 때, 찬바람이 겨울을 재촉했던 초겨울이었다. 어머니는 집안 행사로 동네잔치를 열고 난 뒤, 싱싱한 물메기를 한 궤짝 사 오셔서 물메기탕을 끓여 고생한 아주머니들에게 푸짐한 뒤풀이 잔치를 열어주셨다.

바다가 가까운 지방이라, 겨울이면 싱싱한 물메기에 다디단 무를 듬뿍 썰어 넣어서 시원한 물메기탕을 끓이면, 그 국물에 추운 겨울이 녹아드는 것이기에, 못생긴 생선이라 천대받던 물메기도 겨울에는 국물 사랑을 듬뿍 받는 훌륭한 생선으로 인기가 높았다. 헐렁헐렁 일렁거리는 물메기 살, 나는 그 살보다는 맑은 국물이 좋아서 훌훌 마시는 쪽이었다.

어머니는 그날에 국 한 그릇을 비우시고 자리에 들었는데, 잠시 후 온몸에 신열이 나면서 숨을 제대로 못 쉬셨다. 모두들 체했다고 생각하며 손을 따고, 가스 활명수를 사 와서 마시게 하셨지만 차도가 없으셨다. 어머니의 얼굴은 하얗다 못해 파르스름하게 변하여 어머니는 아주 힘들게 숨을 몰아쉬셨다.

병원에 갈 생각을 왜 못 했는지 모르겠다. 하긴 그 시절에는 큰 병원도 없었거니와 그만한 일로 병원에 갈 생각을 하지 않았던 것 같았다. 민간요법으로 대처하든가 아니면 힘들게 견디면서 병을 이기는 시대였기에, 어머니 또한 그 범주에서 벗어나지 못하시고 며칠을 끙끙 앓으시며 누워 지내셨다.

이젠 물 한 모금도 제대로 마시지 못하시고 시름시름 앓고만 계시는 어머니를 보는 나는 정신이 아득했다. 어린 내가 할 수 있는 일이란, 고작 어머니 옆에 앉아 울면서 엄마가 빨리 낫기만을 바라는 것이었는데, 엄마의 병세가 심상치 않았다. 그러기를 사나흘이 흘렀다.

애타는 마음을 안고 학교를 다녀오는 길에 무작정 나이 드신 분들께 어머니의 병세를 말씀드리고 조언을 구하였다. 병은 소문을 내는 것이라 했던가? 소문이 난 병은 처방을 가져오기 마련이었다. 나이가 많이 드신 할아버지가 나를 보더니 무작정 봉숭아 꽃대를 푹 고아서 그 물을 마시게 하라고 하셨다. 그 병에는 다른 약은 필요 없다는 것이었다. 나는 너무나 기뻐서 고맙다는 인사도 제대로 드리지 않고 한걸음에 집으로 달려왔다.

봉숭아라면 시골에서는 너무나 흔한 꽃이어서 쉽게 구할 수 있으리라는 기쁨으로 뛰어왔는데, 막상 달려와 생각하니 계절을 생각하지 못한 것이다. 지금은 여름이 아니라 겨울이었다. 여름꽃이 지금까지 피어 있을 리가 만무하지만, 설령 있더라도 그 꽃대가 성하겠냐는 의심이 들자 다리에 힘이 풀리면서 턱 하니 맥이 빠져버렸다.

집집마다 돌아다니며 봉숭아꽃을 찾아봤지만 허사였다. 순간 섬광처럼 떠오르는 생각, 내가 다니는 초등학교 화단이 생각났다. 학교에는 유난히 봉숭아꽃이 많았는데, 꽃대를 다 뽑았더라도 흔적은 남아 있을 거라는 예감이 들었기 때문이다.

나는 곧장 학교로 달려갔다. 그러나 화단에나 쓰레기처리장에도 그 꽃은 보이지 않았다. 절망의 눈물이 주르르 흐르면서 어머니의 얼굴이 확대되어 나타났다. 그럴 수는 없다. 어머니를 이냥 이대로 돌아가시게 할 수 없다는 그 마음과 내가 할 수 있는 일이 없다는 생각이 들자 울음이 터져 나왔다.

운동장에 서서 엉엉 울고 있으니 학교 소사 아저씨가 뭔 일인가 싶어 놀라서 뛰어나오셨다. 내가 울먹이며 상황을 설명하자, 혹시라도 모르니 학교 앞 무논에 가 보라고 하셨다. 그곳은 학교에서 실습으로 사용하는 농업용지라서 잡초나 꽃대를 제거하면 거름으로 만들어 쓴다고 그 무논에 버린다고 하셨다.

얼마 전에 봉선화 꽃대도 그곳에 버렸으니 거기에 가서 찾아보라고 하시면서 아마도 지금은 썩었을지도 모르겠다는 말을 얹으셨다. 희미하나마 그 말은 나에게는 큰 빛이었다. 눈물을 미처 훔칠 여유도 없이 나는 또다시 무논으로 뛰었다. 질퍽한 논에는 각종 쓰레기, 잡초로 악취가 뿜어났지만, 그 순간에는 아무런 냄새도 맡지 못했다. 맡을 여유가 없었던 것이다.

희망의 빛을 움켜쥐고 이리저리 쓰레기들을 마구 뒤졌다. 그러나 다 썩었거나 반쯤 썩은 잡초들뿐이었다. 봉숭아 꽃대, 그 희망의 꽃대가 보이지 않았다. 뜨거운 눈물이 쏟아져 앞이 제대로 안 보였다. 만약 꽃대를 찾지 못하면 어머니가 돌아가실지도 모른다는 불안감에 시간이 가는 줄도 모르고 울면서 다시 뒤졌다. 그 많은 쓰레기를 혼자서 뒤지고 있으니 소사 아저씨도 안타까운지 나오셔서 도와주셨다.

밑바닥이 보일 때쯤 빛이 보였다. 희망이 나타났다. 그토록 찾왔던 봉숭아 꽃대 서너 개 보이는 것이었다. 하지만 감격도 잠깐, 그 꽃대를 보고는 이내 실망하였다. 꽃대가 거의 반이 썩은 상태였기 때문이다. 어쩌나, 이 일을 어쩌나, 하지만 이것이라도 찾았으니 빨리 집에 가서 물에 넣고 푹 고아야 한다. 나는 부리나케 뛰어와서 너덜너덜한 꽃대를 우물물로 씻었다. 먼지를 하나하나 씻어내고 많이 썩은 부분은 도려내고 나니 얼마 안 되었다.

주전자에 물을 붓고 꽃대를 폭폭 끓였다. 푹 고아라고 했으나, 그 정도를 모르니 그냥 끓였다. 주전자에서 보글보글거리는 소리가 제법 오랫동안 났다. 얼추 다 끓었다고 생각이 들어 그릇에 그 물을 따르니 얼마 안 되었다. 그래도 명색이 봉숭아 꽃대 물이다.

그 물을 어머니께 갖다 드리자, 어머니는 힘이 없어 말씀은 못하시고 눈물 그렁그렁하신 모습으로 받아 드셨다.

아, 이제 나으시겠지. 나는 무조건 믿었다. 봉숭아 꽃대에 어떤 성분이 들어 있는지 모른다. 그리고 엄마가 무슨 병이라서 그 물을 마셔야 하는지도 몰랐다. 단지 어떤 할아버지가 들려준 말, 그것을 곧이 믿고 행한 것뿐이었다.

신기하게도 그 물을 드신 엄마는 잠깐 주무시고 나더니 차도를 보이셨다. 그날 나는 정신없이 하루를 보내느라고 피곤했던지 엄마 옆에서 같이 자고 일어났는데 어머니가 나를 꼭 껴안고 계시는 것이었다. 모두들 신기한 일로 여겼다. 다 썩어가는 봉숭아 꽃대가 엄마를 살린 것이었다.

나는 그 후로 봉숭아에 대한 정이 유별났다. 여름이면 그 씨를 꼭꼭 받아 두었다가 아무 데나 뿌리고 다녔다. 잘 자라서 예쁜 꽃이 피면, 소녀들의 손톱에 추억으로 물이 들 것이고, 또한 관상용으로도 좋았기에 씨를 뿌렸던 것이다. 내심에는 어머니를 살려준 그 봉숭아에 대한 보은의 행동이었을지도 모르겠다.

누룽지

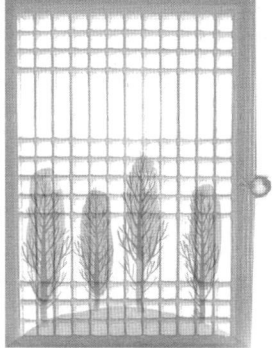

밥이 간식으로 둔갑을 하면 밥보다 비싼 누룽지가 된다. 누룽지는 밥과 무쇠솥과의 뜨거운 장작불의 사랑이 속으로 은근히 타서 이루어진 흔적이다.

과거로부터 오랜 세월에 걸쳐 여자들이 부엌에서 음식을 가족들에게 배분을 할 때, 다른 것은 다 양보하여도 오직 무쇠솥바닥에 본드처럼 찰싹 달라붙은 누룽지만은 절대로 양보하지 않았다. 남자들도 그것만큼은 약탈(?)하지 않고 너그러이 봐 주었고, 야박한 시어머니라도 다른 먹을거리는 일일이 며느리에게 간섭을 하였지만, 누룽지만큼은 슬그머니 눈 감아 준 것이었다. 그 누룽지의 끈기가 연약한 여인들을 지탱시켜준 힘의 원천이 된 것이었다. 어떻게 보면 그것은 우리 민족의 여자 사랑의 작은 발로인 것 같다.

 이런 누룽지를 어떻게 눌려야 제맛이 날까? 그것은 땔감의 재료와 불길의 강도와도 관계있다고 하겠다. 솔갈비로 불리는 마른 솔잎으로는 구수한 맛을 내지 못하고, 소나무 장작으로 밥을 하여 밥이 끓고 나면 장작불의 잔열로 은근히 뜸을 들여야 한다. 즉 밥을 다 푸고 나서 밥솥 뚜껑을 다시 닫고 남은 잔열로 더 달구면 따글따글 소리가 나는데,

 그때 주로 전복 껍데기로 된 따개비로 박박 긁으면 파도가 밀려오는 모양으로 구수한 향기를 담뿍 뿜어내면서 누룽지가 들고 일어났다.

 어릴 때는 누룽지를 참으로 많이 먹고 자랐다. 대가족 그 많은 식구의 밥을 하면 누룽지도 도톰하게 많이 눌어붙어 나를 기쁘게 했었다. 어머니는 그 누룽지를 항상 잘 챙겨주셨는데, 그것은 어머니께서 밥을 푸실 때 옆에서 침을 흘리면서 눈망울을 말똥거리며 기다리고 앉아 있는 딸내미 모습이 사랑스러워서였을 것이다. 누룽지 양이 많으면 말려서 따로 모아 튀밥으로 만들어 주셨는데, 그것 또한 별나게 맛있어서 훌륭한 간식으로 애용되었다.

 이런 푸짐하고 향기로운 추억이 있는 누룽지를 지금은 먹어 볼 수가 없다. 요즘 누룽지는 제대로 된 맛이 나지 않아서이다. 전기밥솥과 압력밥솥이 나와서 밥알이 눌어붙지 않기 때문이다. 이런 제품들로 인하여 쌀이 많이 절약되었다고 하지만 그렇다고 그렇게 꼭 반가운 것만 아니다. 왜냐하면, 부가 재미와 정이 깃든 추억

이 없기 때문이다.

  하루는 그 추억을 살리고 입맛을 돋우어 보려고, 일부러 찬밥을 프라이팬에 물기를 섞어서 납작하게 깔아 가스 은근한 불로 한참을 달구어 보았다. 그랬더니 아쉬운 대로 누룽지의 모양이 되어 나왔다. 값싼 밥이 비싼 누룽지로 바뀌는 순간이었다.

  과거에는 흔한 것이 누룽지였지만 요즘은 귀한 것이 되었는지라, 대형 마트에 가야만 그 누룽지를 구할 수 있다. 하지만 그 가격이 만만찮다. 흔한 것이 귀해지면서 몸값이 오른 이유가 무엇일까? 누룽지 차가 나오고 건강 다짐으로 일부러 누룽지를 찾는 사람이 많아서 누룽지 만드는 기계까지 나오는 현실이다 보니, 세상이 바뀌어도 참 많이 바뀌었음을 알 수 있다.

  격세지감을 느끼며 한 손에 누룽지 봉지를 들고 잠시 아련한 추억 속으로 여행을 떠나본다.

달을 따라서

　초승달이 앙큼한 눈짓으로 유혹하는 밤이 되면 나는 무슨 주문에 걸린 사람처럼 무작정 운동장에 나간다. 가로등 불빛이 나무 사이로 살짝 비춰는 운동장, 그 운동장은 나의 밤으로 가는 사색의 마당으로 군말 없이 잠깐 자리를 내어준다.
　아파트 숲을 사방 담장으로 삼은 초등학교 운동장은, 장미마을 이름에 걸맞게 아름다운 덩굴장미로 계절의 여왕 왕관을 탐스럽게 쓰고 담장을 빙 둘러서 아름다운 자태를 한껏 뽐내는데, 그 향기로 가득 찬 밤공기는 별들의 끙끙거리며 반짝이는 속에서 맑아 있다.
　아카시 말간 꽃가지, 라일락 그 은은한 향기도 장미의 무리 앞에서는 맥을 추지 못하고 간간이 부는 바람결에 고독을 날려보는

1부 봉숭아 꽃대

데, 그 고독의 향기는 초승달 눈곱만큼만 느껴진다.

바쁠 것 없는 걸음걸이는 달 걸음에 맞추어 정사각형 운동장 맨 끝 가장자리를 돈다. 밤 풍경에는 아무런 관심이 없고 또래들과 농구 골대 앞에서 오로지 공놀이로 팔짝거리는 아이들, 아직 귀여움이 묻어나는 어린 꼬마들은 그네뛰기로 작은 마음을 허공에 담아서 달에게 나아가는데, 어른들의 시끄러운 이야기로 동심을 혼란스럽게 만들어 버린다. 이런저런 모습들, 밤은 차별 없이 그들을 있는 그대로 다 포용한다.

초승달 짧은 밤 나들이가 그렇게 지나간다. 훤한 보름달이 뜨면 동녘이 밝다. 작은 별은 부끄러워 나들이를 못 하고 간이 큰 별은 홀로 빛을 내어 달빛에 반항을 해 보지만 보름달은 아랑곳하지 않고 유유히 큰 미소로 그들의 빛을 깡그리 덮어버린다.

달무리 그 화려한 축제, 밤하늘은 새로운 세계를 보여주며 많은 관객들을 끌어들이고 있다. 삼삼오오 관객들의 달돌이가 시작된다. 구름 따라 뛰는 사람들이 있고, 달그림자를 밟으면서 천천히 걸으며 낮에 있었던 속상한 이야기를 큰 소리로 떠들어 속을 떨어내는 여자들이 있는가 하면, 멍하니 앉아서 담배만 피워대는 아저씨도 보인다. 달을 맞이하는 모습이 다른 것은 그 달을 보는 사람들의 마음이 제각기 다르기 때문이리라.

나는 홀로 걷는다. 생각의 자유로움을 얻기 위해서이다. 아무 소리를 담지 않고 오직 마음의 소리를 담기 위해서이다. 저 달이 품고 있는 마음을 담기 위해서 가슴을 열어본다. 내 숨소리가 달에게 전달되었을까? 달무리의 문이 한쪽으로 살짝 열린다. 그 문 속으로 빠르게 내닫는 내 의식은 그리움과 함께 빨려 들어간다.

비로소 달이 입을 연다. 맨 먼저 바람이 달려오니 구름도 몰려온다. 휘영청 밝은 달은 나의 그리움에 묻은 그윽한 이야기를 바람 구름에게 전해준다. 그들은 쏜살같이 이야기를 싣고 어디론가 달려간다. 내 걸음은 내가 걷는 것이 아니라 달이 걷는 것이다. 나는 그 달을 따라가기만 하면 된다.

가로등 불빛은 나무에 걸려서 한가롭다. 구름은 들은 이야기를 전하는지 꼬리를 물면서 바람과 희희낙락거리고 달무리는 아직도 찬란한 빛으로 넋을 놓고 있다. 환상 속에 빠진 하늘이다. 보름달, 그 넉넉한 가슴에 마음을 담은 하늘은 그래서 더욱 정겹다. 그러나 즐거운 것은, 행복한 것은 그런 하늘에 마음을 빼앗기는 것이 아니라, 아름다운 추억을 곱새기며 그윽한 향의 전파를 받으며 걷는 것이리라.

달이 황홀하게 빛나는 밤에 새겨진 생각은 별이 되고, 감동의 전파는 빛이 되어 가슴에 평온함으로 새롭게 자리 잡기 때문이다. 그러니 그 걸음이 얼마나 달콤하겠는가? 달을 따라 걷는 사람은 그리움을 담아 함께 걷는 것이기 때문에 마음이 즐겁고 발걸음도 가벼울 것이다.

먹을 줄 아는데

 어머니, 어머니란 존재는 신(神)과 동격이다. 무소불위(無所不爲), 전지전능(全知全能)하신 위대한 존재이다. 언제 어디서든 부르면 달려오시고, 부족하면 채워주시는, 마르지 깊은 산속 옹달샘 같은 존재이다.
 신은 이 땅의 모든 인간을 자기가 다 돌보지 못함에 따라, 이 땅에 '어머니'란 존재로 대신하게 하신 것 같다. 어머니의 식사 시간을 찬찬히 살펴본 사람이 있는가? 드시지 않아도 힘이 솟고, 잠자지 않아도 졸리지 않는 저 불사조 같은 어머니의 위력을…….
 나는 어머니가 제때에 음식을 드신 것을 본 기억이 거의 없다. 대가족이라 항상 이른 새벽부터 밤늦게까지 온종일 일에 시달려도 피곤한 기색을 보이지 않으신 어머니의 얼굴에서 경외감이 들었다.

어머니께서 무엇을 좋아하셨는지 잘 모르겠다. 어머니는 오직 '죽'을 좋아하셨다는 것밖에 다른 기억은 없다. 좋은 옷이 있으면 남들에게 죄다 줘버리고, 맛있는 음식이 있으면 시부모나 자식들에게 먹이시고, 그래도 남는 것이 있으면 이웃들과 나눠 드셨다. 그런 엄마에게 어렸을 때는 불만을 가졌었다.

"엄마는 먹지 않고 왜 항상 남들만 챙겨?"

철없던 내가 그렇게 말을 하면 엄마는 빙긋 웃기만 하셨을 뿐 아무런 말이 없으셨다.

학창 시절에 큰언니 집에 놀러 간 적 있다. 동생이 왔다고 언니는 푸짐하게 상을 내왔다. 보기에도 군침이 도는 음식들이었다. 그런데 어라, 사랑스러운 조카 녀석들이 먼저 덤벼들었다. 갈비를 집고 굴비를 마구 집어갔다. 저그 엄마 먼저 먹어보라는 말도 없이 당연한 것처럼 저희들이 먼저 먹는 것이 아닌가? 내 속에서 무엇이 부글부글 끓어올랐다. 조카들의 불효에 대해 참을 수 없는 분노가 말이다.

"야, 니네들, 숟가락 당장 놓아! 엄마, 먼저 잡수세요 해야지, 왜 너희들이 먼저 먹는 거야?"

하고 큰소리로 말했더니 이 조카들 말이 글쎄,

-이모, 우리 엄마는 이런 것 먹을 줄을 몰라요.-

라고 하는 것이 아닌가?

어렵소, 이놈들 좀 보소.

"왜 먹을 줄 몰라? 엄마도 사람인데. 엄마는 너희들을 먹이려고 참는 거야."

그렇게 말하고는 음식의 일부를 다른 접시에 담았다. 이것은 너희 엄마 몫이라고 단단히 이르고 그 접시에는 손도 못 대게 하였다. 어린 조카들은 서슬 퍼런 이모의 말에 꼼짝을 못하고 얌전히 앉아서 냠냠거리고 있었다. 이어서 언니에게 말했다.

"언니야, 이런 식으로 아이들을 길들이지 마라. 나중에 조가들이 커서 엄마에게 무엇을 선물하려 해도, 엄마가 무엇을 좋아하는지 몰라서도 못한다. 그러니 아이들에게 갈등의 요인을 만들어 주지 마라."

내 말에 언니는 빙그레 웃기만 할뿐 아무런 말이 없었다. 나는 그때 결심을 하였다. 만약 내가 결혼을 하여 내 아이가 생기면 내 몫은 반드시 챙기겠노라고 말이다. 시간이 흘러 드디어 결혼을 하였다. 시댁에 가면서 시아버지가 드실 맛 좋은 과자를 잔뜩 사갔다. 그런데 시댁 조카들이 얼씨구나 과자를 반기며 저희들이 먼저 덤비는 것이 아닌가! 아무리 어리고 귀여운 시조카들이지만 순간 미웠다. 그래서 불호령을 내렸다.

"그 과자 이리 가지고 와!"

막내 숙모의 성격을 알기에 그들은 꼬리 내린 강아지가 되어 내 앞에 그 과자들을 가지고 왔다.

"이 과자가 너희들 몫이니?"

-아니에요.-

"그런데 왜 너희들이 먹는 거니?"

-할아버지께서 먹으라고 하셔서요.-

"그럼, 할아버지께서 너희들이 두 눈을 뜨고 주십사 하고 앉아 있는데, 혼자서 드시겠니? 할아버지도 그 과자 잘 드시잖아? 너희들의 몫은 따로 있는데, 왜 할아버지의 몫까지 넘보니? 앞으로 할아버지 몫까지 욕심낼 땐, 이 숙모가 가만두지 않을 거야. 알았어?"

-예.-

그렇게 훈계를 마치고 시아버지께 말씀을 드렸다. 이것은 아버님 몫이니까 혼자 다 드시라고, 손자들이 귀엽다고 자꾸 주는 버릇을 들이면, 아이들은 자기들의 입만 안다고 말씀을 드렸다. 시아버지께서는 흐뭇한 표정으로 그 과자를 맛있게 잘 드셨다. 나도 드디어 아이가 생겼다. 결혼하고 4년 만에 첫 아이를 낳았다. 딸아이가 과자를 입에 댈 무렵부터 교육에 들어갔다.

"이것은 아빠 것, 이것은 엄마 것, 그다음엔 우리 귀여운 유진이 것이야."

그랬더니 아이가 으레 먹을 것이 생기면 혼자서도 몫을 챙겨 놓는 것이었다. 새우깡 봉지를 뜯어주자, 그 앙증맞은 조막손으로 아빠 것 1개, 엄마 것 2개, 제 것은 조막손 한 주먹으로 말이다. 어쨌거나 개수가 중요한 게 아니었다. 이제 갓 돌이 지난 아이가 부모의 몫을 챙기는 것을 보고 얼마나 흐뭇했는지 모른다.

'아, 앞으로 우리 부부가 늙더라도 자식 봉양은 받겠군.'

하며 웃었다.

내 아이가 주는 몇 개 안 되는 과자를 내가 먹느냐? 하면 아니다. 뒤로 몰래 두었다가 다시 아이에게 먹이지만, 아이 보는 앞에서는 잘 먹는 척해야 한다. 그래야 중단 없이 부모 것을 잘 챙겨줄 것이기 때문이다.

직장 때문에 아이를 남에게 맡겨서 키웠다. 아이가 아장아장 잘 걸었을 무렵이었나 보다. 하루는 아이의 손에 까만 봉지를 들려서 아줌마가 아이의 손을 잡고 왔다. 그것이 무엇이냐고 물어봤더니, 아줌마가 말하기를 사과인데 아이에게 간식으로 사과를 먹이려고 내왔더니 아이가 먹지 않고 있더란다. 그래서 왜 그러냐고 물어봤더니, 아이의 입에서 이런 말이 나왔단다.

"우리 엄마 이런 것 먹을 줄 아는데……."

하면서 먹지 않고 눈물을 보이더라는 것이다. 순간 아줌마는 아이의 말에 감동을 하여, 아이 보는 앞에서 내 몫을 몇 개 넣었단다. 이것은 엄마 몫이니까 이제 먹으라 하였더니 그때야 먹더란다. 얼마나 기특하던지 아줌마는 자기의 다 큰 자식들에게 본 좀 받으라고 말했단다. 내 아이는 내가 무엇을 좋아하는지 알기 때문에, 앞으로 고민 같은 것을 절대로 할 필요가 없다.

자식들에게 갈등을 주어서는 안 된다. 자식들에게 마땅히 효도할 기회를 주어야 한다. 왜냐하면, 그네들도 앞으로 늙어지기에 그네들이 부모에게 효도를 해야, 그들도 그들 자식들에게 효도를 받을 수 있기 때문이다.

엄마도 먹을 줄 안다. 단지 자식들을 먹이려고 안 먹을 따름이다. 나도 먹을 줄 안다. 암, 잘 먹고말고.

튀밥과 커피

"빵이 아니면 죽음을 달라!"

이것은 프랑스 시민 혁명 때 먹고 살기 힘든 백성들이 왕궁을 향해 소리친 슬로건이었다.

-빵이 없으면 비스킷을 먹지 왜 빵을 달라고 하는지 모르겠네.-

이 말은 백성들의 슬로건을 전해 들은 마리 앙투아네트가 우아한 모습으로 창문을 내다보며 한 말이다. 물론 과장이 섞여 있는 이야기겠지만, 그 일로 우아한 왕비는 차가운 단두대에서 이슬로 사라져 백성들의 원망을 잠재워 버렸다.

먹을거리, 이것은 사람이 살아가는데 없어서는 안 될 필수 사항이다. 사람이 제아무리 근사하고 멋지게 보이고 싶어도 배가 고프면 그것이 잘되지 않는다. 요즘이야 먹을거리가 너무나 풍성해서 골라 먹는 것이 도리어 스트레스라고 한다.

세월이 많이 바뀐 만큼 의식도 그만큼 다르게 변해버렸다. 내가 살고 있는 이곳은 우리나라에서 가장 큰 신도시다. 이런 곳에 살고 있으니 시골에 대한 추억이 새록새록 더 그리워질 수밖에 없다. 잘 계획된 도시답게 행정 자치단의 표현대로라면 구질구질한 포장마차나 그 흔한 떡볶이나, 붕어빵을 구워 파는 포장마차도 보이지 않는다.

겨울날 군고구마나 군밤은커녕, 호떡을 파는 곳도 없다. 자잘한 생활의 즐거운 간식은 그런 곳에서 사 먹어야 제격인데도 근사한 백화점이나 비싼 식당엘 가야 하니, 나로선 불만이 많은데, 내 불만 하나로 행정이 바뀌지는 않으니 그런 것을 사 먹으려고 인근의 다른 지역으로 가끔 찾아다니기도 하였다.

배보다 배꼽이 커지는 순간이다. 내 어렸을 때에는 한 달에 한 번 꼴로 튀밥을 튀기는 뻥튀기 아저씨가 마을로 왔다. 리어카에서 기계를 내리면 집집마다 쌀이나 보리쌀을 들고나와 튀밥을 튀겨 가곤 하였다. 연료도 각자의 부담이었다. 요즘처럼 가스로 튀밥을 만드는 것이 아니라, 장작으로 불을 때 기계를 돌렸기에 장작을 한 아름씩 갖다 주고 차례를 기다려야 했다.

좀 사는 집은 설날에 먹고 남은 가래떡을 튀겼는데 그것은 최상의 인기였다. 그리고 누룽지도 말렸다가 튀기면 그 맛이 얼마나 고소한지 몰랐다. 튀밥을 뻥 하고 튀기면, 구수한 김이 모락모락 나면서 주위를 온통 행복하게 만들어 주었다. 조금 더 달게 사카린을 넣어 달라고 아저씨에게 살살 애교를 부리던 아이도 있었다. 나는 이런 날이 참 좋았다.

보리쌀, 쌀, 누룽지, 가래떡 등 우리 집은 참 많이 튀겼다. 식구도 많거니와 언니와 오빠 친구들이 많이 집으로 놀러 오기에 그들에게 줄 일종의 간식이었던 것이다. 그 심부름을 대부분 내가 맡아 했으니 중간에서 집어 먹는 즐거움은 신나는 보너스였다.

가장 인기 있는 가래떡 튀밥이 동이 나면 그다음 누룽지, 쌀 튀밥, 마지막이 보리쌀 튀밥이었는데, 이것은 조금 거칠거칠해서 마지못해 먹었다. 그래서 생각해낸 꾀가 쌀 튀밥과 보리쌀 튀밥을 섞어 놓는 것이었다.

하지만 그릇에 넣고 살살 흔들면 가벼운 쌀 튀밥이 위로 올라오기에, 그것만 골라 먹다가 잔꾀 부린다고 오빠에게 꿀밤 세례도 많이 받았다. 나는 지금도 차를 운전하다가 튀밥을 파는 곳이 보이면 어김없이 그것을 산다. 그런 것 산다고 남편에게 한 잔소리 듣고도 말이다.

나의 시골스러운 입맛 때문에 가끔 실랑이가 벌어지곤 했지만 어쩔 수 없다. 그것은 나의 어릴 적 향수이고 작은 행복이기 때문이다. 튀밥과 커피는 적어도 나에게는 환상적인 음식 궁합으로 작용한다. 나는 소식(小食)을 하기 때문에 다른 것을 잘 먹지 않는다.

하지만 연하게 탄 커피랑 가래떡 튀밥은 배부르지 않지만, 입이 즐거워지니 특히 비가 내리는 날에는 더없는 간식으로 매우 행복하다. 어디선가 뻥! 하고 튀밥을 튀기는 것만 같다. 한 사발 연한 커피를 마시면서 추억여행에 잠기면 말이다.

옥수수 식빵

갓 구운 빵의 향기가 나를 부른다. 쌀이 남아서 간식거리로 튀밥을 만들고 더구나 온갖 과자류도 쌀로 만드는 요즘, 쌀의 가치가 그렇게 높지 않은데 밀가루의 가치는 갈수록 높아져 간다.

쌀값은 옛날이나 지금이나 그다지 차이가 없어 보인다. 그러나 밀가루로 만든 음식은 갈수록 가격이 올라가니 가루는 가벼워서 그런가 보다. 나는 빵을 좋아하는 편이다. 하루에 한 끼는 꼭 빵을 먹어야 힘이 난다.

요즘에는 학교마다 급식을 해서 굶는 아이들이 없다고 하지만, 내가 초등학교에 다닐 때만 해도 반마다 고아들이 한두 명이 있어서 그들의 생활이 힘들었고, 그들 때문에 미군들이 원조를 해서 학교에 식빵을 제공해 준다고 어른들이 말을 하였다. 아마도 그것이 요즘의 급식으로 자리매김이 되었던 것 같다. 그것도 분명 급식이라면 급식이었다. 단지 밥이 아니라 식빵이어서 사람들이 그것을 급식으로 쳐주지 않을지는 모르겠으나, 적어도 나에게는 그 옥수수 식빵 급식이 얼마나 황홀했는지 모른다. 지금처럼 급식 판으로 주지 않았지만 말이다.

수업을 마치면 선생님이 빵 당번을 정해주셨다. 4명이 두 조가 되어 교무실로 식빵을 가지러 갔다. 빵판에 마음껏 부풀어 은근히 구수한 향을 내는 옥수수 식빵이 우리들을 기다리고 있는 것이다. 볼록볼록 한 줄에 3개씩 빵 덩어리가 달려서 우리를 유혹하는 것이었다. 빵판을 들고 오는 길이 얼마나 구수한지 이대로 계속 갔으면 싶었다.

1학년 때는 한 사람당 빵 덩어리 하나를 통째로 떼 주었는데 그 크기가 상당했다. 그랬던 것이 2학년에 오르고, 3학년으로 올라갈수록 주는 식빵의 크기가 점점 작아졌다. 나중에는 빵 하나에 두 명이 반으로 나누어 먹었다.

빵을 둘로 나눌 때는 서로 조금이라도 더 많은 것을 차지하려고 빵을 자를 때, 원숭이가 여우와 늑대의 고기를 나눈 것처럼 하였다. 그 식빵은 미국의 원조로 들여온 옥수숫가루로 만든 것이었다. 학교에서 집으로 올 때까지 목마른 줄 모르고 조금씩 떼어 먹으며 오는 하굣길은 행복하기가 그지없었다. 흰 구름도 빵처럼 보였고, 논밭의 곡식들은 옥수숫가루로 보였다.

매일 먹던 밥을 옥수수로 만든 구수한 빵으로 입맛을 바꿔놓았으니 빵에 대한 향수가 갈수록 짙어져 갔다. 식빵의 크기가 왜 작아지고 급식하던 빵의 양이 줄어들었는지 그 당시에는 몰랐다. 단지 작아져 가는 빵에 대해 아쉬움으로 슬프기만 하였다.

나라의 힘이 식빵에도 깃든 것 같았다. 점진적으로 나라의 경제가 살아나서 그런 것일까? 빈 땅 하나 없이 곡식을 심어서 집집마다 살림이 조금씩 펴져서 그런 것일까? 어쨌든 나라가 힘이 생기고 국민이 잘살게 되어 좋지만, 내가 좋아하는 식빵의 크기가 줄어가는 것에 대한 아쉬움은 숨길 수가 없었다.

내가 빵을 좋아하니 밀을 심어서 밀가루를 빻아 엄마는 집에서 빵을 만들어 주셨다. 막걸리를 넣어서 얼큰하게 취하게 하는 부풀린 빵은 맛이 더욱 좋았다. 엄마의 딸에 대한 사랑이었으리라.

나는 빵을 사게 되면 두루 나눠 먹으려고 많이 산다. 커피랑 먹는 빵에는 구수한 추억이 배어 있고, 그 향긋한 맛에는 어린 시절의 무궁무진했던 도전이 있기 때문이다. 지금도 내가 빵을 먹으면 왜 밥을 안 먹고 빵을 먹느냐는 말을 듣는다.

"사람은 밥만으로는 살 수가 없다. 나처럼 빵을 먹어야 한다."

나는 이렇게 농담 비슷하게 되받아 치곤 했지만, 실은 그들에게 빵을 주면 그들도 잘 받아먹었다. 그들과 나의 차이점은 그들은 단지 빵을 간식으로 먹지만, 나는 주식으로 빵을 먹는다는 것이다. 적어도 나에게 있어서 빵은 환상적인 추억의 밥이었음을······.

우산

　돈만 있으면 처녀 불알까지 산다는 재래시장의 묘미를 요즘 아이들은 알까? 세상에는 수많은 즐거운 일이 있을 것이지만 엄마와 함께 '시장가기'도 포함될 것 같다. 내가 사는 곳은 모란시장과 거리가 가깝다. 전국적으로 오일장 치고는 규모가 커서 그 유명한 모란시장, 그 모란시장을 가는 것은 시기가 잘 맞아야 한다.

　모란 장날은 4, 9일 자에 장이 서기에 주말이나 공휴일이 아니면 나는 가기가 조금 어렵다. 그러나 운 좋게도 날짜가 공휴일이나 주말에 들면, 나는 가끔 아이를 데리고 눈요기하러 다녔다. 하지만 개[犬]장 근처에는 발걸음이 그렇게 쉬 닿지 않는다. 지금은 살아서 숨을 쉬고 있지만 잠시 후면 목숨을 잃을 그들을 보는 것이 마음에서 허락하지 않아서였다.

별로 살 것은 없지만 그래도 가끔 그곳을 찾는 이유는 순전히 그리운 추억의 단팥죽이랑 빵, 그리고 그 신비했던 '우산' 때문이다. 나는 어렸을 때부터 엄마를 잘 따라다녔다. 장날이면 엄마는 어린 내 손을 꼭 붙잡고 시장 이곳저곳을 데리고 다니시며 온갖 구경을 다 시켜주셨다. 술빵을 사다가 먹이시면, 나는 행복해서 엄마의 치마를 꼭 붙잡고 죽을 때까지 엄마를 따라다닐 거라고 속으로 다짐했다.

옷 가게를 지나가면 꼭 눈에 들어오는 것이 있었는데 그것은 '쌍 우산'이었다. 나일론 옷이 한창 유행했을 무렵이었다. 나일론으로 만든 옷은 그 빛깔도 빛깔이려니와 모양이 이상하게 생긴 옷가지로 내 시선을 사로잡아버렸다.

내가 입어보지 못한 옷가지들, 그중에서도 이상하게 생겼던 '쌍 우산'이 참으로 궁금했다. 큰 옷걸이에 주르르 일렬횡대로 걸어두었던 그 우산, '저것은 양산일까? 우산일까?' 어린 나는 그 물건이 참으로 궁금했다. 혼자 쓰면 작을 것 같고, 둘이서 쓰면 더욱 작아서 이상할 것 같았던 그 우산, 나는 엄마에게 물어보지도 않고 저것은 틀림없이 '우산'이라고 단정을 내렸다.

갖고 싶었다. 작고 귀여운 저 '쌍 우산'을 말이다. 엄마는 다른 곳에 가셔서 물건을 사 오신다며 나를 잠시 여기에 서 있으라고 하셨다. 그러겠다고 약속을 해놓고 나는 옷 파는 가게 앞에 서서 한참 동안 그것을 뚫어지게 바라보았다. 주인이 싱긋이 웃으며 다가와 나에게 말을 붙였다.

-너는 아직 어려서 저것을 못 한다.-

"왜요? 비가 오면 쓰려고 하는데요?"

뭐? 파 하하하 하하하.-

내 말을 들은 주인은 무엇이 우스운지 입에서 침이 튕겨 나오도록 웃어젖혔다.

"비가 오면 못 써요? 그러면 햇볕 강할 때 양산으로 쓸게요."

-깔깔 깔깔깔.-

주인은 또 이번에는 깔깔깔 웃는다고 다른 손님도 못 받았다.

'비가 오는데 어리다고 안 팔다니……'

나는 속으로 단단히 삐쳐서 엄마가 돌아오시자, 냉큼 엄마 곁으로 가서 엄마 치마를 잡아당기며 다른 곳으로 가자고 졸랐다.

영문을 모르시는 엄마는 내가 뾰로통해 있자 왜 그러냐고 물어보셨다.

"엄마, 저 옷 가게 아줌마가 나에게 우산을 안 판대."

-뭔 우산? 옷 가게에 뭔 우산을 팔던?-

나는 미주알고주알 엄마에게 조금 전의 일을 일러바쳤다.

내 말을 들으신 엄마는 잔잔히 웃으시며 다시 그 집으로 가셨다.

-저것 말이냐?-

"응, 엄마."

-하하하.-

나는 엄마의 밝은 웃음을 보았다. 햇살보다 더 빛나는 웃음을 보았다.

-얘야, 저것은 우산이 아니고 부라자(브래지어)다. 엄마가 저것을 하지 않으니 네가 몰랐구나.-

갑자기 하늘의 햇살이 내 볼을 강하게 찔러대었다. 옷 가게 앞에서 혼자 배시시 웃고 있으니 아들이 물었다.

-엄마, 무엇을 보고 웃어?-

"응, 저 우산을 보고……."

-어어, 엄마, 우산이 어디에 있다고 그래?-

"저것 말이야. 저 우산."

-에이, 엄마, 저것은 브래지어잖아. 브. 래. 지. 어.-

어린 아들은 또렷한 발음으로 브래지어라고 일깨워 주었다. 나는 모란시장 옷 가게 앞에 서서 다섯 살이었던 그 시절로 돌아가 아들보다 더 어린아이가 되어서 아들의 손을 잡고 있었다. 그리고 엄마와 다정하게 그 우산 속에 한참 동안 그렇게 서 있었다.

조기와 현충일

흰 구름이 아침 빛을 받아 눈이 부시던 어느 해 아침이었다. 산은 간밤에 내린 비로 목욕을 깨끗이 해서 그런지 무척이나 산뜻해 보였고 기분은 날아갈 듯 상쾌함이 더 했다. 기념일이 주중에 있으니 모처럼 편안히 아침을 열고서 느긋한 마음으로 커피포트에 물을 올렸다.

모락모락 구수한 향이 피어오르는 커피잔을 들고 베란다 의자에 앉아 먼 산을 지그시 바라보며 나는 커피 맛에 푹 빠져 있었다. 그러다 시선을 돌려보았더니 아파트 집집 베란다마다 부드러운 바람결에 국기가 순하게 펄럭이고 있었다.

"엄마, 조기 한 마리만 주세요."

초등학교 1학년인 아들내미가 또랑또랑한 눈망울을 굴리며 뜬

금없이 조기 한 마리를 달라고 하였다. 아이가 아침부터 생선이 먹고 싶어서 그러는 줄 알고,

"진아, 아침에 조기를 구워서 밥을 줄까?"

하고 물어보았다.

"아니, 엄마. 오늘은 현충일이라 조기를 달려고요."

"뭐?"

나는 잘못 들었는가 싶어서 다시 물어보았다.

"조기를 달다니, 왜? 조기는 안 말려도 돼."

그러자 아이는 그게 아니라고 하였다. 담임선생님이 현충일에는 꼭 '조기'를 달아야 한다고 하셨단다. 그래서 '조기'를 달아야 한다고 빨리 조기를 달라고 졸랐다.

"하하하, 하하하하하."

나는 웃음이 터져서 마시던 커피를 자칫 쏟을 뻔하였다. 거실에서는 닮은꼴로 납작하게 누워 있던 남편과 딸내미도 아들내미의 그 말을 듣고는 등이 들썩이도록 함께 덩달아 웃어젖혔다. 아들내미는 가족들이 합동으로 웃는 원인도 모르고 엄마, 아빠, 누나의 웃음소리에 얼굴이 뾰로통해졌다. 나는 얼굴 가득히 웃음을 머금고 아들에게 차근차근 설명해 주었다.

"현충일에 다는 조기란 생선 조기를 달라는 말이 아니고 '조기(弔旗)'란다. 조기(弔旗)는 길게 발음해서 '조~ 기', 짧게 발음을 하게 되면 '조기', 즉 생선 이름이 되지. 국경일에 다는 국기는 봉(棒)까지 바짝 닿게 다는 것이지만, 현충일에 다는 국기는 1950

년 6·25때 국군장병들이 나라를 위해서 싸우다가 희생을 많이 하였기에 그 호국영령들을 조의(弔意) 하는 의미로 봉에서 한 뼘 정도 내려와서 다는 것을 '조기(弔旗)'라고 한단다."

아이는 내 설명을 듣고 나자 그제야 이해를 했는지 우리 집도 국기를 달자고 하였다. 아뿔싸, 내가 미처 국기를 안 달았다. 그러나 실은 안 단 게 아니라 못 달았던 것이다. 아들에게 군색한 변명으로 집에 지금 국기가 없어서 못 단다고 했더니 그러면 빨리 사 와서 달자고 졸랐다.

이런, 내 책임이다. 국기를 한 번 잃어버리고 그 뒤로는 산 적이 없으니 작은 아이는 집에서 국기를 다는 모습을 한 번도 본 적이 없었다. 그렇다고 학교에서 선생님이 그림이나 자료를 곁들어서 조기에 대한 설명을 해주지 않은 것 같았으니, 아직 어린 아들은 언어의 동음이의어(同音異意語)나 다의성(多意性)을 모르고 '조기'라는 단어만 듣고 이처럼 우스운 오류를 범하였던 것이다. 다음 국경일까지는 국기를 사서 꼭 달겠다는 나의 확답을 받고는 아들은 뾰로통했던 기분을 풀었다.

수업 시간에 학생들을 대하다 보면 이런 일이 종종 일어난다. 우리말에는 다의어(多意語)가 많다. 문장의 앞뒤를 생각하지 않고, 문맥의 흐름을 모르고 사전에 나오는 단어의 일차적 의미로만 해석하려 들면, 문장의 뜻을 제대로 이해할 수가 없다. 모르면 질문을 해야 하는데 무엇을 물어봐야 하는지조차 모르는 아이들이 많으니 답답할 때가 한두 번이 아니다. 학생들이 책을 읽어도 제대로 이해를 못 하는 것이 바로 이 때문이다.

  국어가 갈수록 어렵다고 느끼는 것도 흔한 예로 단어가 가지고 있는 동음이의성과 다의성을 제대로 이해하지 못해서 그렇다. 다음 날 퇴근해 오자, 아들내미는 생글거리며 다가와서 재잘거렸다.

"엄마, 글쎄, 깔깔깔……."

  아이는 웃음을 참지 못하고 연신 깔깔대며 말을 이었다.

"엄마, 깔깔깔. 우리 반 친구 세 명이 진짜로 '조기'를 달았데. 깔깔깔…… 선생님께서 아이들에게 조기를 달았느냐고 물었는데, 그 세 명이 손을 들고 '조기'를 달았다고 자랑스럽게 대답을 하였어. 그래서 선생님이 어떻게 조기를 달았냐고 했거든, 그랬더니, 걔들은 깔깔깔……. 줄에 조기를 매달아 놓았대. 그랬더니 조기가 바로 서 있는 것이 아니고 베란다 밑으로 축 떨어져 대롱대롱 매달려 있더래. 깔깔깔, 깔깔깔."

"파 하하하, 하하하하하."

  나는 또 한 번 아들과 함께 침이 튕기도록 웃었다. 얼마나 웃었는지 배가 다 아팠다. 생각할수록 우스웠다.

"햐, 그 아이들의 엄마들은 자식들의 행동을 말리지 않고 진짜로 조기를 줬는가 보네?"

  라고 물었더니,

"엄마, 그 아이들이 그러는데, 저그 엄마들이 아무 말을 하지 않고 달란다고 그냥 조기를 줬대. 그래서 선생님도 막 웃고 반 아이들도 웃어서 난리가 났었어. 깔깔깔."

아무렴, 조기를 달아야 하고말고. 조기(弔旗)든 조기든 달아야지. 호국영령들은 그 시절에 그 귀한 조기를 자주 드시지 않았을 것이다. 후손들이 간이 잘 배게 해서 말려놓은 조기를 냄새만으로도 맡으셔서 흠향을 하셔야지, 암. 조기가 대롱대롱 매달려서 호국영령들을 위로했을 거로 생각하니 그 조기를 매단 아이들의 정성이 참으로 갸륵하고 기특하였다.

간 봄 그리며

温鄉 이 정 희

겨울은 하얄수록
꿈이 많아서 좋고요
파고드는 바람은
가슴 시릴수록 애잔해서 좋습니다
그럼 봄은 어떠할까요
꽃을 찾는 벌 나비
떨어지는 꽃잎 많을수록
봄은 멋들어집니다
아직 머무르고 싶은데
따가운 햇살
기쁨 까맣도록 받고 싶은데
꽃잎은 질수록 좋다고 하네요
어쩌면 좋데요
꽃잎 지라 하시니

원추리 - 망우초(忘憂草) -

溫鄉 이 정 희

잊으라니요

살이 되지 않는 울음
미어지는 아픔
까맣게 잊으라고요

밀물 되어 오는 그리움
어떻게 밀어냅니까

삭망(朔望)에 돋는
까만 망울
만조(滿潮)마다 커지는데
그믐달 비켜 먹은 행복을
차마 잊으라니요

살아나오는 시간을
어떻게

노란 고름
삐져나와도
차마 잊으면 안 되네요

어떻게 잊으리오
그토록 하얀 웃음을

전혀
잊지 말라는 뜻이겠지요

  꽃보다 아름답고 금보다도 더 귀중했던 자식과 남편, 사랑하는 애인을 전쟁터로 보내놓고 피난살이와 가슴을 죄며 그분들이 무사히 돌아오기만을 기다렸던 부모, 가족, 연인들은 애국의 붉은 피를 흘리며 조국을 위해 산화되었던 그들을 결코 잊을 수가 없을 것이다. 가슴에 묻어두고 두고두고 애틋해 할 것이다.
  다음 해 현충일에는 몇 마리의 조기가 대롱대롱 매달려서 호국영령들의 마음을 따뜻하게 위로해 줄까?

명품 몸뻬

핸드백이 필요했다. 도심에 번듯하게 들어선 어느 백화점 가방 코너에 들어갔더니, 몇몇 사람들이 눈에 힘을 잔뜩 주고 가방을 열심히 매만지고 있었다. 형태와 색상이 사용하기에 좋다 싶어서 눈에 띄는 가방 하나를 손에 쥐고 가격을 물어봤더니, 수백만 원이 넘는 가격이란다.

이 가방 어느 구석에 3,000도가 넘는 불구덩이에서 불순물을 말끔히 제거한, 노란 윤기가 자르르 넘치는 황금 조각이라도 붙어 있나 싶어서 이리저리 살펴보았지만, 황금쪼가리는커녕 구리한 조각도 보이지 않았다.

'도대체 무엇으로 만들었기에 이렇게 비쌀까?'

그 가방을 손에 들고 한참을 이리저리 살펴보았다. 가격이 이처럼 센 것은 세칭 명품가방이라서 그렇단다. 그렇다면 명품(名品이)란 무엇인가? 잘 만들어서 명품인가? 아니면 이름이 있는 물건이라서 명품이라 부르는 것인가? 그 어느 것을 일러서 그렇게 부르겠지만, 세상에서 단 하나뿐인 물건이 명품이라고 나는 슬며시 우기고 싶어진다.

시중에 소위 명품이라고 불리는 물건들이 요즈음 너무나 흔하다. 여기저기 다니는 사람들의 손을 보면, 모두 똑같은 상표의 물건이 들려 있다. 유행이 번지면 태풍의 핵처럼 그 유행 속에 있어야 사람들은 마음이 평안해지는 것일까? 나는 똑같은 것을 싫어한다. 아니 똑같이 해 다니는 것을 싫어한다는 편이라고 해야 옳다. 어쩌다 모임에 가게 되면, 참석한 여자들의 대부분이 하나같이 같은 회사에서 출시한 모양의 제품을 가지고 있었다.

기성품을 애용하던 시절에는 우스운 일이 종종 벌어졌다. 친구들이 그 시대에 유명하다는 상표의 옷을 입고 왔었는데, 7명 중 3명이 똑같은 옷을 입고 온 것이었다. 물론 친구들은 각기 다른 곳의 매장에서 그 옷을 샀겠지만, 그 옷을 입고 온 현장에는 쌍둥이 3자매로 보였기 때문이었다. 그것을 보고 모두 얼마나 웃어댔는지 모른다. 같은 옷을 입고 나왔던 본인들은 말할 수 없는 쪽팔림과 황당함으로 서로를 쳐다보았다.

천성적으로 나는 같은 것을 좋아하지 않는다. 그래서 기성품을 거의 사 입지 않았다. 대신 뜨개질을 해서 겉옷을 대부분 만들어 입었다. 여름에는 얇은 면실로 뜨개질을 해서 만들어 입었고, 겨울에는 털실로 원피스나 스웨터, 카디건 등 외투를 만들어 입었다. 가방이나 모자 등 일부 소품들도 물론이였다. 그것을 본 친구들은 신발까지 만들어 신어라고 농담을 했었다. 아마도 가능했다면 그랬을 것이다.

임신복도 뜨개질로 해서 입고 다녔더니, 만삭 때나 아이를 낳는 순간까지도 임신한 사실을 몰랐던 사람들이 많았다. 특이한 모양으로 만들어 입었기에 출산을 하고 나서도 계속해서 그 옷을 입고 다녔었다. 한참 멋을 내던 나이 때는 아버지의 와이셔츠를 싹둑 잘라서 만든 셔츠에 언니가 버리려던 카프를 달라고 하여 덧대었더니 제법 훌륭한 옷이 되곤 하였다. 나에게는 그것이 명품이었다.

바지를 잘 입지 않았지만, 몸빼를 개조해서 만들어 입었던 바지는 그야말로 명품 중의 명품이었다. 그런 명품만 고집해서 입고 다녔으니, 나는 분명 명품에 사족을 못 쓰는 사람이다.

조선 시대에도 명품을 뽐냈던 분이 계시었다. 그분이 바로 퇴계 이황 선생님이셨다. 그분은 학문으로도 인격으로도 '명품'이었지만 그것보다 당대를 풍미한 명품 옷 때문에 더욱 유명해지지 않았나 생각한다. 선생의 부인은 정신질환을 앓고 있었다. 그래서 그랬는지 색상 감각이 둔했고, 옷의 형태에도 둔감했던 모양이다.

어느 날 선생이 도포가 헤져서 부인에게 바느질을 부탁하였다. 부인은 빨간색 헝겊으로 덧대어 기워서 줬다. 체면으로 살았고 체면에 죽었던 '폼체폼사' 시절에 그것도 조선의 대학자 체면에

1부 봉숭아 꽃대

형식에도 맞지 않고 눈에 확 띄는 옷을 어떻게 입고 다녔을까 싶겠지만, 선생은 눈도 꿈쩍 않고 그 옷을 입고 다녔다. 그것을 보았던 다른 선비들도 대학자가 그렇게 입고 다니니, 그것이 복식의 예도인가 싶어서 그것대로 같이 만들어 입고 다녔다는 이야기가 있다.

사람이 명품이었으니 그런 것이 명품으로 유행이 되었다고 말하고 싶다. 또 힌 분은 청백리의 대가이신 맹사성 어른이셨다. 그 분도 유행을 선도했던 분이셨다. 각기 다른 버선을 한 짝씩 신고 다니셨는데도 전혀 부끄러워하거나 개의치 않으셨다. 그 와중에도 사람들을 웃게 만들었으니, 분명 정말로 멋진 분임에 틀림이 없다.

외국으로 많은 로열티(상표사용료)를 주고 사 오는 제품에 얽매이지 말고, 우리 형편에 맞는 그런 제품이 어떨까 싶다. 물론 돈 많은 사람들은 그들의 부(富)에 비례해서 수천만 원씩 하는 옷이나 소품을 사서 입거나 걸치는 것을 뭐라고 꼬집을 수는 없다. 그것은 그들의 경제 형편에 맞게 입거나 걸치기 때문이다. 다만 형편에 맞지 않는 것을 억지로 빚을 내어서 하지는 말자는 것이다. 사람이 명품이면 그 사람이 걸치고 있는 것도 명품일 테니 말이다.

오늘은 무엇으로 어떤 근사한 명품을 만들어 볼까?

그리운 홍도

"삶의 무거운 짐을 잠시 벗어 두고 떠나라."

이런 광고가 아니라도 나는 떠나는 것을 아주 좋아한다. 몸으로 떠나는 것도 떠남이오, 마음으로 떠나는 것도 떠남이지만, 이번에는 몸과 마음이 함께 떠나게 되어 더없는 행복이 되었다.

분당에서 목포까지 자동차로 무려 5시간, 그 긴 시간을 문인들과 함께 하면서 가니, 오히려 그 시간이 짧게 느껴졌다. 곡식을 심을 알토란같은 땅을 도로로 만들어 놓았어도 오히려 쌀은 남아돈다고 하니, 쭉쭉 뻗은 길이 사람의 시선을 잡아끌어서 먹지 않아도 배를 부르게 하여 쌀이 남아돌지 않나 싶었다.

차창 밖의 풍경은 도심의 곽곽한 정서를 한층 무르게 만들어 놓았다. 모를 내기 위해서 물은 댄 논에는 이제 조금만 있으면 나락이 자랄 것이다. 바람을 맞고 비를 받으면서 나락은 무럭무럭 자랄 것이다. 참새가 침을 흘릴 황금 들판을 꿈꾸다가 앞을 바라보았더니, 어느새 도착한 목포항이 우리 일행을 맞아 주었다.

전국에서 모인 각 지부의 문인들과 큰 배는 하나가 되어서, 서해의 귀한 섬, 홍도로 출발하였다. 한국의 나폴리 같은 목포항, 저기 언덕배기에 옹기종기 모여 앉은 집들이 꼭 백일장에 나온 아이들처럼 바다를 바라보며 저마다 생각에 잠긴 것 같았다.

동해만 바다라고 알다가 바다로 알다가 이렇게 큰 배가 파도에 출렁이니 서해도 영락없는 바다임이 틀림없었다. 겉으로 보기에 멀쩡하고 평온한 바다가 속으로는 무한한 번뇌에 이렇게 괴로워하고 있을 줄이야! 글을 아는 사람과 글을 먹고 사는 사람들도 이러하리라.

다도해, 이렇게 많은 섬 중에서 사람이 사는 섬은 과연 얼마나 될까? 셀 수도 없이 마냥 지나가는 섬을 바라보면서 섬과 섬 사이의 공간이 인간과 인간 사이의 심적 괴리 같아서 오묘하였다.

섬과 섬을 이어 주는 것이 배라면 사람과 사람 사이의 괴리를 이어 주는 것은 글이 아닐까 한다. 이렇듯, 섬과 사람을 이어 주는 것이 하나가 되어 바다를 어우르니 배타기 전의 무서움이 말짱 달아났다.

홍도, 나는 홍도를 직접 보기 전까지는 홍도가 무인도인 줄 알았다. 사진으로, 방송으로 보여주던 것은 황금 놀에 물든 바위섬과 갈매기가 나는 바위만 보여줬기에 그렇게 믿었었다. 아, 이래서 직접 경험이 중요하다는 것을 깨달았다. 여행은 사치로서의 기회가 아니라 생활로 자리매김을 할 때 그 진가가 발휘되니까 말이다.

목포에서 뱃길로 2시간 30분, 말이 두 시간 반이지, 그 큰 배가 빠르게 가도 두 시간 반이니 실제로 육지와 얼마나 멀리 떨어져 있는지 대충 가늠이 되었다. 육지의 궁금함을 갈매기로도 안 되고 파도로도 안 되니, 마냥 그리움만 안고 살아갈 수밖에 없는 홍도의 사람을 생각하니, 가슴이 애틋하다 못해 참으로 미어졌다.

지금은 관광객이 많아서 이 소식 저 소식을 함께 할 수 있지만, 관광지로 개발되기 전에는 국토의 외톨박이로 베일에 싸여 뭍사람들의 환상으로만 남았을 것이다. 정해진 공간에 뭍사람 한 명이라도 더 맞아들이려고 다닥다닥 붙게 만들어 놓은 모텔이 오히려 서글프게 보였다. 무성한 동백 숲이 이런 마음을 달래주기라도 하듯, 드문드문 피보다 더 붉은 꽃을 피워서 나그네의 서글픈 심사를 꼭 껴안아 주었다.

하룻밤을 보내고 새벽을 맞이한 홍도, 연한 안개에 싸여 신비로움을 더해 주는 홍도를 보고 나서, 나는 홍도의 사랑에 빠지지 않을 수 없게 되었다. 너무 멀지 않고 그렇다고 너무 가깝지도 않아 애가 탈 그리움, 그런 그리움을 홍도는 나에게 주었다. 가슴에 꼭 담아온 그리움을 가끔씩 꺼내 볼 그런 섬 하나가 생겼다.

사무치게 그리울 섬 하나가…….

고위층을 접수하라

10월 1일이었다. 육해공군이 땅을 밟고 바다를 가르며 하늘을 활짝 열어젖힌 멋진 날, 근 10일 동안 실내 인테리어 공사를 하여 새롭게 모든 단장을 끝낸 고위층으로 우리 식구들은 둥지를 틀었다. 하늘과 높은 산이 가까이 닿으면 마음도 높아질까?

5년 전에 부산의 고위층을 팔아서 분당으로 이사 와서 5층으로 내려앉았었다. 분당의 집값은 부산의 잘 나가던 고위층을 팔아도 어림이 없었다. 지방과 중앙의 차이점이 집값에서도 확연히 표가 났었다. 이사를 올 때 누군가 이런 말을 하였다.

"천당 밑이 분당이다"

살기가 그만이라는 뜻인지, 집값이 하늘 다음이라는 뜻인지, 살아갈수록 그 뜻이 오묘하기만 하였다. 그동안 전망이 툭 터인 좋은 집을 차지하고 살다가, 앞이 막히는 5층 집을 5년 동안 살면서 마음엔 언제나 고위층을 꿈꾸어 왔었다. 막힘이 없는 경관에, 베란다 의자에 앉아서 손을 뻗으면 하늘을 잡을 것 같은, 낮은 소리를 내면 잔잔한 메아리가 들릴 것 같은, 그런 높은 곳을 언제나 갈망하였다.

땅의 시꺼먼 먼지가 올라올 수 없는, 먼지가 내려앉더라도 가볍고, 맑은 하늘의 먼지만 살며시 내려앉는 그런 곳을 소원했었다. 마음의 찌꺼기를 떨어버리고 차 한 잔을 마셔도 맑은 하늘의 공기와 함께 하는 곳을 말이다.

가을이 오기 전에 그런 집을 접수해야 한다는 일념으로 여러 곳을 찾아다녔다. 팔려고 내놓은 집과 사려고 하는 사람의 입장에 들어맞는 그런 집이 참으로 드물었다. 나는 저층을 싫어해서 누가 공짜로 1~2층을 준다고 해도 마다했을 것이다. 이래저래 마음에 꼭 들어맞는 집을 못 찾아 애를 태우던 중, 여러 부동산 중의 한 곳에서 연락이 왔다. 날아갈 듯한 마음으로 지금의 집을 구하게 되었다.

눈앞에는 바로 성남 아트센터가 있고, 옆으로는 중앙도서관이 있었다. 그리고 탁 트인 하늘에 산이 싱글벙글 웃음을 지으며 자연을 좋아하는, 즉 산을 좋아하는 나를 반겼다. 집이 마음에 쏙 들었다. 무엇보다도 내가 좋아하는 고층이었다. 우리 집 위에는 다만 두 개 층만이 있을 뿐이었다. 이렇게 마음에 드는 집인데 망설일 이유가 전혀 없었다. 그 자리에서 바로 계약을 하였다.

내일의 일은 내일 고민하면 될 것이다. 집 평수를 몇 평만 더 넓혔을 뿐인데, 넓힌 평수의 값은 장난이 아니었다. 앞으로 당분간 허리띠를 꽉 졸라맬 수밖에 없다. 이러다가 내 허리가 남아날까 그것이 고민이라며, 남편을 쳐다보았더니, 남편은 안 그래도 당신 별명이 개미허리인데, 더 졸라매면 큰일이라며 남편과 나는 계약을 하면서 서로 농담을 주고받았다.

그동안 집을 한두 번 산 것도 아닌데 이렇게 마음이 떨리는 것은, 앞이 트인 곳에 살 수 있다는 설렘 때문이리라. 비가 내리면 가장 먼저 비를 맞고, 안개가 돌면 그 안개 속을 내가 먼저 가질 수 있다는 기쁨, 해가 돋으면 그 햇살을 가장 먼저 환하게 받을 수 있는 희망으로 체세포가 감동을 받은 것이리라.

마음의 잡념을 다 버리면 성인이 될 것이고, 집안의 자질구레한 물건을 버리면 성주가 될 것이다. 성인은 차치하고라도 성주라도 되고 싶어 집 안의 물건을 정리하려고 가져갈 물건을 최종 간택하기로 하였다. 아깝지만 서적도 순번을 정해서 뽑힌 것만 들고 가고 웬만한 물건은 죄다 버리기로 하였다. 책이 보배라 하여 그동안 얼마나 많은 책을 사보았는지, 웬만한 사설 도서관을 방불케 하였다.

이제는 집 옆에 중앙도서관이 있으니 책에도 자유를 주어, 꼭 필요한 것만 남기고 나머지는 다른 생으로 태어나게 버렸다. 과감하게 버릴 것을 다 버리고 나니, 궁궐이 따로 없었다.

"버리는 게 살길이다"

이 말씀은 마음 수양의 진리만이 아니다. 사람이 물질에 구속당하여 얼마나 많은 번민을 하는가 말이다. 버릴수록 마음이 맑아졌다. 버릴수록 집은 궁궐로 변해갔다. 고위층은 여러모로 맑아야 한다. 너무 많이 가지면 아래층이 눌릴 수 있다. 고위층에서 최대한 자유로우려면 버려야 한다. 드넓은 궁궐의 베란다 의자에 앉았다. 티 없이 맑은 하늘과 산이 다가왔다. 그들과 함께 하는 이 한 잔의 차는 마음을 맑히기에 충분한 향이어라.

밤 한 톨

솥에 밤 익는 향이 온 집 안을 가득 채운다. 고유한 단맛을 풍기는 그 밤이 뜸 들기를 기다리며 나는 주방에서 맴을 돈다. 뿌연 증기가 주방 창문에 앉으니 희미한 기억 하나가 창에 어린다.

나는 생밤을 무척 좋아한다. 차례상과 제사상에서 뽀얀 쌀뜨물에 목욕을 한 생밤이 얌전히 앉아 조상님의 흠향을 간절히 기다렸다. 조상님의 흠향이 끝나면 생밤은 어김없이 어머니 손에서 나에게로 건너왔다. 그것을 입에 넣고 씹으면 '아삭'하는 그 소리도 소리려니와 은근히 배였던 그 밤 향이 그렇게 좋을 수가 없었다.

제사상에 올랐던 밤을 먹으면 귀가 밝아지고 이가 튼튼해진다는 옛말이 있다. 어머니는 나에게 언제나 집안 행사가 끝나면 생밤을 꼭 챙겨 주셨다. 특별한 날이 되면 언제나 그 생밤을 얻어먹는 재미에 나는 엄마 곁을 맴맴 맴돌았다.

 그 전에는 밤이 요즘처럼 그렇게 흔한 시절이 아니었기에 명절이나 제사상에만 올랐던 귀한 존재였다. 그래서 가을이 되면 잘 익은 밤을 항아리에 넣어 묻어뒀다가 필요할 때 꺼내어 사용했었다.

 우리 집 산에 밤나무가 몇 그루 있었는데 그 밤을 제대로 수확하지 못했다. 소를 먹이던 아이들이 주워갔거나 나무를 하러 다니던 사람들이 주워갔으니, 정작 주인인 우리 집은 우리 밤을 제대로 구경하기 힘들었다. 필요하면 사서 사용하였다. 그 밤을 지키려고 산에 있기에는 우리 집 인심이 그렇지 않았기 때문이다. 그래서 밤을 사서 먹었던 기억이 더 많았다.

 중학교 시절이었다. 토요일에는 버스를 타지 않고 걸어 다녔다. 친구 몇몇을 꼬드겨 항상 토요일은 집까지 걸어왔다. 혼자 걷기엔 길이 좀 멀었고 위험해서 친구들과 같이 걸으면 서로에게 힘이 되었다. 걸어가면 들판과 산을 가까이에서 볼 수 있어서 마음이 맑아지기도 하였다. 나는 걷는 것을 좋아했다. 걸으면서 온갖 상상을 하였고 꿈은 언제나 푸른 하늘에서 구름을 타고 훨훨 날아다녔다. 그 꿈을 좇아 걷다 보면 어느새 집까지 힘들지 않게 오게 되었으니 걷는 시간이 나에겐 그렇게 좋을 수가 없었다.

 가을로 접어든 어느 토요일이었다. 그 날도 기분 좋게 길을 걸었다. 버스가 지날 때면 뿌연 먼지가 싫었지만, 집에 가서 샤워를 하면 되었으니 먼지조차 과히 싫지는 않았다. 어디서 탁탁 밤을

1부 봉숭아 꽃대

치는 소리가 들렸다.

　찻길 옆 산에서 밤을 따는 사람의 모습이 보였다. 우리는 호기심과 밤을 얻어먹을 요량으로 밤나무 가까이 다가갔다. 잘 익은 밤이 바닥에 떨어져 매끄럽게 누워 있었다. 저 밤을 까서 먹으면 처음에는 조금 텁텁하겠지만 속껍질을 다 벗기고 먹으면 얼마나 맛있을까? 하고 생각하니 벌써 입에 군침이 돌았다.

　우리는 아저씨 옆으로 다가가 밤 한 톨 달라고 부탁을 하였다. 세 명이니 세 톨만 주면 나눠 먹으려고 부탁을 했는데, 첫마디에 안 된다고 거절을 하였다. 그래도 계속 붙어 서서 하나만 달라고 조르고 또 졸랐지만, 그 아저씨는 끝내주지 않았다. 참으로 야속한 아저씨였다.

　우리가 먹으면 얼마나 먹을까? 각자 한 톨만 달라고 여학생 체면을 무릅쓰고 부탁을 했는데, 단칼로 무 자르듯 그렇게 매몰차게 거절한 아저씨를 두고두고 잊을 수가 없었다.

　다음에 자라서 누가 나에게 부탁을 하면 저러지는 말아야지 하면서 우리는 그 자리를 되돌아 나왔다.

　'밤나무가 많으면 무엇해? 인심이 그렇게 사나운데……'

　나무 밑에 떨어진 밤을 주워 먹을 수 있었지만, 자존심에 절대로 그렇게 하지 않았다. 당당하게 얻어먹으리라 마음먹고 그렇게 부탁을 했던 것이었다. 그 뒤로 그 밤나무 산을 지나칠 때면 그 주인에 대한 마음이 곱게 들지 않았다. 그렇게 세월이 흘러서 그 길로 내 아이들을 데리고 가게 되었을 때도, 그 기억이 살아나 아이에게 말해 주었다.

"누가 먹을 것으로 부탁을 하면 절대로 거절하지 말고 나눠 먹어라."

고 당부했었다.

잘 익은 밤을 그릇에 담아와 맛있게 까먹었다. 푸짐한 밤을 마음껏 까먹을 수 있는 시절인데도 왜 밤만 보면 그 기억이 새록새록 떠오를까? 미처 하나 얻어먹지 못한 서늘한 기분이 들어서일까? 단맛 깊던 밤 맛이 잠시 뿌옇게 흐려졌다.

인기와 안개

　무대가 클수록 신이 나는 직업이 있다. 정치계의 선거철 홍보 연설이 그렇고 대중의 인기를 먹고 사는 가수들이 그렇다. 얼마 전에 성남예술제 개막 행사로 성남아트센터 오페라하우스에서 개막 시낭송을 하였다.
　대형무대에서 성능 좋은 마이크로 3층까지 꽉 찬 관중들 앞에서 시낭송을 했으니, 기분이 좋았던 것은 사실이다. 객석 양쪽으로 대형스크린 두 개에서 내 모습이 나왔으니 얼마나 좋았겠는가? 숨소리도 들리지 않게 귀를 기울여 주던 관객의 관심 있는 관람 자세도 자세려니와, 성능 좋은 마이크를 잡고 낭송했던 목소리는 평상시 목소리보다 잘 나왔으니, 연습한 것보다 좋았다는 후문을 들었다. 시낭송을 마치고 마음 가볍게 관람석으로 돌아와

지정석에 앉아서 그다음 공연 행사를 관람하게 되었다.

　어떤 행사이든 시낭송은 인기의 목적이 아니기에 열화와 같은 박수 소리나 가수들의 출연처럼 대단한 반응도를 기대해서는 안 된다. 대신 함성이 없는 박수가 일정한 시간까지 지속 되어, 시인에 대한 최대한의 예우를 해주는 것에 만족을 해야 한다. 실은 인기와 재미로 따지려면 시낭송처럼 재미없고 인기 없는 것도 없다. 성남아트센터의 앙상블시어터처럼 근사한 무대의 백일장 시상식에서도 우리나라의 내로라하는 전문 시낭송 인을 모셔왔어도, 사람들의 반응은 그야말로 침묵 그 자체였다. 의미 있는 것에는 뭐든지 관심을 두지 않는 요즘의 세태를 잘 알 수 있었다. 무조건 음악을 빵빵하게 크게 틀어주고, 잘생긴 미남, 미인 가수들이 몸을 흔들고 비틀어야 객석이 떠나가도록 반응을 보였으니 말이다.

　행사 시작 전 출연자들은 대기실에서 모여서 차를 마시며 환담을 주고받는 시간이 있었다. 무대에서 화려한 조명에 반사된 그들의 모습을 보다가, 이렇게 직접 만나서 이야기를 나누면, 그들도 하나의 관중이며 일반 평범한 사람보다 더 평범하다는 것을 볼 수 있다. 대기실에는 인기가수들과 코미디언들이 줄줄이 대기하고 있어서, 다음으로 누가 나올지 예상이 가능하였다. 가수들의 무대 입장과 동시에 관객들이 내지르는 함성은 그 가수의 인기를 반영해 주는 확실한 행동이었다. 그러면 가수들은 있는 힘을 다해서 열창을 하였다. 이어서 노래 중간 중간에 가수들은 관객에 대한 애정 어린 이야기를 곁들여 열기를 더해주었다. 객석에 편안한 마음으로 앉아서 그들의 노래를 나의 에너지로 받아 들였다. 미세한 음색까지 낱낱이 들리는 음향에 감탄까지 하면서 말이다.

 가사에 실린 그 의미를 되새기며 들으니 노래는 노래가 아니었다. 가사가 그대로 귀로 들어와 가슴으로 충분히 녹아 있었다. 그런데 이런 훌륭한 가사의 노래에는 관중들의 반응들이 없었다. 조용히 들으면서 노래를 감상할 준비가 안 되어 있는 것이 문제였다. 간혹 어떤 이들은 재미없다며 자리를 그대로 박차고 나가버렸다. 그러다 젊은 가수들의 시끄러운 곡이 연주 되면, 다들 눈을 뜨고 난리를 피웠다. 오빤지 언니인지를 연신 소리 내지르며 그 가수들과 하나가 되기 위하여 안간힘을 쏟아내었다.

 한때 인기가 폭발하였던 가수가 나왔다. 하지만 지금은 언저리에서 활동을 하고 있으니 생소하게 여기는 사람들이 많았다. 그러니 인기로 먹고살다가 인기가 떨어지면 삶의 의미를 잃어버리는, 삶에 대한 진정한 가치를 모르는 일부 연예인들이 자기의 목숨을 자기 손으로 마감하는 그런 불상사가 나오는 것이다.

 관객의 코드와 안 맞는 노래를 하면 반응부터가 이처럼 확실하였다. 관객은 체면이고 나발이고 기다림이 없었다. 어떤 사람은 노골적으로 불만을 표시하며 객석을 떠나버렸다. 젊은 가수가 부르는 노래에 가사가 마음에 안 든다고 짜증을 부렸던 중년들이 있는가 하면, 중년들이 좋아하는 가수가 나오면, 반면에 젊은이들은 재미없다고 난리였다. 그래서 일부 가수들은 인기를 위해서 몸에 의학적 기술을 빌려서 성형을 하고, 나이에 맞지 않는 몸동작까지 해대는 것일까?

객석에서 관객의 반응과 가수들의 노래를 동시에 감상할 수 있어서 행복하였다. 아마도 그것은 내가 인기와 전혀 상관없는 글쟁이라서 그럴 것이다. 자극적인 글을 써서 출판사와 전문 광고주에 맡겨져 상업적으로 성공하면 이름 내기가 좀 빠르겠는가? 하지만 그런 것에 연연하면 진정한 글을 쓸 수가 없다. 인기와 무관하게 글을 쓰는 문인들이 많기에 그 길은 외롭지가 않아서 좋다.

물론 좋은 글은 소문이 나기 마련이다. 그런데 대부분의 좋은 글도 그대로 사장(死藏)이 되는 것을 많이 볼 수 있다. 출판 업계의 장기간 불황이 그것을 일부 대변해 주지 않는가?

나는 인기로 먹고 사는 직업을 가지지 않아서 좋다. 그리고 대중을 의식하지 않아서 좋다. 인기를 아침 안개에 비유하지 않으련다. 해가 뜨면 사라질 안개에 비유하지 않는 것은 안개를 좋아해서도 그렇지만, 안개는 언제나 살아 있어서 그렇다.

물이 있고 산이 있으면 영원히 사라지지 않을 안개! 그런 안개를 감히 무엇에 비유한다는 말인가?

끝없는 열정

"다다다 다다다다다······."
"두두두 두두두두두······."

희뿌연 먼지를 자욱이 일으키며 사막의 어디론가 마구 쏜살같이 달려가는 수많은 누 떼와 톰슨가젤의 무리가 화면 가득히 보인다. 언뜻 보기에는 두 무리의 짐승들이 한패가 되어 이어달리기 경주를 하듯 쉼 없이 달려가는 멋진 모습이었다. 순간 화면을 돌리려고 손에 잡은 리모컨을 멈추고 대신 눈을 화면에다 꽂았다.

그러나 내가 본 장면은 안타깝게도 황량한 사막에서 생존을 위한 삶의 강한 욕구를 보여주는 아찔한 장관이었다. 그때 그 힘찬 무리에서 이탈한 누 한 마리를 암사자가 온 힘을 다하여 열심히 쫓고 있었다.

갈팡질팡 헤매던 누 한 마리를 암사자가 교묘하게 몰아갈 때, 들이켰던 커피가 미처 목구멍을 넘지 못하고 입안 가득 고여서 그 누와 함께 한 몸이 되어 내달리다가, 어느 순간 암사자가 득달같이 달려들어 누의 목을 덥석 무는 순간, 그만 커피가 목구멍으로 꼴깍 넘어가고 말았다.

'그들이 가고자 하는 곳은 어디일까?'

'어디를 가려고 목숨을 걸고 저렇게 힘든 여정을 안달하며 앞만 보고 뛰고 있을까?'

가고자 하는 곳이 어디인지 아는 듯한 맨 앞의 우두머리가 이끄는 대로 의심 없이 따라가는 집념의 군집들의 발짓이 나의 호기심을 화면 가득히 고정시켜 버렸다.

어느덧 행로의 끝 지점까지 온 듯싶었다. 악어 떼가 음침하게 수면에 *바투 붙어 숨어서 기다리고 있는 죽음의 강가에서 선두들은 숨을 할딱이며 짧은 고민을 하는 듯했다. 그러다가 어느 한 마리가 풍덩 강으로 뛰어들어 힘찬 도강(渡江)을 하였다. 그것을 기점 삼아 이어서 차례로 그들은 건너고 있었다.

개중에는 두려워서 강가에 멈춰 서서 멈칫멈칫하다가 내달려 오는 동료에게 받쳐서 실족하여 빠져서는 방향을 잡지 못하고 허우적거리다가, 배고픈 악어에 물려서 온몸이 찢어지고 뜯겨서 죽는 고통을 당하고 있었다.

방향을 잃고 멈추는 자에게는 이처럼 처절한 죽음이 찾아왔고 힘차게 전진하는 자에게는 바로 앞에 신천지가 떡하니 기다리고 있었다. 이 강을 건너가기만 하면 그들의 생명을 끝없이 이어줄 파릇파릇한 풀들이 그들이 마음껏 먹을 수 있도록 자라고 있었다. 풀들은 그렇게 파란 가슴을 활짝 열어놓고 그들을 기다리고 있었던 것이다.

"생각을 씨앗으로 묻어라."

는 말이 있다.

묻어둔 씨앗이 움트면 그것을 마음속 깊이 간직해두고 그 씨앗이 가슴속 토양에서 싹트게 하여 마침내 커다란 나무로 자라도록 묵묵히 기도해야 할 것이다. 우리가 하찮게 생각하는 저 짐승들에게도 이처럼 그들만의 '꿈'이 있었던 것이다. 비록 생존을 위한 '풀을 찾기 위한 꿈'이었지만 그 꿈이 그들을 살리고 있는 것이었다. 등 뒤에서, 혹은 갓 태어난 귀여운 새끼들의 옆에서 살벌한 맹수들의 습격이 그들을 음습해 왔지만, 그들은 그 두려움을 두려움만으로 인식하지 않고 진로를 모색한 것이다.

사막 어딘가에 있는 강을 건너면 그들을 배부르게 맞아 줄 풀이 있음을 그들은 본능으로 알았던 것이다. 그래서 온갖 두려움 속에서도 그 길로 매진한 것이다. 맹수들이 그들 주변에 있다고 해서, 죽음을 떼로 몰고 다니는 까마귀 떼가 그들의 머리 위에서 빙빙 돌고 있다고 해서 그들은 결코 낙담하거나 주저앉지 않았다.

무정(無情)인 식물에도 꽃을 피우고 열매를 맺고자 하는 꿈이 있어, 햇빛을 향하여 줄기와 잎은 하늘로 뻗어 오르며, 뿌리는 땅속에서 흐르는 물을 탐내어 좀 더 깊이 뿌리를 내리고자 사력을 다한다.

  사고 능력이 떨어지는 짐승들도 이처럼 그들의 꿈을 이루기 위해서 목숨을 건, 길고 먼 여정을 향해 발버둥을 치는데, 하물며 유정(有情)인 우리 인간들은 일러 무엇을 말하겠는가!

  세운 뜻이 있다면 마땅히 그 길로 매진할 것이다. 환경이 어려워서 못하네, 돈이 없어 못 하네, 시간이 없어 못 하네, 나이가 들어 못하네. 이런 말들을 하는 사람은 자기를 사랑하지 않는 자의 고질적인 평계에 불과하다. 환경을 빗대자면 황량한 사막, 죽음의 그늘이 곳곳에 내리고 있는 황폐한 평원에서 살아가는 동, 식물에 비할까?

  꿈도 꾸어본 자만이 그 매력에 취하기 마련이다. 자고 나면 허망할 그런 헛된 꿈이 아니라, 역경을 견뎌내어서 즐겁고, 이루어서 기쁘고 보람찰 그런 꿈을 꿀 것이다. 그리고 앞만 보고 갈 것이다. 과거의 일에 사로잡혀서 낙담하거나 미처 오지도 않은 미래 일에 대해서 지레 겁을 먹고 중단하는 그런 어리석은 짓은 삼가야 할 것이다.

  굳이 각고면려(刻苦勉勵)라는 말을 인용하지 않더라도 세운 목표가 있다면 어떤 고생이라도 무릅쓰고 몸과 마음을 다하여, 무척 애를 쓰면서 부지런히 노력해야 할 것이다. 세상에는 그저 되는 일은 절대로 없다. 그저 얻는 것도 없다. 반드시 자기의 노력 여하에 달려 있다. 그 결과의 늦고 빠름은 단지 연분화합의 인연이 아직 닿지 않아서 그럴 뿐이기 때문이다.

화면 가득 채웠던 아슬아슬한 조바심과 두려움, 긴박했던 불안과 초조감이 무사히 강을 건너간 누 떼와 톰슨가젤의 한가로운 풀 뜯기에서 멈춰버렸다. 꿈을 얻은 평원의 하늘엔 그 많던 까마귀 떼도 없었다. 바람에 갈기를 나부끼며 그들을 매섭게 쫓아오던 우람한 사자도 없었다.

단지 조용한 바람과 한가로운 울음, 그리고 또 다른 평원의 새 희망을 꿈꿀 새끼 짐승들의 사랑스러운 몸짓만이 푸른 평원에 가득했다. 끝없는 열정이 가져온 황홀한 평화, 그 배부른 만족감을 맛보지 않겠는가?

*바투 : 두 대상이나 물체의 사이가 썩 가깝게.

잊히지 않는 그대

낙엽이 지는 가을이 좋다. 그것도 억새가 매우 고독해 보이는 늦가을이 그토록 나는 좋다. 눈이 시리도록 파란 하늘은 그대의 은은한 미소로 온 세상을 덮는 것 같아 미치도록 좋다. 그러다 가끔 적당한 바람에 머리칼이 눈을 가리며 욕심 없이 흩날리는 것도 좋다. 그것은 가을에 잊을 수 없는 그대를 그렇게 보았기 때문이다.

아, 이렇게 기다려지는 주말이다. 운이 좋으면 그대를 행복한 마음으로 실컷 만날 수가 있기 때문이다. 말똥이 굴러가는 것만 보고도 까르르 웃는다는 여고 시절이 있었다. 긴 인생의 행로에서 수줍은 숨을 쉬는 연한 꽃봉오리가 그렇게 피고 있었다. 그 시절 자칫 인생 행보에 길을 잘못 들면, 풀을 먹여서 빳빳하게 다려서 눈부시도록 폼이 나는 하얀 모시옷에 딱 한 방울 흘린 커피 물이 온 기분을 망쳐 놓는 것과도 같다.

아침이면 교실 여기저기서 급우들의 신나는 수다가 시작되었다. 한창 이성에 눈을 떠서 모이면 그들은 옆 학교 남학생들의 이야기로 아침이 시끄러웠다. 그 시절에 나는 초등학교 때 벼락이 무서워 이불 밑에서 간절히 기도하여, 하느님과의 협상에서 적절한 선을 그어 타협을 하였었다. 협상 조건은 하느님이 벼락을 멈추어 주시면 나는 그 대가로 하느님께 얼마간의 금전을 드리기로 한 것이었다. 그 후 약속을 지키기 위해서 믿음으로 똘똘 뭉쳐 있던 시기였다.

그 믿음이 얼마나 철저했던지 요상한 남녀의 모습이 그려져 있는 선전용 영화 간판은 쳐다보지도 않았다. 즐겨 먹던 도넛의 유혹도 물리치면서 아침이면 집에서 교회로 먼저 가서 아침기도를 하고 난 후에 학교로 갔다.

학교 수업을 마치면 아무리 늦은 시간이라도 또 교회로 가서 기도를 하고 집으로 왔던, 거의 반 수도자 같은 생활을 하였었다. 신(神)의 딸은 당연히 그렇게 해야 하는 것이라고 여겼기 때문이다.

등굣길 차 안에서 다가오던 남학생들의 은근한 눈빛을, 버스가 급정거하면 행여 넘어질세라 내 앞에서 튼튼한 두 팔로 버스 팔걸이를 꽉 잡고 다른 사람들이 밀지 않도록 잡아주던 그 매너 좋은 팔들을 못 본 척했다. 관심을 가지면 안 되는 것으로 알았다. 그런 내 속도 모르고 콧대가 높다느니, 너무 잘난 척하는 것이 아닌가 하는 희한한 말도 들었었다.

  하지만 그들이 어떤 말을 했던 관심조차 없었다. 왜냐하면, 그것에 관심을 가질만한 정신적, 시간적 여유가 없었기 때문이다. 그런 것에 관심을 가지면 신(神)과의 약속을 어기는 행위이기에 도저히 그럴 수가 없었다. 매일 적당량의 성경 읽기와 천자문 공부를 교회에서 했기 때문에도 그랬다.

  야간 자율이 없는 주말이면 교회에서 전도사 대신으로 신도들에게 설교도 했다. 창세기에서 요한계시록까지 무슨 말씀이 어디에 나오는지를 달달 외울 정도로 꿰뚫고 있었다. 거기에 적당한 간증까지 더해졌으니 설교는 인기였다. 그러니 여러 사람들의 기대를 저버리지 않으려면 교리를 철저히 지켜야 했다.

  같이 교회를 다니던 친구들은 신앙생활에도 충실했지만, 그들은 이성 교제를 했고 영화도 봤을뿐더러 여행도 다녔다. 하지 말라는 것을 교묘히 모르게 잘도 하였다. 그러는 그들이 참으로 신기하기도 하였지만, 한편으로는 괘씸하기도 하였다. 그들은 그렇게 즐기고는 기도할 때는 눈물을 철철 흘리며 죄 자복을 하는 것이었다. 즐길 때와 기도할 때는 이처럼 다른가 보았다.

  눈물이 나지 않는, 그렇다고 특별히 눈물을 흘리며 기도할 것이 없는 나는 아주 조용한 기도를 즐겼다. 아, 그러던 어느 운명적인 주말이었다. 신(神)의 딸에게 인간의 아들이 짠! 하고 나타났던 것이다. 눈에 빛이 나도록 내 혼을 빼앗은 그 사람을 보았다. 저녁을 먹고 잠시 쉬던 중, 주말의 명화 (아라베스크)에서 그 사람을 보았다. 정신이 아찔해지는 지적인 매력, 그에게 그만 필(feel)이 꽂혀버렸다. 품위 있는 모습과 명석해 보이는 표정에서 마음이 사로잡혔다. 나는 한순간에 정신을 놓아버리고 화면 속으로 그에게 빨려 들어갔다.

아! 저 사람이다.

그는 그렇게 처음부터 그렇게 내 마음에 꽂혀서 주말을 하얗게 밝혀주었다. 신(神)의 말은 불경스럽게도 그때부터 주말과 휴일 밤에는 신(神)을 까맣게 잊기로 하였다. 신(神)이 나에게 어떤 꾸중을 하시고 싶으셔도 그것은 주말과 휴일을 만드신 신(神) 자신의 업보이기에 나에게 아무런 말씀은 안 하실 것으로 믿었다. 운이 좋은 날은 토, 일 이틀을 연달아 그를 만날 수가 있었다.

주말이 지나고 일요일이 지나면 다시 말 없는 그리움이 시작되었다. 가슴에 언제나 애잔한 잔상으로 남아서 그는 나를 행복하게 해주었다. 말 한 번 나누지 못하고, 아니 말을 나눌 수도 없는 상황에서 우리는 참으로 난감하였다. 그는 언제나 TV 속에만 있었고, 나는 그 속에서만 그를 보았다.

세월은 무심하게 흘렀다. 수많은 날들을 하얀 그리움으로 남겨둔 채 그는 그렇게 늙어갔다. 철저히 그것도 아주 멋지게 그 혼자 늙어갔다. 어느 해 신의 부름이 그에게 닿았을 때, 그와의 이별도 따라서 찾아왔다. 이별은 만남을 예견하고 만남은 이별을 전제한다고 하였던가? 하지만 그와의 이별은 현상적인 이별이었지 영원한 이별은 아니었다. 처음부터 만남이 없었던 이별, 그것도 이별이라면 슬픈 이별일까?

야속하게도 그는 나에게 한마디 말을 건네지 않았고, 나도 그에게 그 어떤 말을 한 적이 없었다. 그는 내가 저를 그토록 좋아하는 것도 모른 채, 혼자 세상을 떠나버렸다.

"그레고리 펙!"

이제야 당신을 이렇게 큰소리로 이렇게 불러 본다. 그대의 멋졌던 모습의 이름을······.

2부
·
·
·
·
·
문풍지의 노래

달빛 소나타

한옥의 문풍지 떨림은 겨울밤을 환상적 세계로 몰아넣는다.

바람의 속삭임이 감히 사랑하는 사람들의 속삭임만큼이나 감미로울까마는, 그 소리는 달빛과 어우러져 바르르 트르르 떨려오니, 종이 춤의 속삭임이 때로는 달콤한 연인의 숨결처럼 은근히 다가와 귀를 간질이는 것이다.

'소리의 매력.'

창이 밝다. 숨김없이 모든 것을 다 보여주는 그 훤함, 한 그루의 나무, 떨어지는 잎 하나라도 숨김없이 다 보여주는 창은, 이제 막 목욕을 끝낸 나부(裸婦)의 몸처럼 매끄럽기가 그지없다. 그 창에서 바깥을 바라보는 안목의 세계는 환시라도 좋으니, 달빛을 타고 올라가 달의 매끄러운 뽀얀 살결을 한없이 만지고 싶어진다.

'형태의 마력.'

문살을 뚫고 희뿌연 연기로 들어오는 달빛, 그 달빛은 나신(裸身)에 하늘거리는 너울을 걸어놓은 듯한 기막힌 은근함을 보여준다. 걷잡을 수가 없다.

'달빛의 요염.'

사방으로 치솟아 오른 아파트 공간에서 그래도 운이 좋은 날이면, 보름달이 앞 건물 옥상에 걸릴 듯 말 듯 한 기막힌 장면을 연출할 때가 있다. 마술이 필요할 때, 끝없이 겹쳐진 빨대처럼 손으로 쭉쭉 뽑아낼 수 있다면, 뺄 수만 있다면, 아니 억지로라도 벌려서 저 달을 잡고 싶을 때가 있다.

모두가 잠든 밤에, 우주의 비밀을 하나씩 하나씩 살짝 흘려놓고 가는, 저 달을 데려다가 베란다 의자에 앉혀놓고, 차 한 잔을 앞에 두고 함께 도란도란 정담을 나누고 싶다.

동산(東山)의 새로움과 서산(西山)의 느긋함을 저 달은 알리라. 마음이 시원해지는 대화를 달은 알고 있으리라. 매일 오가던 그 산의 차이와 맛을, 구름 속에 숨어서 숨을 고르던, 서산 위에 걸터앉아 탈속의 세계를 노래하던, 낭만과 여유를 함께 나누고 싶다.

이팝나무 꽃 하얀 이가 서럽도록 눈부시게 웃는 밤에는 말이다.

멍석을 깔라니까

잔칫집에서 제일 바쁜 것은 뭐니 뭐니 해도 마당 군데군데에 깔리는 멍석일 것이다. 오는 손님 맞는다고 펼쳐지고, 가는 손님 배웅한다고 말려지니, 온종일 펼쳐졌다가 말리고, 말렸다가 펼쳐진다.

그 바쁜 와중에도 멍석을 보며 평가를 내리기도 한다. 가는 새끼줄로 만든 멍석은 가볍지만, 품위가 덜하고, 굵은 새끼줄로 만든 멍석은 품위는 있으나 들기에 너무 무거운 게 흠이다. 얇은 멍석은 고추나 콩을 말리는데 적격이고, 무거운 멍석은 목숨 줄 같은 보리나 나락을 말리는데 아주 적격이다.

멍석은 주로 네모모양으로 만든 것이 대부분이나, 드물게 둥근 모양으로 만든 멍석도 있다. 둥근 모양으로 만든 멍석은 들고 다니기에 조금은 불편하다. 그리고 돌돌 말아둘 때도 비뚜로 말려서 잘못 들면 풀어지는데, 그럴 때는 정말로 짜증이 난다. 하지만 그 둥근 멍석을 펼쳐놓고 보면 얼마나 아름다운지 모른다.

여름날 멍석 주변에 모깃불을 피워놓고 누워 있으면 하늘의 별이 멍석 위로 주르르 떨어질 것만 같다. 별이 빛나는 무더운 여름날 밤에 모기도 저를 쫓는 모깃불의 연기를 피하느라, 용을 쓰며 멍석 위로 날아든다. 멍석에 앉아 있는 사람들의 피가 달아서일까? 아니면 오염이 안 된 자연의 운치를 즐기려고 하는 것일까? 이유야 어쨌든 사람들은 모기의 멍석 주변으로 날아드는 방문이 반가울 리가 없다. 모기의 왱왱거리는 소리만 들려도 손바닥으로 기어이 모기를 잡는다. 그 잡힌 모기의 종착역은 멍석 옆에 있는 모깃불 속이다. 태워 없어지는 것이 제일 깨끗하다고 불교에서 말을 했지 싶다. 모기는 그렇게 모깃불 속에서 연기가 되어 사라졌다.

둥근 멍석 위엔 삶은 감자도 있고 옥수수도 있다. 옥수수 그 고른 알알이 입안에서 매우 행복하면, 멍석 위에 누운 몸은 배가 불러서 힘이 들었고, 발가락은 즐거워서 끊임없이 꼼지락거렸다. 멍석도 별이 빛나는 밤에는 소박한 낭만을 즐겼던 것이다. 화려한 혼인날에는 멍석이 부끄러워서 제 모습을 조금만 보여준다. 신랑신부가 자리한 양쪽으로, 일가친지가 둘러서 있으니, 멍석은 제 모습이 행여 보일세라 조심스럽게 누워 있다. 초례청을 연 순간부터 멍석은 계속 바빴다.

잘 하는 일도 멍석을 펴면 하지 못한다고 했는가? 그건 불특정

다수에 다 해당하는 말은 아닌 성싶다. 멍석을 펴주지 않아서 하고 싶어도 못하는 사람이 많기 때문이다. 동네의 놈팡이들이 죄다 모이면, 멍석은 남이 보지 않는 은밀한 곳에 펼쳐져서, 그네들만의 비밀스러운 행위에 몰입을 한다. 술상은 거나하게 차려지고, 객들은 술을 마시는 족족 술이 깨는 것인지, 술꾼을 상대로 하는 술통만 괜한 생고생이다.

 잔치 끝에 재미를 보는 사람은 신랑 신부가 아니다. 바로 멍석을 펴놓고 세상을 잊어버리는 바로 그런 놈팡이들이었다. 멍석만 펴면 못하는 것이 없다. 그러니 어서 빨리 멍석을 깔라니까.

문풍지의 노래

여닫이 방문이 감기에 걸렸다. 뽕뽕 구멍이 난 틈으로 바람이 무지막지하게 드나들었기 때문이었다. 문틈을 지키던 문풍지가 헐어서 제 임무를 다하지 못한 이유도 있었다. 그래서 눈이 내리기 전에 문을 모두 떼다가 우물가로 내려놓았다.

두레박으로 우물물을 길어 올려서 떼어놓은 문마다 물을 쫙 뿌려놓았다. 창호지는 찬물을 얻어맞고 비로소 정신을 차렸다. 정신이 번쩍 든 창호지는 물을 한 움큼 마시고 기가 풀어졌다. 무시무시한 물고문으로 창호지는 그동안에 있었던 일을 고백하지 않으면 안 되었다.

큰언니가 결혼하던 날, 동네 어른들이 구멍을 뚫어 신방을 엿보던 은밀한 웃음과 동네 아이들의 멋도 모르고 어른들 따라서 작은 손가락에 침을 솔솔 묻혀 구멍을 뚫던 호기심도 모두 불지 않으면 안 되었다. 모두 모두 물고문을 당하고 그간의 있었던 일들을 낱낱이 고백하였다. 모든 비밀을 싹 벗겨내면 문은 이제 더 이상 숨길 수 없는 나신으로 변한다.

창호지의 물고문이 끝나면 그다음은 문틈이다. 물고문을 당했던 문은 먹었던 물을 마구 토해내었다. 무시무시한 물고문으로 더 이상 숨길 수가 없었기 때문이다. 여름날 매미 소리가 배여 있던 곳에는 가을날 추수 후 탈곡으로 쌓인 먼지까지 겹겹으로 쌓여 있었다. 매미 노래는 바가지 물 몇 번으로 벗겨지지만, 탈곡으로 쌓인 먼지는 바가지 물 몇 번으로는 어림도 없다. 튼튼한 솔로 빡빡 문질러야 했다.

한 겹 한 겹 나오는 연한 물은 봄날의 꽃물이요, 두 겹 세 겹 나오는 시꺼먼 물은 여름날 심술궂은 폭풍이 때리고 간 진한 땟물이었다. 마지막으로 벗겨지던 때는 가을날 낙엽이 떨어뜨리고 간 슬픈 이별의 눈물이었다.

솔도 울었고 문틈도 울었다. 솔은 자백을 받아내기 위해 힘들어서 울었고, 문은 그동안의 일을 속 시원히 풀어놓아 시원해서 울었다. 말끔히 때를 벗긴 문은 개운했지만, 햇살은 피해야 했다. 한숨 잠을 푹 자고 나야 하기 때문이다. 그늘에서 서너 시간 잠자고 나면 깔깔해진 몸에 새 옷을 입어야 했다.

쇠솥에서 펄펄 끓는 끈적끈적한 풀은, 문을 위한 파티를 열 준비에 들어갔다. 닥나무로 만든 말간 창호지에 풀을 듬뿍 발라서 때깔 나는 차림으로 만들어 놓아야 했다. 이제 문은 바람이 간절히 꼬드겨도 끄덕하지 않아야 하고, 아이들의 간질간질한 유혹에도 단호히 막아내어야 한다.

당당한 표정으로 우뚝 선 문은 이제 두려움이 없다. 하얀 겨울 눈이 내려도 고독할 필요가 없다. 넉넉한 문풍지의 아름다운 노래 소리가 겨우내 들리기 때문이다. 때로는 은밀하게, 더러는 달콤하게 들릴 문풍지의 노래는 어떠한 바람도 항복을 할 수 있기 때문이다. 창문이 생겨 더 이상 문풍지의 노래가 들리지 않을 도시의 겨울은 삭막하지만, 추억 속의 겨울은 문풍지의 노래로 아늑하기만 하다.

"파르르……."

"파르르……."

겨울바람은 문풍지의 살 떨리는 열창으로 감격을 하고 있구나.

담장 위의 부침개

봉이 김 선달이 한양에 왔다. 이리저리 쏘다니다가 통금에 걸렸겠다. 급한 김에 할 수 없어 남의 담벼락에 올라가서 죽은 듯이 누워 있었다. 순찰을 하던 순라군이 담장 위에 희뿌연 물체가 걸쳐 있어 큰 소리로 물었다.

"그 누구요?"

-예이, 덜 마른빨래요.-

순라군의 물음에 김 선달은 자신을 빨래라고 대답하였다.

"그 빨래가 말도 하우?"

-아, 그러믄입쇼. 급한데 빨래가 뭣인들 못 하것소.-

"하하하."

순라군은 그의 재치에 감탄을 하고 통쾌하게 웃었다. 그리고 벌금을 물지 않고 가버렸다는 이야기다.

시골의 담장은 토담이 제격이다.

황토에 볏짚을 섞어서 흙덩이와 돌멩이를 섞어가며 가지런히 차곡차곡 쌓아 올린다. 담장 위에 비가 와도 흙이 무너지지 않게 이엉으로 엮어 담을 덮어놓으면, 동글동글한 토담은 그렇게 정겨울 수가 없다. 어떤 집은 담장 대신 소나무 가지로 얼기설기 엮어서 울타리 삼은 집도 있고, 좀 사는 집은 돌담 위에 기와를 얹어 웅장하게 보이도록 만든 집도 있다.

봄이 되면 담장 밑으로 봉숭아 꽃씨를 흩뿌려 놓아 꽃이 피면, 봉숭아는 분홍, 빨간 꽃잎으로 아가씨들과 아이들의 마음을 설레게도 했다. 맨드라미도 좋다. 부처님의 머리칼을 닮았다고 해서 맨드라미를 '불도화'라고도 한다. 맨드라미에 잠자리라도 붙어 앉으면 꽃은 잠자리요, 잠자리는 꽃이 된다.

분꽃은 또 어떨까? 마음씨가 좋은 아줌마 같은 꽃, 오지랖이 넓어서 모든 것을 다 감싸줄 만한 꽃이다. 까만 씨를 품을 때면 달빛이 좋아서 분꽃은 밤새 까만 씨를 토해낸다. 그러면 그 씨를 주워서 으깨어 분칠을 하는 아줌마들, 아줌마들은 하얀 가루에 마음까지 하얘져서 고단한 일도 잠시 잊는 것이다.

햇살이 긴 봄에는 아침밥을 먹고 돌아서면 쉬 배가 고파왔다. 밀가루에 소금으로 간을 맞추어 부추랑 방아 잎을 썰어서 아무렇게나 전(煎)을 부치어 시장기를 없앴다. 맛이 있든 없든 나눠 먹는 것에 익숙한 사람들은 부침개를 해서 이웃집으로 갖다 준다.

그러면 온 동네로 돌아다니던 똥강아지들이 이 부침개 냄새에 사죽을 못 쓰고 달려들어서 먹으려고 난리였다. 한입 얻어먹겠다는 발악인 것이다.

얻어먹는 사람은 또 바로 먹지 않았다. 반드시 고수레를 하였다. 똥강아지는 그 순간 고 씨(高氏)가 되어, 덥석 날름 날아오는 그 부침개 조각을 받아먹는다. 정은 이렇게 짐승과 사람 사이에 격도 없이 서로 오고 갔었다.

주인이 없을 때는, 그 집 담장 위에 '산디미'라고 불렀던 작은 대소쿠리에 김이 나가도록 담아서 신문지로 잘 덮어서 담장 위에 놓아두면, 주인이 돌아와서 잘 챙겨 먹고 또 그 소쿠리에 적은 음식이라도 담아서 보내왔다.

이것이 살아 있는 포근한 정의 모습이었다. 김 선달이 통째로 자신을 말리던 담장에, 정을 별바라기 하는 정겨운 소쿠리가 봄볕에 반질반질하여 음식을 담아 놓아둔 사람의 마음만큼 반짝거렸다.

학교에서 돌아오면 아이들은 자기네 담장에 행여 무엇이라도 있나 없나 그것부터 살폈다. 어릴 때부터 나눠 먹던 모습을 보고 자란 아이들은 자기네가 커서도 잘 나눠 먹을 것이다. 베푼 자만이 베풀고, 베풀어 보지 못한 자들은 베풀 줄을 모른다. 설령 담장 위에 얹어둔 음식이, 도둑고양이 같은 사람에 의해 없어졌을지라도 아무도 속상해하지 않았다. 누구라도 먹었으면 다행이라고 생각했기 때문이다.

"딩동!"

아파트의 차가운 벨 소리가 울리면 싸늘한 시선으로 누구인지 거실에서 화면으로 확인하는 도시의 눈길은, 이제 담장의 푸근하고 따뜻한 침묵을 몹시 그리워해야 할 판이다.

바람의 승천

"천지신명이시여, 이 음식을 흠향하옵시고 올 한해 가족들의 소원이 순조롭도록 비옵고 비옵나이다."

부뚜막 한쪽 소반(小盤) 위에 깨끗한 정화수가 매일 놓여 있었다.

정월 초하루, 설날을 기점으로 정월 대보름을 거쳐서, 주야장천 인시(寅時)인 새벽 3~5시에 달빛 정기를 듬뿍 받은 우물물, 누가 일어나 아직 퍼 올리지 않은 정결한 물 한 그릇을 어머니께서는 세수하시고 난 뒤, 물을 길어서 소반 위에 얹어두고 지극정성으로 마음을 모으셨다. 아궁이 불 그을음이 날아가 살며시 앉아도 그 소반 위의 정화수는 언제나 투명하였다. 산화가 된 재는 흔적조차 없는가 보다!

도둑고양이도 염치는 있는지 그 신성한 정화수 곁에는 절대로 가지 않았다. 아무리 바쁘셔도 어머니께서는 하루라도 건너뛰지 않으시고 정성을 모아서 마음의 촛불을 밝혀놓으신 것이었다.

긴 겨울이 지나가고 봄이 시작될 음력 이월 초하룻날 아침, 어머니께서는 바람이 아직도 차가운 새벽길을 나가셨다. 장날은 아니지만, 새벽시장이 서는 곳이 있기에 첫차를 타시고 부리나케 다녀오셨다. 나물 몇 가지와 조기 한 마리, 그리고 시루떡을 상에 차리어, 촛불을 피우고 난 뒤, 소원을 빌면서 어머니께서는 소지(燒紙)를 하시며 간절한 기도를 드리셨다.

정월 초하루 설날부터 이날까지 예전에는 명절로 쭉 이어졌다. 정월 대보름은 농사 밥이라 하여, 12가지 나물로 풍성히 해서 농주(農酒)까지 차려서 소에게 먹이는 풍습이 있었다. 소가 잘 먹어서 그해 농사를 짓는 데 힘을 발휘하라는 일종의 격려 차원에서 막걸리를 먹이는 것이리라.

요즘 정치가들 사이에 한동안 떡값으로 시비가 오갔었다. 차라리 그 떡값으로 소에게 일 값으로 많이 먹이면 풍년을 보장할 텐데……. 이 기회에 사람에게 주어서 시시비비로 고생할 게 아니라, 그 떡값의 아주 작은 일부만이라도 떼어 가축에게 먹이면 어떨까 하는 개인적인 바람이다.

이 기간 동안 소가 힘을 축적하면 사람들은 씨앗 준비를 해둔다. 창고에 보관되어 있던 각종 씨앗을 다시 꺼내어 *건풍도 하고, 마지막 날인 음력 2월 1일에 최종 농사 밥을 먹는다는 것이다.

소지를 할 때에는 형형색색 헝겊도 같이 태운다. 노란색, 붉은

색, 파란색 등 주로 이 삼색이 주가 되어 땅의 기운을 하늘로 올려서 소원성취를 비는 것이다. 소지할 때 연기가 곧바로 하늘로 올라가면 정성이 헌납된 것이라고 하였다. 정성을 하늘이 가납한 것이다. 밥상에는 귀한 김이 오르고 막걸리가 올라서 명절을 마감하는 것이다. 겨울의 긴 명절은 봄이 옴과 동시에 당분간 잊히는 것이다.

이젠 부뚜막에 겨울까지 물 잔이 보이지 않을 것이다. 하지만 어머니께서는 언제나 그곳을 깨끗하게 닦아두시어, 정화수의 그릇이 새벽달과 함께 다시 빛날 것을 준비해 두셨다. 아궁이의 불길이 새록새록 잘도 들어간다. 매캐한 불길이 나오지 않는 것을 보니 바람이 순조로운가 보다.

굴뚝을 타고 올라가는 연기는 소지를 태운 촛불의 연기와 만나서 어떤 이야기로 수놓을까?

그것 참, 아랫목이 유난히도 따습다.

* 건풍(乾風) : 건조한 바람, 바람을 쏘이는 행위

장날에 만납시더

'~♪~아버지는 나귀 타고 장에 가시고
할머니는 건넛마을 아저씨 댁에
고추 먹고 맴맴 달래 먹고 맴맴~♪~'

우리나라 시골 장날 아침의 모습을 압축적으로 잘 드러낸 동요이다. 요즘은 대형 할인매장이나 백화점이 들어서서, 재래시장이나 오일장의 모습이 많이 퇴색하였다. 그래도 아직 전통적으로 오일장을 쇠는 지방이 남아 있음에 다행한 마음이 든다.

오일장은 5일마다 장이 서는 것을 말하는데, 지방마다 달력 날짜가 1·6일, 2·7일, 3·8일, 4·9일에 장이 선다. 이런 오일장은 사람들에게 필요한 생활필수품을 사고팔기도 하지만, 사교 무대와

교류 장소로도 통한다. 논밭에서 가꾼 온갖 곡식들을 당일 아침 일찍부터 밑장만을 해서, 보따리에 이고 지고, 먼 길을 나선다.

　소를 팔러 가는 사람들과 같이 가는 날이면, 길에서 얼굴이 붉어지는 민망한 장면을 종종 볼 수 있다. 짐승들은 부끄러움을 모르기에 짝짓기에 열을 올려 그들의 본능대로 애정을 과감하게 행동하고 그런 표현들이 보는 사람들로 하여금 낯을 붉히게 만들기 때문이다. 사람들의 은근하고 내숭적인 모습을 힐책이라도 하듯이 짐승들은 당당하게 애정을 마음대로 표현한다. 게다가 입이 걸걸한 소 장수가 두어 마디 말을 거들면, 장날의 먼 길은 웃음 길이 되어 등에 지고 머리에 이고 가는 짐이 하나도 무겁지 않게 느껴지는 것이다. 장날 길은 그래서 지루하지가 않다.

　이 동네 저 동네 많은 사람들이 모두 한 길로 통하니 장은 로마와도 같다. 세상의 온갖 소식 동네마다 온갖 소문을 다 물어 와서, 이곳저곳에 펼쳐놓고 소식을 주고받는다. 아무개 집의 어느 딸이 시집갈 나이가 되었다고 하면, 아들 가진 사람은 다른 소리는 귀에 들어오지 않고 그 소리만 입력이 된다. 그리고 매파를 불러서 다리를 놓거나 직접 소문낸 자를 매파로 이용하기도 한다.

　잘생기고 행동 반듯한 남자의 인물과 행동만으로 그 동생까지 가늠해서 당사자 총각 얼굴은 보지도 않고 그 자리에서 딸을 허락하는 사람도 있다. 중매결혼이 뭐 대수인가? 누군가가 다리를 놓아서 부모가 그 상대를 한 번 보고서는 싫지만 않으면 혼인할 날을 잡는 것이다. 혼인에 이르는 날은 길어야 한 달이고, 짧으면 여름날 번갯불에 콩을 볶아 먹듯이 일주일 만에 후딱 일을 처리하는 집안도 있었다.

요즘에 와서는 중매가 조건과 조건의 결합이라고 하지만, 그 시대에는 적어도 정(情)이 결합된 인정과 인정의 결합이라고 할 수 있다. 자유연애로 부모 동의도 없이 결혼을 해놓고, 저들끼리 싸워서 사네 못 사네 그 원망을 부모에게 돌리는 웃기는 이 시대에, 제삼자가 나서서 당사자들 입장과 관계없이 인생을 매듭지어도 부모에게 따지려고 든 자녀들이 없었다고 하니, 그 시대 어른들은 사람 보는 눈이 제법 정확했다고 하겠다.

요즘처럼 '내 인생은 나의 것'이라고 떠들며 자기가 택한 상대와 삼 년은커녕 일 년도 되기 전에 갈라서는 사람들이 많은데, 저잣거리에서 또는 길거리에서 혹은 시골 차 안에서 이루어진 제삼자의 연결에도 족히 60년을 넘게 해로했던 부부가 얼마나 많았던가!

전문지식으로 사람을 판단하는 것이 아니라, 살아온 경륜으로 인생의 미래를 점치는 그들은 분명 어떤 노하우로 사람과 사람을 연결했던 것이다. 시장판 한쪽에서 아궁이의 매캐한 연기를 삼키며 따끈따끈한 육개장 한 그릇에 속을 풀며, 마음에 쌓였던 괴로움도 함께 풀어버리는 것이다.

"다음 장날에 만납시더."

장날 어느 곳에서 어느 시각에 만날 것인지는 중요하지가 않다. 무조건 장날이면 다 통했다. 어물전일지, 채소가게일지, 소 장터일지는 가보면 아는 것이다. 투박한 손으로 술잔을 기울이지만,

그 속에는 살아온 삶의 지혜가 녹아서 얼큰하게 취해도 그 술은 정신을 놓아버리는 술이 아니었다.

　가족들의 따뜻한 웃음을 안주로 삼아 옆에 튀밥 한 봉지를 만지작거리며 또다시 먼 길을 가기 위한 에너지원으로 잔을 기울였던 것이다. 산도깨비가 허리춤을 잡고 씨름을 하자고 졸랐어도 두렵지 않은 힘인 것이었다.

　허 생원이 자기 아들 동이를 알아본 것도 다 오일장의 덕이 아니겠는가? 시끄러운 경운기보다, 빠른 자동차보다, 터벅터벅 걸으며 생각의 여유를 즐기는 도보 장날 길이 이래서 좋은 것이다. 언덕이 있으면 가다가 잠시 쉬었다 가고, 이야기꾼이 있으면 찡하게 웃으며 걸어서 갔던 그런 장날 길이 눈에 선하다.

품앗이

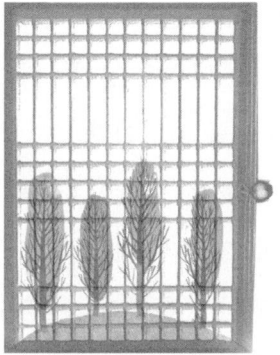

　나락이 눈을 뜨기 시작했다. 살랑살랑 봄바람이 불기 시작하면 나락은 마음이 바빠 속을 태운다. 큰 통에 소독약을 풀고 나락을 물에 푹 불려놓는다. 봄물이 몸에 닿자 나락은 알 수 없는 환상 속으로 먼 여행을 떠난다.

　못자리를 잡아라. 어린아이 다루듯이 삽으로 모판을 살살 다듬는다. 최대한 부드럽게 한껏 아늑하게, 모판은 비닐 이불을 덮고 깊은 잠에 다시 빠진다.

　간질간질한 몸을 뚫고 싹이 나온다. 비닐 이불 위로 봄 햇살이 빛난다. 모는 온몸으로 빛을 잡아당긴다. 비닐 속엔 바람이 없어 하품을 하여도 그 하품이 오롯이 뿌리로 다시 내린다. 키가 자라니 목이 아프다. 모는 큰소리로 외친다.

"나에게 바람이 아니면 이불을 벗겨 달라!"

본격적으로 모 이앙이 시작된다. 모는 기계로 심는 것보다 손으로 쪄내어 서너 개를 심는 것이 좋다. 상부상조, 이것은 이전부터 내려오던 사람 냄새가 물씬 나는 아름다운 전통이다.

온 동네는 모내기 일자를 잡느라고 달력이 바쁠 지경이다. 1일은 선동 댁, 2일은 하동 댁, 3일은 춘암 댁 등, 달력은 집집마다 모내는 집사람의 이름을 외우느라고 머리가 아플 지경이다.

품삯으로 일을 해주는 것이 아니라 분명하게 '품앗이'다. 품앗이는 아침부터 오후까지 똑같은 시간으로 자기가 해 준 것만큼 일로써 다시 되갚아주는 것이다. 일손이 귀한 농촌에서는 품앗이로 모든 일을 대신했다. 기계화가 되기 전이었으니, 품앗이는 누가 먼저 날짜를 잡느냐에 따라, 그해의 농사 진행을 알 수 있다.

먼저 이앙을 한 논은 모가 자리를 잡아 느긋하게 자라지만, 늦게 이앙한 논은 마음이 아주 바쁘다. 오죽하면 '오뉴월 땡볕에 옷을 몇 벌 말린다.' 는 말이 나왔을까?

품앗이에는 한 치의 오차가 없다. 하루 동안 일을 했으면 하루의 그 시간만큼 일로써 갚아줘야 했고, 반나절 일을 했으면 반나절만큼만 갚아주었다. 품앗이는 돈으로 갚는 것이 절대로 아니라, 오직 일로써 되갚는 것이었다.

또한 품앗이를 할 때에도 대충이란 것이 없고 성심을 다해서 일을 해주었다. 시계가 없어도 어쩜 그렇게 시간을 잘 맞추는지, 봄날의 해와 여름날의 해, 가을날의 해가 신기해할 정도였다.

기름이 자르르 흐르는 밥을 들에서 먹기 전, 이마에 흐르는 땀을 머릿수건으로 닦으며 허리를 펴는 순간은 여유로움의 행복한 시간이다. 옹기종기 모여앉아 호박 넣은 갈치조림에 허리 아픈 것을 깡그리 잊어버리고, 다음날 누구네 집의 일거리가 또 하나의 반찬이 된다.

혼자 하는 일의 따분함과 비효율성을 품앗이는 든든함과 일의 민첩성을 잘 반영해 주었다. 나락이 태양과 한창 뜨거운 사랑을 하며 클 무렵, 콩밭은 지심(잡초)과의 힘겨운 전쟁을 한다. 땅속 양분을 잡초가 빼앗아 먹으면 콩으로 갈 양분이 줄어들어 콩은 키가 잘 자라지 않는다. 키가 자라지 않으면 열매가 여물지 않기에, 콩밭은 잡초 매기를 몇 번 해줘야 콩이 제대로 자란다. 콩밭은 이랑이 길기에 혼자 밭을 매면 아주 지겹다. 시집살이의 고단함에 밭매기의 고독까지 더하면 얼마나 서러울까?

같이 밭을 매는 이웃에게 실컷 흉이라도 내뱉고 나면 가슴이 시원해서 스트레스가 풀리는 것이다. 콩알처럼 단단한 가슴앓이는 여자의 가슴에 못이 되기에 일하면서 풀어버리는 현명함을 여인네들은 알고 있었다.

흉도 품앗이가 되었던 것이다. 비워내야 할 가슴이기에 품앗이는 여인들이 살아나갈 현명한 방도였다. 그런데 사랑에도 품앗이가 있었을까?

새참과 고수레

아침 하늘이 붉은 안개에 젖으니 눈도 따라 붉게 젖는다. 이런 날이면 오늘 하루는 해가 쨍쨍할 것이라는 예고이다. 나는 바빠질 시간을 위해서 아침밥을 든든히 먹어둘 마음이다.

한 해 농사는 가을걷이가 꽃이다. 따뜻한 아침밥에 뜨끈뜨끈한 시래깃국으로 배를 든든히 채우고 나면, 소를 몰아서 논으로 나간다. 아침이슬이 아직 깨어나지 않아 촉촉한 풀잎이 소를 유혹한다. 고구마 줄기를 넣은 맛있는 쇠죽을 넉넉하게 먹고 나온 소도 그 유혹을 끝내 이겨내지 못하고 싱그런 풀을 느긋한 입으로 훑어 먹는다.

해가 뜨면 생명이 있는 온갖 사물들은 정신을 차린다. 가지고 간 볏짚 단에 물을 촉촉이 먹여서 베어놓은 벼를 한 단 한 단씩 묶어 나간다. 볏단을 너무 세게 묶으면 손가락이 아프고, 또 느슨하게 묶으면 타작할 때 볏단이 풀어지기에 알맞게 묶어야 한다. 너무 굵게 묶으면 무거워서 타작하는 사람의 손이 아프고, 너무 얇게 묶으면 끊어지기 일쑤여서 적당한 굵기로 묶어야 한다. 적당함의 미학, 즉 중용이 일에도 적용되니 진리는 생활 도처에 아니 깔린 곳이 없다.

한 사람이 하루에 얼마만큼의 일을 할까? 지방마다 차이는 있을지 모르겠으나 대략 논의 한 마지기는 200평이고, 밭은 100평이다. 한 사람이 하루 동안 일을 할 수 있는 양을 기준으로 한 마지기를 정해 놓았다고 한다. 농사의 일은 사람이 많을수록 신명이 나고 일이 잘 된다. 그래서 옛 조상들은 아이를 힘닿는 데까지 줄기차게 낳고 또 낳았다. 자식이 곧 농사와 연계가 되니 말이다.

한참을 일에 푹 파묻히다 보면 허리 펴는 것조차 잊는다. 아니 허리를 펼 시간조차 아까워서 그런지도 모른다. 그만큼 빠듯한 것이 농사철의 시간이다. 그래서 오죽하면 농사철에는 시체도 일어나 농사일을 돕고, 부엌의 부지깽이도 돌아다니며 일을 돕는다고 했을까?

나락을 묶을 때 알알이 배인 그 낟알이 얼마나 사랑스러운지 허리가 부러지는 아픔이 있어도 즐겁다. 행여 낟알 하나가 떨어질까 봐 조심스레 다루어 묶어서 뒤집어 놓는다. 다른 것을 묶을 동안에 마르게 하기 위한 배려이다.

일찍 베어놓은 벼 밑동에선 뾰롱뾰롱 물기에 싹이 난 것도 더러 있다. 거기에 개구리가 앉아서 열심히 빌고 있다. 같은 물 한 방울로 정화수 삼아 뱀의 공격으로부터 무사히 살아날 수 있도록 비는 것일까?

일꾼 몇 명을 데려다 부지런히 오전 나절의 일을 끝낼 무렵이면 새참이 나온다. 일할 때의 피곤함은 새참을 먹고 난 뒤 꿀맛 같은 휴식의 여유가 잠깐 있기에 그 피곤함을 잊어버리고 일을 즐겁게 하는 것인시도 모를 일이다.

새참은 그 음식을 지어 내어오는 사람의 정성이 가미되어 음식엔 알뜰한 맛이 새록새록 배여 있다. 집에서 담근 막걸리, 그 막걸리에 얼음을 동동 띄워 차갑게 해놓았으니, 그 뽀얀 물의 유혹은 중노동으로 허리 아픈 것을 깡그리 잊어버리게 만든다.

논 두둑에 앉아 볏짚을 풀어서 앉기 좋게 만든 다음 거기에 음식을 차려놓으면 제일 먼저 하는 것이 '고수레'다. 숟가락으로 갖가지 음식을 조금씩 떠서 사방팔방으로 던진다. 그러면 지나가던 개미도 와서 먹고, 허수아비랑 씨름하던 참새도 와서 쪼아 먹는다. 심지어 작은 벌레들까지도 모여서 즐거운 파티로 평온한 정경이다.

사람의 입으로 들어가기 전, 작은 미충들에게 음식 보시를 하는 우리의 야식(野食) 문화가 얼마나 자비로운가! '고수레'는 '고씨레'에서 비롯되었다. 옛날에 부자인 고 씨(高氏)가 소작인들에게 혜택을 베풀었는데 그 부자가 죽자, 사람들은 부자 고 씨의 은덕을 기리기 위해서 음식을 먹기 전, 고 씨에 대한 예(禮)을 표했다는 데서 비롯되었다.

  부자 고 씨는 죽어서도 전국적인 예를 받고 있으니 얼마나 멋지고 훌륭한 삶을 살았는지 알 수 있다. 그 덕분에 미충들까지 은덕을 입고 있으니 어떻게 사는 것이 잘 사는 것인가를 보여주는 것 같다. 푸짐하건 허접하건, 길 지나는 사람들까지 불러서 막걸리 한 사발을 대접하는 것이 우리의 새참 인심인 것이다.

  아픈 허리를 살며시 펴고 꿀맛 같은 막걸리를 한 사발 쭉 들이키고 나서, 나물을 손으로 집어 먹으면 흰 구름이 동동, 정신도 동동 온 세상이 뽀얗게 동동동 떠다닌다. 달콤한 휴식을 잠시 취하고 나면, 남은 일도 얼마나 가뿐한지 모른다. 입에서는 절로 흥얼거리는 소리가 나온다.

볏가리

溫鄕 이정희

어디 숨었을까
여름내 따갑던
농부의 땀방울이

어디로 배웠나
톡톡 튀던

햇살의 웃음이
빈 들녘
논두렁에
꼼지꼼지 벗가리야

허수아비
너털웃음
어깨하며 누웠구나

부지런히 일을 끝내고 볏단까지 논 두둑에 차곡차곡 쌓아놓고 나면, 해는 어느덧 뉘엿뉘엿 기울고 있다. 가을 하늘은 오후 내내 배가 불러 푸른 *이내를 몰아서 그림자 길게 늘어놓고, 저는 서산에서 팔자 좋게 배를 가만가만 두드리며 놀고 있는 것이다.

*이내 : 해 질 무렵 멀리 보이는 푸르스름하고 흐릿한 기운

자치기, 그럼 때려 봐

논바닥에 얼음이 적당히 얼었다. 볏 동에 뾰족뾰족 싹이 오르던 벼 싹이 얼음으로 그대로 잠이 들었다. 온 세상은 건드리면 사정없이 그대로 미끄러질 판이다. 겨울에는 매서운 추위로 활동이 적어서 몸이 움츠러들기 쉽다. 개구쟁이들에겐 겨울이 길기만 하다.

자고 나면 쇠죽을 쑤어 소들에게 잔뜩 먹여서 집 앞 빈 논에 볏짚을 듬뿍 깔아놓고, 소들에게도 운동을 시키기도 한다. 짐승이나 사람이나 움직여야 밥맛이 돌고, 밥맛이 돌아야 몸에 살이 오르기 때문이다. 소에게는 겨울이 가장 행복한 계절이다. 봄부터 가을까지 수고한 소에게 느긋한 휴식을 취하도록 겨울은 배려한 특별 보너스 계절로 작용했다.

알싸하게 추운 날에 소죽을 쑨 아궁이에 손을 쬐다가, 나는 갑자기 생각이 난 듯 고방(창고)에 가서 얼지 않도록 볏섬 안 왕겨 속에 넣어둔 고구마 대여섯 개를 가져온다. 불기운이 아직 많이 남아 있어, 부지깽이로 불을 쑤셔서 고구마를 꼭꼭 묻어놓는다. 다독다독 부삽으로 묻어두고 잘 익기를 기다린다.

그 기다릴 동안 그을음으로 뿌옇게 변한 벽에 나무꼬챙이로 큼직하게 글을 쓴다. 문학박사, 선생님 등 장래 희망을 또렷하게 적어둔다. 그러면 희망이 뽀얗게 벽면에서 드러난다. 입가에는 웃음이 일렁이고 고구마는 노릇노릇 구수하게 익어갈 것이다.

작은 소쿠리에 군고구마를 담아 놓고 친구들을 불러 모은다. 친구들은 골목에서 기다리고 있다. 겨울의 모진 추위로 아이들의 손등은 터져서 피가 나고, 콧물은 입 주변에서 얼어붙어 얼굴까지 트게 하였다. 그러나 그런 것에 아랑곳하지 않는 아이들은 겨울과 더불어 무럭무럭 마음도 커지고 몸도 커 가는 것이었다.

볕 바른 곳에 옹기종기 모여앉아 가져온 군고구마를 맛있게 까먹는다. 시꺼먼 껍질을 벗기다 보면, 부르튼 손도 까매졌다. 그 까매진 손으로 고구마를 입으로 훌훌 불어서 먹으면, 바람이 적당하게 식혀 주어서 입 주변이 꺼멓게 변했다. 입가가 시꺼멓거나 말거나 아이들은 찬물을 벌컥벌컥 마시고 새로운 놀이를 찾는다.

궁하면 통한다고 했는가? 누군가 자치기를 하자고 제안한다. 소나무 적당히 굵은 가지를 두 뼘 정도가 되도록 잘라서, 낫으로 앞뒤를 뾰족하고 길게 깎아 놓는다. 그리고 그 자치기를 때릴 몽둥이도 잘 골라 놓는다. 대략 60cm 정도의 막대로 깎아 놓은 자치기를 때리기 좋은 터에 두고 편을 가른다.

자치기에는 기술이 필요하다. 몽둥이로 앞쪽 뾰족한 부분을 때려 공중으로 쳐올려서 다시 올려진 부분을 세게 쳐서 누가 멀리까지 보내느냐에 따라 승부가 결판난다. 야구와는 약간 차이가 나는 놀이였다. 야구는 투수와 포수, 그리고 타자가 필요하지만 자치기는 본인 스스로가 투수도 되고 타자도 된다.

공중으로 살며시 쳐올려 있는 힘을 다해 매우 쳐내면, 막대는 겨울 하늘을 가볍게 날아올라서 먼 논에 가서 퍽하고 내려앉는다. 아이들의 와아! 하는 함성에 이어서 잇달아 거리 재기가 있다. 자치기를 쳐낸 그 몽둥이로 몇 번 나오느냐를 잰다. 수학에서 측정과 통계 부분이다.

바뀐 7차 교육과정은 교과목마다 직접 실험해 보는 영역이 들어 있다. 그 당시 아이들은 이미 우리나라 교육의 앞날을 예견했다고 보아야 할 것이다. 직접 놀이를 통하여 몸으로 체득했으니 얼마나 이해가 잘 되었겠는가? 그것도 '내기'라는 특수한 이벤트로 경험했으니 말이다.

때려서 기분 좋은 자치기, 이기면 더욱 기분 좋은 것이 자치기였다. 하지만 옆에 잘못 서 있다가 서투른 아이가 쳐내는 모습을 구경하다가 자치기 막대로 얼굴을 맞아 눈가가 찢어지고 이마가 찢어진 아이들도 가끔 있었다. 그럴 때는 자치기를 때린 아이보다 맞은 아이가 더 미안해했었다.

요즘 같으면 맞은 아이 엄마가 난리를 피우겠지만, 그 시대 아이들은 화합과 양보 그리고 이해를 통한 놀이로 사회를 미리 배우고 있었다. 시퍼렇게 멍든 얼굴로 깔깔거렸고, 얼굴에 하얀 마른버짐이 피었어도 서로를 이해하며 아껴줬던 그 시대 아이들이 정말로 멋졌다.

　추운 날씨일수록 자치기에 힘이 솟는다. 때리면서 기운이 더 나는 놀이, 맞으면 맞을수록 통쾌한 자치기는 하얀 겨울의 창공을 나는 새가 되었다. 이참에 플라스틱 믹대를 들고 끼만 아스팔트 위에서 겨울새 하나 몰아 볼까?

누룽지, 누룽지야

'밥 팔아 똥을 사 먹을 인간아!'

이 말은 인간 구실을 제대로 하지 못하는 사람들에게 들려주는 욕 같은 말이다. 밥을 팔든, 똥을 사든 요즘 세상은 밥을 잘 해 먹지 않아서 쌀이 남아돈다고 하니, 격세지감을 느끼고도 한참 남음이 있다. 뒤주에 쌀이 가득 차면 안 먹어도 마구 배가 부르던 시절이 있었다. 그러다가 뒤주 밑바닥이 보이면 안절부절못하여 걱정이 쌓이던 시절도 있었다.

하지만 지금은 식탁에 빵이 없으면 입에 가시가 돋고, 쌀 포대에는 쌀이 줄어들지 않아 군내가 난다느니, 여름철에 벌레가 생겨서 걱정이다, 라는 배부른 걱정을 하는 시대에 살고 있다. 또한 누룽지를 보려면 밥솥을 보는 것이 아니라, 대형 마트에 가서 구경을 해야 하니, 누룽지의 신세도 참으로 기구하다.

동녘에 해가 뜨기 직전, 가마솥에 쌀을 안치고 은근한 장작불로 밥을 끓이면, 솥뚜껑으로 뽀얀 국물이 즐겁도록 넘쳐난다. 밥물이 넘치면 벌겋게 달아오르던 장작불을 살며시 빼고, 마른 솔잎으로 자작자작 뜸을 조금 더 들인다. 그리고 대접에 계란을 몇 개 풀어서 솥 안에 넣어두면 아주 구수하게 맛있는 계란찜이 되는 것이다.

밥 뜸이 들 때까지 님은 볕에 생선 도막을 석쇠에 얹어서 굽는다. 솔솔 풍기는 기름진 생선 향을 바람결에 맡았는지, 고양이 놈은 부엌 턱을 잽싸게 뛰어넘어 들어온다. 유연하게 허리를 꺾어서 사뿐히 들어오는 고양이를 보고 있으면, 고양이의 허리 곡선이 예술이라는 것을 단번에 느낀다.

놈의 눈은 아주 감미롭게 실눈을 뜨고 절호의 기회만 엿보고 있다. 주인이 두 눈을 크게 뜨고 저를 지켜보고 있으니, 놈은 앞발로 생선을 어떻게 하지도 못하고 눈을 찡긋거리며 코로는 연신 실룩실룩 생선 향을 훔치기에 바쁘다. 저 고양이 놈은 주인이 옆에 없다면 아마도 당장 불덩이라도 훔칠 기세이다. 이제나저제나 주인이 자리를 뜨기를 놈은 바라겠지만, 어디 주인 마음은 그런가 말이다. 주인은 제 놈을 경계하고 있는데 말이다. 노릇노릇 생선이 익을 때쯤 밥의 향기도 때맞추어 구수하게 익어서 코를 행복한 벌렁거리므로 만든다.

밥그릇에도 군기(軍氣)가 잡혀 있다. 어른들 밥그릇은 맨 앞에 놓여 있고, 그다음 서열순으로 줄줄이 열을 지었다. 찬물만 위, 아래가 있는 것이 아니라, 밥을 푸는 데에도 이렇게 순서가 있었다. 쌀밥을 하면 문제가 없는데, 보리밥을 하게 되면 상황은 달라진다. 쌀 한 톨이라도 어른 밥그릇에 더 담기 위해 주걱으로 쌀밥을 살살 가려서 밥을 푸시는 어머니의 주걱에는 정성이 가득 배어 있다.

어른들 밥은 위의 쌀밥으로 먼저 담아내고, 나머지는 골고루 밑의 보리와 섞어서 보리밥이 된다. 차례차례 담은 밥은 일렬로 줄을 서 밥 먹을 임자를 향하여 각기 방으로 들어간다. 어머니는 부엌에서 아궁이에 불을 더 지피신다. 따글따글 솥에서 따글거리는 소리가 난다. 누룽지가 눌어붙어서 뜨거운 열에 온몸을 비틀고 제풀에 못 이겨서 일어나는 소리인 것이다.

보리밥을 해서 눌어붙은 보리누룽지는 별맛이 없다. 뭐니 뭐니해도 누룽지는 하얀 쌀밥을 해서 눌어붙은 조금은 두꺼운 것이 좋다. 그리고 누룽지는 은근히 눌어붙어야 맛이 고소하다. 연하고 얇은 것은 밋밋한 맛이 난다. 조금 두껍다 할 정도로 뜨거운 열로 달군 누룽지는 노릇노릇 향이 정말로 좋다. 미처 들고 일어나지 못한 누룽지는, 전복 껍데기로 박박 긁으면 속을 내보이며 벌떡 일어나 앉는다.

한 줌 감출 것 없이 누룽지를 긁힌 마른 솥은 물을 먹는다. 누룽지는 소쿠리에 담겨져 안방으로 간다. 이가 튼튼하지 못한 할머니는 누룽지 냄새만으로 만족하셔야 했고, 돌덩이도 씹어 삼킬 만한 튼튼한 이를 가진 아이들이 누룽지를 대신 차지하는 것이다. 가족 중 생일이라도 걸린 날이면 찰밥 누룽지가 아주 귀한 간식으로 환호를 받는다. 쫄깃쫄깃해서 씹는 맛도 은근하다.

먹다가 남은 누룽지는 멍석에 잘 말려서 튀밥으로 떡국과 같이 환생을 한다. 떡국 튀밥이 최상이라면 누룽지 튀밥은 그 두 번째이다. 다디단 단맛이 고소함과 어울려 겨울철 아이들의 군것질거리로 최대의 환영을 받는 것이다. 호주머니 속의 누룽지 튀밥 봉지, 그 바스락거리는 소리에 행복함으로 겨울이 따뜻하다. 누룽지를 씹어 먹다가 이가 찌이익 하는 고통이 있더라도, 소의 반추에서 보는 듯 입안에서 오래도록 향을 느끼게 하는 누룽지, 누룽지야!

넝마주이를 따르라

바람이 분다.

겨울바람은 그 누구든 사정을 봐주지 않는다. 이쪽으로 불다가 다시 저쪽으로 휙 쓸어가 버린다. 동네에 *넝마주이가 왔다. 등에 몸집보다 네댓 배나 되는 큰 통을 짊어지고 손에 긴 집게를 들고 왔다. 통이라야 대나무를 잘게 쪼개어 이리저리 얼기설기 엮은 대나무 통이다. 집게도 대나무로 만든 것이다. 등 뒤의 통에 누런 똥 종이가 몇 개 보였다. 넝마주이의 입가엔 웃음이 일었다. 아이들의 눈에도 개구쟁이 눈웃음을 달고 있었다.

종이가 무척 귀하던 시절이었다. 신문지는 좀 산다는 집에만 있었다. 잘 사는 집은 신문을 보기에 길에 신문지가 돌아다니면 그것은 노다지나 다름이 없었다. 생선을 쌌던 것인지 비린내 배인 종이가 바람에 이리저리 굴러다녔다. 넝마주이는 무덤덤한 모습으로 집게로 그 종이를 집어서 등 뒤의 통에다 주워 올렸다.

그렇게 넣는 모습이 왜 그렇게 재미있어 보이는지 우리도 손으로 시늉을 해 보이며 넝마주이를 졸졸 따라다녔다. 통에 얌전히 들어앉은 종이들은 제각각 다른 흔적들을 가지고 그네들끼리 열심히 이야기를 나누었다. 넝마 통 구멍 사이로 바람이 쏙 들어갔다. 하지만 곧 바람은 통의 구멍을 살며시 빠져나와서, 통에서 들은 온갖 이야기를 열심히 흘리고 다녔다. '국토 대 청결 운동'이 따로 없었다. 누구는 대단히 근사한 일을 하는 듯이 선전을 하고 일을 한다지만, 넝마주이는 말없이 종이를 줍고 다녔다. 요즘은 할머니나 할아버지들이 돈벌이 삼아 폐휴지, 빈 병을 주워 돈으로 바꿔 적은 용돈을 마련하고 있는 것을 많이 볼 수 있다. 또는 봉사활동 삼아 골목골목 다니면서 폐휴지, 빈 병을 주워 거리를 깨끗하게 하시기도 한다. 그러나 그런 모습에서는 예전처럼 정겨운 낭만이 묻어 있지가 않다. 오히려 할아버지 할머니의 깊게 패인 얼굴 주름이 허리까지 내려와, 굽은 허리를 더욱 굽게 만들고 있는 것 같다. 온종일 수거해서 몇 푼을 벌까마는 부르튼 손마디나 굳은 얼굴에서 보이는 삶의 행로에, 보는 사람의 가슴을 아프게 한다.

우리가 궂은일이라고 여겨지는 일도 나이가 젊은 사람이 하면 차라리 멋스러움으로 보인다. 이 고생 저 고생 경험으로 해보지 않고, 머리로 아는 경험들로는 자녀나 후손들에게 감동을 주는 말이 될 수가 없기 때문이다. 리어카보다는 등에 붙은 넝마가 좋고, 고무장갑보다는 대나무로 만든 집게가 훨씬 자연미가 있지 않는가? 좁은 길이나 비포장도로에서 더욱 빛나는 넝마가 바람이 불면 더더욱 멋스럽다. 꾀죄죄한 차림으로 아이들을 불러 모으던 넝마주이가 오히려 더 낭만적이다.

일요일 아침이면 쓰레기 분리수거로 온 동네 아파트가 소란스럽다. 마음속에 남아 있는 넝마주이의 종이 줍던 그림은 시끄럽지도 않고 각박하지도 않은 조용한 시골의 양지바른 언덕에 잠시 앉아 쉬고 있는 따사로운 풍경과도 같다. 추억 속 풍경이 되어버린 넝마주이의 모습은 아침의 따뜻한 풍경으로 다가온다.

*넝마주이 : 넝마나 헌 종이, 빈 병 따위를 주워 모으는 사람

장마와 참게

장마에 냇물은 질리도록 벌건 황토물을 마구 토해낸다. 산은 흙을 토하고 논은 물을 토해낸다. 산이 토해낸 흙과 논이 토해낸 물을 냇물은 절대로 마다하지 않고 죄다 받아먹는다. 한껏 받아먹은 냇물은 더 이상 소화를 시키지 못하고 그만 배가 터져버린다.

제방에 돌을 쌓으니 돌과 돌 틈으로 빈틈이 생겼다. 앞으로 비가 더 내려도 둑은 끄덕하지 않겠다. 천둥이 치고 벼락이 때려도 냇물은 태평스럽게 딴짓을 하면서 재잘거리며 흘러간다.

사나흘을 내리쏟아 부은 장대비에 냇물은 더 이상 소화를 못 시켜서 누런 황토물을 꾸역꾸역 뱉어 태세였다. 다행히도 큰비는 이쯤에서 그쳤지만, 냇물은 찰랑찰랑 넘실거리며 곡예를 넘는 듯 보는 사람의 마음을 졸이게했다.

냇물이 불어나면 아이들은 저마다 신이 난다. 창창하게 불은 물이 철철 흐르면 돌 틈 사이로 곳곳에 참게가 숨바꼭질을 하고 있을 테니 말이다.

 손끝이 여문 머슴이 만들어 둔 대발(竹髮)을 오빠는 등에 지고 냇가로 같이 가서 게를 잡자고 하였다. 냇물이 줄어들기 전에 대발을 쳐놓아야 게가 냇물에 떠내려가다 대발에 걸릴 것이라는 것이다.

 비가 잦아드니 지금이 적기라고 주전자와 그릇을 몇 개 더 챙기게 했다. 해가 지면 어두워서 잘 보이지 않을 것 같아 손전등도 챙겼다. 촘촘하게 짜놓은 대발이 참으로 예쁘다. 초록빛이 함초롬히 돌면서 풋풋한 향이 배어 나와 죽풍(竹風)에 마음까지 푸르겠다. 알맞게 굵은 크기로 쪼개 만든 대발은 파릇한 껍질이 그동안 햇살에 닳아서 반질반질하였다.

 냇물을 가로질러 쳐놓은 대발 위에 둘이 앉으면 휘청거렸으나, 대나무의 탄력에 대발은 부러지지 않고 그 고유의 탄성을 그대로 유지하고 있었다. 그래도 행여 대발이 부러질세라 조심해서 한쪽에 걸터앉아 부지런히 눈을 대발에 고정시켰다. 누렇게 흐르는 냇물이 대발 사이로 보였다. 그것을 보는 눈이 어지럽다. 색이 있는 것은 다 현란해서 그런가? 무색 물이 흐를 때는 무섭다는 느낌이 없었으나, 누른색을 띤 황토물은 사람의 기세를 충분히 꺾어 주었다.

 어질어질, 눈이 괴로울 무렵에 거무스레한 물체 하나가 비틀거리며 부지런히 기어오르고 있었다. 손전등을 켜고 눈을 바짝 대고 보았더니 털이 보송보송한 참게였다. 게에게는 집게발이 무기인지라 손으로 집지 못하고 악 소리를 지를 때, 오빠는 태연하게 그 게를 손으로 집어서 주전자에 넣었다.

"등 껍데기를 잡으면 게는 꼼짝을 못하니 거기로 잡아라."

오빠는 게를 손으로 잡는 방법을 자세하게 일러주었다. 그러나 집게발이 치고 들까 봐 잡지는 못하고 올라오는 방향을 오빠에게 일러주면 오빠가 잡았다. 게는 주전자에 물이 없어도 오래 살았다. 주전자에 담긴 게는 기어 나오려는 본능으로 부지런히 기어 오르는 모양이었다. 끊임없이 갉작거리는 금속 소리는 탈출하려는 참게의 열혈한 노력임을 알겠다.

큰마음 먹고 겨우 한 마리를 잡으니 더 이상 게를 집는 두려움이 사라졌다. 대발에 밀려 올라오는 게는 기쁨 그 자체였다. 참게는 장마 때에 많이 잡혔다. 냇물이 불면 돌 틈에 있던 게는 먹이를 잡기 위해 기어 나온다. 그런데 갑자기 물이 한꺼번에 밀리니 게는 돌 틈에서 버티지 못하고 그만 물에 쓸려 나오는 것이다. 대발에 걸려들어서 겨우 한시름 놓았다고 생각할 때, 새로운 위험이 도사리고 있는 것을 그들은 모르는 것이었다.

인간이 달리 고등동물일까? 고개를 넘으니 새로운 언덕이 나온다고, 게들에겐 대발은 생명을 담보로 한 탈출의 비상구였던 것이다. 믿었던 도끼에 발등 찍힌다고, 의지했던 대발이 사지(死地)로 인도할 줄 게들은 정녕 몰랐으리라. 하지만 대발의 배신이 사람에겐 기쁨인 줄도 참게는 몰랐던 것이다.

　잡힌 참게는 주전자에 가득했다. 얼마간의 시간이 지나자 그 깔짝거리던 소리가 점점 잦아들었다. 동료를 만난 참게들은 그곳이 사지가 아니라 새로운 피안의 세계인 줄을 알았을까?

　다른 그릇에도 가득 잡힌 참게를 보고 오빠와 나는 입가에 웃음을 연신 머금었다. 물은 두려움을 주는 존재이기도 하지만 이럴 땐 즐거움의 놀이터가 되는 것이었다.

　온갖 물건들이 대발에 걸려들었지만 내 눈에는 빨빨거리며 기어오르는 게만 보였다. 보송보송 털이 달린 참게는 맛이 참으로 기름졌다. 깨끗이 씻어서 게장을 담그면 아버지의 밥상은 그야말로 성찬이었다. 된장을 풀어서 엄마가 게장을 끓여주시면 밥상 앞에 앉은 가족들은 정말로 행복했다.

　장마가 황토물을 토하면 털북숭이 참게는 황토물을 사랑하게 된다. 황토물을 사랑한 참게는 언제나 방랑자였다. 그 방랑의 끝은 대발의 유혹, 그 대발은 참게를 잊지 못할 매력적인 맛에로의 길로 인도했던 것이다.

　장마가 시작하면 마음속에 대발을 걸어놓고 보송보송 털북숭이 참게의 까만 야성미에 푹 빠져볼까? 과연 그렇게 할 날이 정녕 또 있을까? 대부분의 냇물이 점점 복개천으로 변해가는 현실 앞에서 말이다.

뱀 뱀 꼬아 가는 길

　겨울밤의 바람은 숫처녀의 부끄러운 앞가슴을 앙큼하게 노리는 듯하다. 무엄하게도 문풍지를 마구 간질이며 방 안으로 들어오려고 안간힘을 쓰고 있다. 문풍지, 그 바르르 애절하게 떨면서 바람의 손을 막아내는 안타까운 소리에, 달그림자도 덩달아 시려서 달달 떨고 있다.
　바람의 유혹을 걱정하던 달이 그냥 지나치지 못하고 마당 앞 감나무에 살며시 걸터앉아 바람을 감시한다. 마루 밑에서 억지로 잠을 청하던 백구(白狗)는 달을 보고 감흥에 젖는지 잠을 이루지 못하고 연신 낑낑대고 있다. 겨울밤의 달은 사람뿐만이 아니라 개의 마음까지 붙들어 잡는 묘한 매력이 있는가 보`다. 차가운 매력도 가끔은 달콤한 것이 되는가!

초저녁 짧은 잠을 조금 청했던 아버지는 헛기침을 하시며 축담으로 내려가신다. 늦은 밤에 마당 가득히 내려앉은 달빛이 참으로 곱다. 얼마 전 추수를 끝낸 집 앞의 논은 볏짚으로 가득 쌓여 볏짚은 논바닥의 이불이 되고 있다.

집집마다 먹고 살기가 힘들었던 1970년대에는 거지들이 참으로 많았다. 새마을운동이 본격적으로 시작될 무렵에 거지들은 새 삶의 운동을 벌이지 않고, 거리나 집집마다 다니며 구걸 동냥으로 끼니를 간신히 때우며, 바깥에서 아무렇게나 잠을 잤는데, 주로 논바닥에 쌓아 놓은 볏짚 속이 그들의 아늑한 밀실이 되곤 했다.

우리 동네에 자주 왔던 별명이 평양거지인 단골 거지가 덕지덕지 때가 끼어 외투라기보다는 걸레 누더기에 가까운 두꺼운 외투를 걸치고, 몸을 잔뜩 웅크린 채 우리 논에서 자다가 볏짚을 가지러 오신 아버지를 보고 깜짝 놀란 일이 있었다. 쫓겨날까 봐 안절부절 못하자 아버지는 평양거지에게 그냥 더 자라고 이르고는 볏짚을 한 아름 들고 오셨다.

나는 밤잠이 적어서 아버지의 일하시는 모습을 보는 것이 참으로 좋았다. 머슴이 두 명이나 있었지만, 군 생활을 하시면서 주말이면 농사일을 도우셨던 아버지를 머슴들은 얼마나 고마워했는지 모른다.

아버지는 가지고 오신 볏단을 손으로 일일이 추슬러서 물을 뿌려놓으셨다. 물이 빠지면 한 번 더 후려쳐서 물기를 완전히 빼시고는 마루에 앉아서 호롱불을 켜셨다. 전기가 이미 들어와 있었지만 부분적으로 일을 하시기에 다른 사람의 수면에 방해가 될까 봐, 호롱불 아래 앉아서 새끼를 손으로 꼴 요량이셨다. 마당의 감나무에 걸려있던 달도 작은 호롱불이 귀여운지 목을 빼고 보고 있었다. 나는 아버지 곁에서 조금 떨어져 앉아 책을 펼쳐 놓았지만, 눈은 책에 반 아버지 손에 반이 가 있었다.

아버지는 볏짚 두어 개로 아주 가는 새끼를 꼬셨다 인생살이에 어찌 홀수만 있을까 보냐? 궂은일과 좋은 일이 합쳐서 두 가닥이다. 궂은일이 한 가닥, 좋은 일이 한 가닥 이렇게 두 가닥이 씨줄과 날줄이 되어, 인생살이의 길고 긴 언덕길을 뱀뱀 꼬면서도 끊임없이 나아가는 것이다. 새끼를 꼬는 손바닥이 처음에는 간지럽지만, 일에 몰입을 하다 보면 간지러움도 잊어버리고 손바닥에 불이 나는 것도 잊어버린다.

뻘겋게 까인 손바닥은 단련이 되면서부터 굳은살로 단단해져 갔다. 시련이 굳어지면 체념으로 바뀔까? 아버지의 까인 손은 이제 아프지도 슬프지도 않은 것 같다. 합장의 또 다른 모습으로 나무 새끼보살을 염원하시는 아버지의 두 손은, 구도(求道)하는 수도자의 정갈한 손이셨다.

가는 새끼줄이 길게 늘어나면, 아버지는 겨울잠을 자기 위해 똬리를 튼 뱀 모양으로 새끼줄을 동동 감으셨다. 커다랗게 똬리를 튼 새끼줄은 긴긴 겨울잠을 자는 얌전한 뱀이 되었다.

인생살이의 희비는 언제까지일까? 그것은 새끼를 꼬는 사람의 마음에 달려 있지 않을까 싶다. 짧은 줄은 쉽게 끝나지만, 쓸모가 적고, 긴 줄은 힘들지만 쓰임이 많으니까. 밸 밸 꼬는 새끼줄, 그 줄이 길어질수록 인내심의 내공은 더욱 굳어져 웬만한 일은 잘 참아낼 것이다.

겨울밤은 봄을 맞이하기 위한 고독한 침묵이라면, 겨울밤에 꼬이는 새끼줄은 영원히 끝나지 않을 인생의 미묘한 삶이리라.

이엉으로 엮어가는 情

늦가을 푸른 하늘은 햇살이 여유롭다. 감나무의 감이 알알이 붉어져 간다. 이때 까치 한 마리도 느긋하게 눈을 감는다. 평소엔 어디에서 깃을 드는지 모르겠지만, 햇살이 감나무에 내리는 날이면 푸드득 날아와서 터줏대감처럼 감나무에 떡하니 버티고 앉는다. 까치는 반가운 손님을 모셔오는 전령사가 아니라 손님을 맞이하는 주인으로 행세하는 것이다.

애쓰지 않아도 익어서 발갛게 벌어지는 홍시, 그러기에 까치는 나뭇가지에 앉아 여유롭게 그 향에 취해서 날갯짓을 잊어버리고 만다. 어쩌다 흔들리는 가지에 깜짝 놀라기도 하지만, 노려보고 있던 홍시가 약을 올리듯이 땅바닥으로 떨어져 쫙 으깨어진다.

사람들이 긴 장대로 죄다 따내지 않는 한, 감은 이대로 익어갈 것이니 까치는 어쩌다 떨어지는 홍시에 깜짝 놀라지만, 이내 평정을 되찾고 무덤덤하게 앉아서 꾸벅꾸벅 다시 졸고 있다.

요즘 웬만한 운치 있는 음식점이나 공원에 가보면, 짚으로 이엉을 엮어서 낮은 토담을 장식해놓은 것이 눈에 많이 띈다. 황토에 돌멩이를 알맞게 섞어서 돌멩이끼리 서로 어긋나게 쌓아 올린 토담은 담장이랄 것이 없는, '여기까지가 우리 집 땅이오.' 하는 경계의 표지 구실만 하고 있다.

도둑이 마음을 먹고 담을 넘는다면, 그까짓 것은 식은 죽 먹기보다 쉬울 테지만, 정(情)을 알고 멋을 아는 도둑이라면 이런 곳은 감히 넘보지 않을 것이다. 발꿈치를 약간만 들어서 뛰어오르면 훌쩍 담을 뛰어넘어 우물가 두레박 물을 한 모금 마시고 여유롭게 또 뛰어넘어서 나올 것 같은 높이, 그 야트막한 경계의 흔적은 나그네의 마음을 서럽도록 순화시켜 놓는다.

나락을 다 베어낸 논바닥은 아직도 더 키울 것 같은 나락 밑동의 노력으로 파릇한 싹이 잔디처럼 돋아나 깔렸다. 나락 밑동을 살며시 건드리기만 하여도 말간 물이 톡톡 튕겨 나오는 운치, 그 운치에 취해 한나절을 논에서 마냥 보내어도 좋겠다. 두어 포기로 심었던 벼 포기에서 한 움큼씩 자라난 나락, 한 알의 씨앗에서 그처럼 많은 열매를 맺는다는 것인가! '죽어야 사는 것이다.'는 말이 딱 맞는 말이다.

씨앗은 죽어서 더 많은 씨앗을 잉태할 수 있으니 죽지 않는 씨앗은 박물관에나 보내야 할 판이다. 이 너른 들판에서 큰 숨을 모아서 한 가슴 가득히 담는다면 가슴에 쌓인 삶의 찌꺼기를 단숨에 토해내겠다. 다 토해내어도 아무렇지 않은 하늘, 이 파란 하늘을 이고서도 무겁지 않게 살아가는 우리는 얼마나 행복한지 때로는 이 행복함을 잊고 살기도 한다.

입동이 다가오면 농가 곳곳은 매우 바쁘다. 탈곡한 볏짚을 잘 추려서 마당 한 곳에 쌓아두면 소여물로도 사용되고 군불을 땔 때도 이용된다. 서리가 내리면 볏짚에서 모락모락 김이 나오는 것이 꼭 저녁밥을 지을 때 굴뚝에서 나오는 연기처럼 뽀얘서 그곳에 잠시 앉아 손에 불을 쬐는 환상에 젖는다.

농한기에 접어들면 새 지붕을 얹어 겨우내 따뜻한 보온을 유지해 주어야 한다. 겹겹이 쌓인 초가의 이엉을 보면 몇 년이 된 집인지 확연히 알 수 있다. 오래된 것은 속에 숨어서 말없이 세월의 흔적만 묵묵히 보여준다. 작년의 것은 손으로 잡아당기면 지붕 전체가 빨려 나올 듯이 순해져 있지만, 이제 그 순한 지붕에 강짜를 할 새 이엉을 얹어줘야 한다.

한때 동네 사람들은 계를 조직하여 돌아가면서 마을잔치를 열었다. 누구 집에서 지붕을 얹는다 하면, 건장한 남자 여러 명이 그 집에 가서 아침부터 볏짚을 손질하여 물기를 뿌려가며 가지런히 볏짚을 추려두었다. 일거리를 다 갖추어 놓으면 본격적으로 작업에 들어간다.

새끼를 굵기 별로 여러 타래 꼬다가 한 곳에 차곡차곡 쌓아 두고, 당일에 쓸 새끼줄은 모여서 손으로 아주 가늘게 꼰다. 손바닥으로 뱅 뱅 돌아가며 꼰 새끼줄은 다리가랑이 사이로 쭉쭉 뻗어 나가다 뱀이 똬리를 틀듯이 감겨진다. 그렇게 가늘게 꼰 새끼줄은 이엉을 보기 좋게, 이엉을 아주 단단하게 묶을 때 실처럼 사용하려고 무척 공을 들였던 것이다.

마당 널찍한 곳에서 초가에 새 옷을 입히기 위해 일하는 사람들에게 따뜻한 국물을 만들어 주시려고 엄마는 새벽부터 첫차를 타고 시장에 다녀와야 했다. 겨울은 정을 나누기에 아주 좋은 계절이지 않은가! 꽁꽁 언 동태 두어 박스를 사서 가을에 저장해놓은 김장 무를 땅속에서 파내어 동태가 녹을 때까지 무를 다듬어, 생채용과 국으로 쓸 것을 따로 준비해 두었다.

나는 먹음직해 보이는 겉이 파란 무를 얻어먹으려고 칼질하는 엄마 옆에 붙어 서서 눈웃음을 헤실헤실 흘렸다. 자식 입에 들어가는 것이 제 입에 들어가는 것보다 더 배부른 엄마의 마음, 나는 투박한 엄마의 손에서 따뜻한 사랑을 베어 먹고 독한 *고뿔을 물리치며 잘 자랐던 것이다.

아랫목은 오늘도 신나게 달구어질 판이다. 어머니는 고무장갑도 없이 맨손으로 우물물을 길어다 동태를 녹여서 무쇠솥에 무를 큼직하게 송송 썰어서 동태와 함께 푹 끓였다. 삼 년이 넘은 단 간장으로 양념을 맞추니, 다른 것을 넣지 않아도 국물 맛은 입에 쩍쩍 들어맞았다.

그리고 잔치에 술이 빠지면 절대로 안 되었다. 술은 양조장의 막걸리보다 집에서 담근 농주를 채에 주물럭주물럭 손으로 걸러서 물에 타 시원하게 마련해 두고, 가깝게 지내는 이웃 여인네들을 죄다 불러 모았다.

　동네 아제들이 본격적으로 이엉을 엮을 때쯤, 다른 쪽에선 김치장떡을 부쳤다. 신 김치를 숭숭 썰어서 홍합과 조개 등 각종 해물을 잔뜩 넣어서 장떡을 부치면, 그 고소한 향이 담장을 넘어서 동네 아이들 코에 가서 딱 멈추었다. 아이들은 자기 엄마를 찾는다고 왔지만, 실은 그 고소한 장떡 부침개를 한 조각 얻어먹고 싶어서 오는 것이다.

　어른들의 축제에 이처럼 아이들이 끼어들면 아지매들의 손은 더욱 바빴다. 자기 아이들에게 챙겨줄 음식을 더 마련해야 하기 때문이다. 질펀하게 마시고 먹고 하여 실컷 배가 부르면 아이들도 동네 아이들과 놀았으니, 아지매들은 아이들의 끼니 걱정을 하지 않으니 이날만큼은 기분 좋게 남의 집 일을 마음껏 거들어줄 수 있었다. 이럴 때는 동네 개들도 덩달아 신이 났다. 먹다 남은 생선 뼈다귀라도 쉽게 얻어먹을 수 있기 때문에 마당을 얼쩡거렸다. 막걸리를 마시며 안주 삼아 먹던 동태 대가리를

"야, 요놈의 개야, 너도 동태 대가리 하나 맛보거라."

　하면서 아제가 휘익 던져주면, 개는 반가워서 연신 꼬리를 흔들며 생선 대가리를 입에 물고 행복한 표정으로 물고 갔다. 마당 명석에는 먹던 음식들이 그대로 놓여 있다. 지붕에 사다리를 걸쳐놓고 조심조심 지붕을 밟으며 이엉을 얹고 있었다. 잘못 밟으면 오래되어 삭아진 서까래를 밟을 수도 있기에 아주 조심해서 이엉

을 날랐다. 오래된 집을 매번 허물어서 새로 지을 수 없기에 조심해서 이엉으로 새집처럼 만드는 것이었다. 겨울 매서운 칼바람이 불어도 날려가지 않도록 새끼줄로 꽁꽁 얽어매었다. 누런 볏짚이 바람에 곱게 마르면 초가는 하늘을 향해서 소박한 웃음을 짓는 것이었다.

초겨울의 바람은 초가의 볏짚 속에 살며시 숨어 있다. 이제 한겨울이 되면 고드름으로 그 모습을 나타낼 것이다. 볏짚에 거꾸로 대롱대롱 매달려 아이들의 애간장을 녹이는 고드름을 매달고서 초가지붕은 그렇게 아이들의 순수한 마음에 애를 잔뜩 태울 것이다.

* 고뿔 : 감기

갈비야, 솔가리야

산이라면 당연히 소나무가 있어야 산의 모습을 제대로 갖춘 것 같다. 떡갈나무나 아까시나무와 같은 활엽수만 무성한 산이면, 가을 이후로 겨울까지 너무나 삭막한 느낌이 들기 때문이다. 가을바람으로 나뭇잎이 모두 떨어진 휑한 산에는, 겨울새 하나 깃들지 못할 서글픔이 있지 않을까?

칼바람 부는 겨울에도 끄덕하지 않는 잎이 뾰족한 참솔, 곰솔나무가 떡하니 자리 잡고 있으면, 까마귀가 기분 나쁜 울음을 울어도 그 소리가 소나무 숲에 걸러져서 조금은 아름답게 들릴지도 모르기 때문이다.

그런데 우리의 숨소리를 편안하게 해 줄 소나무의 생장이 점차 둔해지고 심지어 그 싹마저 잘 자라나지 않는다고 한다. 그 원인

중의 하나가 낙엽을 긁어내지 않아서 흙이 숨을 쉬지 못해서라고 하니, 참으로 안타까운 일이 아닐 수 없다.

오염된 대기 중에 산성비가 내리면 나뭇잎은 썩지를 못하고 몇 년이 가도 서러운 모습 그대로 쌓여만 가니, 뿌리를 이미 내린 나무라도 숨이 막혀서 절로 고사(枯死)하는 것이리라.

"먹어도 먹어도 배고프다고 입을 벌리고 있는 것은?"

"이산 저산 다 잡아먹고 또 입을 벌리고 있는 것은?"

이것은 예전의 아이들에게 꽤 유명했던 수수께끼였다. 수수께끼의 답은 바로 '아궁이'다. 요즘 아이들은 아궁이가 무슨 아이스크림 이름인 줄 알고 있다. 예전에는 집집마다 아무리 작은 집이라도 아궁이가 너댓 개는 되었으니, 겨울철이든 여름철이든 나무는 항상 아궁이 곁에서 화형당할 때를 기다리고 있었다. 그 나무가 제 발로 걸어서 부엌까지 들어오기는 만무하니 누군가가 나무를 해 가지고 부엌에 쌓아놓아야 했다.

여름에는 풀이 무성해서 사람들이 나무하러 잘 가지 않았다. 가을바람이 불어 잎이 마르고, 그 마른 잎이 힘을 잃어 가지에서 떨어져 가을이 한없이 깊어진 이후부터 산으로 나무를 하러 다녔다. 억새가 하얀 웃음을 날리고 청설모가 상수리나무에서 바삐 움직일 때 나무하러 가는 발걸음도 덩달아 신이 났던 것이다.

지게에 새끼줄을 둘둘 말아 담아서 바지게 작대기로 길을 열던 건장한 청년들 뒤로 새끼줄 두어 발과 쇠갈퀴 하나를 들고 졸졸 따라가던 동네 아이들, 나무하러 갈 때에도 아이들은 항상 청년들과 함께였다. 그것은 산속에 위험한 짐승들이 도사리고 있어서 행여 어린 꼬마들을 넘볼까 싶어서였을까? 그렇게 했던 초동(草童)들이 자라서 나중에 초부(草夫)가 된다.

하지만 그 시각의 아이들은 시간을 고정시켜 버렸다. 그들은 야트막한 산 아담한 무덤가에 준비해 온 새끼들을 놓아두었다. 무덤은 산 사람의 아늑한 휴식처가 되었다. 가져온 삶은 고구마 한 두 개씩 나눠 먹고 대충 물 한 모금을 마시면 그들은 사방팔방으로 흩어져 자기 구역에서 열심히 *솔가리를 긁어모았다.

쇠갈퀴에 걸려서 끌려오는 솔가리는 낙엽과 함께 풍성했다. 한 짐, 두 짐 솔가리는 무덤가에 쌓였다. 땅바닥이 긁힌 땅은 너무나 시원하여 얼굴이 제법 빨갛다. 가려움을 느낀 땅을 사정없이 긁어 놓았으니 땅은 시원해서 어찌 입을 열지 않겠는가? 빠끔빠끔 고개를 내민 어린 소나무는 쇠갈퀴 사이를 잘 피해서 숨을 할딱거리고 있었다. 빨간 땅에 얼굴을 내민 어린 소나무는 정말로 귀엽다. 흙을 뚫고 올라온 용감한 어린 소나무들, 그들은 파란 숨을 할딱이며 하늘을 본다.

무덤보다 더 크게 쌓인 솔가리들, 한자리에 모인 솔가리를 각자 자기의 쇠갈퀴로 가져온 새끼줄에 쟁여 쌓으면 흐트러짐이 전혀 없다. 눈대중으로 무게를 배분하여 여자아이들은 머리에 이고 가기 좋게 묶어놓고 남자애들은 지게에 야무지게 얹어서 세워놓으면 세상 추울 것이 없었다. 그러고 난 후에 무덤가는 잠시 놀이터로 변신을 한다.

산 자의 활동은 죽은 자에겐 위로이다. 그 누가 산속의 이름 없는 무덤을 찾아주겠는가? 찾아와서 긴 시간 동안 이야기를 들려주고 놀아주니 그 무덤의 임자는 참으로 행복한 사자(死者)일 것이다. 노동과 놀이가 적당하게 끝이 나면 아이들의 마음과 몸은 씩씩하게 쑥쑥 자라서 건강한 사람이 된다.

산에서 나는 솔가리는 사람을 위해서 좋고, 사람은 소나무의 광명을 위해서 수고했으니 나무를 하는 일은 자연과 사람 사이의 아주 따뜻한 우정인 것이다. 연탄이 들어오고 석유가 수입되어 너도나도 부엌개량으로 아궁이를 뜯어놓으니, 산은 슬퍼서 겨울이면 바람에 울었고, 사람은 오르는 기름값을 감당하지 못해서 서러워서 울었다.

아궁이 곁에 비스듬히 세워진 끄트머리가 다 타 버린 부지깽이는 석쇠에 노릇노릇 구워지는 생선을 넘보는 고양이를 혼냈던 무기로 즐거웠고, 개구쟁이들은 엄마에게 그것으로 몽둥이 뜸질을 당했으니, 개구쟁이들을 혼냈던 업보로 자신의 모습을 돌아보고 있는 것이리라.

오늘도 나는 구르몽이 구르고 시몽이 시달렸던 낭만적이었던 그 낙엽을, 마음의 갈퀴로 불 갈비가 될 솔가리를 열심히 긁어모으고 있다.

*솔가리 : 소나무 잎이 누렇게 변하여 떨어져 쌓인 것

볼링과 구슬치기

 겨울은 적당히 추워서 아이들이 뛰놀기에 아주 좋다. 방학이 되면 그동안 뛰어놀았던 버릇으로 가만히 있기에는 온몸이 근질근질하여 집 안에 얌전히 들어 있기가 매우 힘이 들었다. 어떤 구실을 붙이든 친구들과 만나서 신나게 뛰어놀아야 했다.
 아이들은 나라의 희망이다. 몸이 아프든, 정신이 이상하든, 병든 아이들이 많으면 나라의 미래가 어둡기 때문에 씩씩한 아이들로 자라게 키워야 한다. 문명이 발달하고 먹고 살기가 좋아질수록 아이들의 우정은 나아지는 것이 아니라 소원해져, 자칫 잘못하면 이기적인 아이로 잘못 자랄 수 있기 때문이다.
 한겨울의 태양은 지붕 머리에서 짧게 끝이 난다. 초가지붕 끝에 거꾸로 매달려 자라는 고드름을 톡톡 따먹으며, 친구들을 기다리는 한 무리가 있었다. 적당히 언 생고구마를 깎아서 아삭아삭 베어 먹는 아이들은 먹는 것도 힘이 찼다. 햇살이 지붕 머리에 닿아 열기가 고드름에 닿으면, 고드름은 똑똑 눈물을 흘리며 하얀 겨울을 눈물로 맞았다.

어느 곳이 좋을까? 아이들은 호주머니가 불룩한 것을 자랑하며 놀 장소를 물색했다. '우물가가 좋을까? 아니면 마당이 넓은 우리 집이 좋을까?' 한참을 생각할 겨를이 없었다. 아이들은 마당이 넓은 집으로 갔다. 넓은 마당은 아이들의 운동장이었다. 호주머니에 볼록하게 넣은 구슬이 행여 떨어질까 봐 한 손으로 호주머니를 막고, 또 한 손으로 뾰족한 돌멩이를 주워서 구멍을 내었다.

동, 서, 남, 북, 중 이렇게 작은 구멍 다섯 개를 파고 편을 갈랐다. 아무리 작은 경기라도 편은 있게 마련이다. 경기의 규칙은 철저히 합리적이어서 조금의 편법이나 눈속임도 없었다. 제아무리 작은 간격이라도 과학적인 방법으로 거리를 재었다.

구슬 놀이는 집중력을 키우는데 아주 효과적이다. 눈대중으로 거리를 가늠했으면서도 그 조그만 구멍에 작은 구슬을 쏙쏙 잘도 넣었다. 손을 내밀 때 구슬에 힘을 어떻게 싣는가에 따라서 구슬이 구멍 속으로 단번에 들어가느냐? 아니면 구멍 주변에 얼마만큼 가깝게 머무는가가 결정이 되기도 하였다. 넣는 족족 다 들어가면 이 경기에 참여한 친구들의 구슬을 다 딸 수 있다. 그러나 안타깝게 구멍 속으로 들어가지 못한 구슬은 저들끼리도 경쟁이 치열했다.

거리에 따라서 우선순위가 매겨지기에 구멍에 가깝게 있는 구슬을 다음 사람은 그 구슬을 맞혀서 죽여야 했다. 그래야 순례를 할 수 있기 때문이다. 구슬을 맞힐 때 그 정교한 집중력은 가히 쥐를 앞에 둔 고양이의 눈빛이었다. 엄지와 검지 사이에 있는 구슬에 적당한 힘, 그리고 상대방의 구슬을 겨누는 과학적인 판단력, 그것들이 일치를 할 때, `탁`하고 울리는 구슬의 통쾌한 몸 소리가 그렇게 시원할 수가 없었다.

아이들의 손이 트거나 말거나, 손등이 갈라져 피가 나거나 말거나, 겨울바람은 아랑곳없이 고추바람으로 사정없이 아이들을 후려쳤지만 아이들은 그런 바람에도 끄덕하지 않았다. 긴 복도에 볼링 핀 열 개를 놓고 손가락 세 개를 이용하여 묵직한 볼링공으로 핀을 맞히는 기분과는 비교가 되지 않는다.

햇살은 아이들을 응원하였지만 바람은 훼방을 놓았다. 그러나 순수한 흙 묻은 웃음이 깔린 마당에서 노는 아이들은 바람을 개의치 않았다. 감기도 아이들의 놀이에 기가 눌려 절로 물러갔기 때문이다. 무슨 약이 필요하겠는가? 매운바람이 약이었다. 터서 갈라진 손으로 누렇게 질질 흐르는 콧물을 쓰윽 닦아내면 그만이었다.

어머니가 고구마를 삶아서 먹고 놀라고 하시면, 손도 씻지 아니하고 후다닥 마루로 달려가 단맛이 줄줄 흐르는 고구마를 김치랑 먹으면 빨간 볼이 더욱 빨개져 손까지 익었다. 먹다가 목이 메면 우물에서 얼어 있던 양동이의 물을 바가지로 떠서 한 모금 들이

켜면 차가운 물이 녹아서 목젖을 따갑게 만들고 내려갔다. 선잠에서 깨어나 오줌을 누다가 몸서리치는 꼭 그러한 모습으로 물을 마시고 몸을 떨었던 것이었다.

겨울 해가 처마에서 까닥까닥 서산 머리에서 머뭇거리면 아이들은 집으로 돌아갈까 말까 망설였다. 얼마나 많이 얻어맞았는지 귀퉁이가 깨어진 구슬이 넋을 잃고 쳐다본다. 버리기는 아깝고 사용하기엔 뭣해서 인심을 쓰기로 했다. 구슬을 잃은 아이들은 그 구슬을 받을 때 죽은 아들이 다시 살아 돌아온 듯 좋아서 입이 절로 벌어졌다. 말을 잘 들었던 아이에겐 성한 구슬을 한 움큼 주면 그 아이는 행복에 겨워서 거듭 충성을 맹세하기도 했다.

구슬치기는 마음 치기이다.

한겨울의 구슬 놀이는 자라날 아이들의 미래를 굴러가게 할 사고력의 알이다.

지금 아스팔트에 구멍을 내어서 구슬을 굴려 볼까나.

고구마 빼때기

 가을걷이가 한창이다. 고구마는 흙 속에 얌전히 숨어 있으면 아무도 자기를 모르는 줄 안다. 가을걷이에 나선 꼬마가 소를 끌고 조심스레 밭을 지나가고 있었다. 갑자기 소가 미친 듯이 날뛰자 코뚜레에 가깝게 고삐를 바짝 잡아당겼지만, 이미 고구마 줄기를 본 소는 아랑곳하지 않았다.
 논일이나 밭일을 하게 되면 소의 입에 그물로 만든 멍을 씌운다. 일종의 재갈과 같은 것이다. 그것을 씌우지 않으면 소는 일에 집중하지 않고 제멋대로 풀을 뜯어 먹기에 반드시 씌워야 했다.
 그러나 고삐를 세게 잡아당겼어도 아랑곳하지 않고 멍의 구멍 사이로 혀를 길게 내빼 사력을 다해 입질을 하였다. 쓰으윽 고구마 줄기가 그 사이로 돌돌 말려서 마구마구 입안으로 딸려 들어

갔다. 아이는 기겁을 하고 닦달하며 고삐로 소의 등을 마구 후려 갈겼다.

"이랴!"

등을 맞은 소는 아파서 냅다 앞으로 달렸다.

아이의 걸음은 바빠지지만 힘은 달렸다.

"워어, 워어……."

아이는 다급하게 소를 불러 세웠다. 그러면 등을 얻어맞은 소는 그 아픔을 금세 잊어버리고 섰다. 아이는 한숨을 돌린 후 고삐를 다시 *바투 쥐었다. 고구마 줄기를 소들은 매우 좋아한다. 달작지근하고 잎이 부드러워 고구마밭 주변을 지나치려면 고삐를 바투 쥐고 힘을 넣어 매우 세게 잡아당겨야 한다. 그렇지 않으면 소가 깡그리 훑어 먹어버리기 때문이다.

실수로 남의 밭을 지나가다가 그런 일을 당하면 밭 주인의 고래고래 지르는 고함에 귀가 따갑다. 게다가 소가 눈치도 없이 줄기를 마구 뜯어 먹으면 그에 상응하는 어떤 보상을 해줘야 한다. 보상 대부분은 같은 것으로 갚아야 한다. 그것은 겨울철 소들의 훌륭한 양식인 여물이 되기에 볏짚과 함께 아주 소중한 것이다. 그러기에 고구마를 수확할 때 줄기를 먼저 잘 걷어서 들기 좋게 한 짐씩 묶어서 밭 가나 빈 논에 잘 펴서 말린다. 잘 말린 것은 볏짚과 고루 섞어서 여물로 푹 삶아 주면 겨우내 잘 먹은 소는 살이 올라 다음 해 농사일을 거뜬히 해낼 힘이 비축된다.

번개 같은 행동으로 고구마 줄기를 걷어 먹은 소는 쟁기질을 한다. 밭이랑에 토실토실하게 얌전히 들앉은 고구마를 캐내어야 하기 때문이다. 쟁기를 얹기 전 손으로 흙을 살살 후벼 파 빨갛게 살이 오른 고구마 하나를 캐내어 마른 풀에 쓰윽 대충 닦아서 껍질째 베어 먹는다.

"아삭!"

상쾌한 소리가 입안에 가득 고였다. 고구마 진이 흙과 함께 묻어서 진득진득 손에 달라붙는다. 쟁기가 이랑을 까고 지나가면 여름내 햇살 먹고 비를 먹어서 오동통하게 살이 오른 고구마들이 나 몰라라 하며 나자빠진다. 쟁기 뒤로 포대를 들고 가서 고구마를 줍는 손은 무척 행복하다. 손에 고구마 진이 달라붙어 끈적끈적해도 개의치 않는다. 고구마를 담은 포대 수가 늘어갈수록 아이의 웃음도 늘어갔다

수확을 하여 소달구지에 가득 고구마를 싣고 돌아오면, 우물가는 때아닌 고구마 홍수로 두레박이 매우 바쁘다. 물을 길어서 캐온 고구마를 깨끗이 씻어서 작두에 고구마를 썰어야 하기 때문이다. 마당에는 집에 있는 멍석을 있는 대로 꺼내어 펼쳐놓지만, 고구마가 워낙 많기에 집 안에서 다 말리지 못한다.

한 손으로 고구마를 잡고 다른 손으로 작두를 잡아 고구마를 썰어놓으면, 다시 양동이에 담아서 가까운 산언덕이나 무덤가로 향한다. 무덤가는 고구마를 말리기에 아주 좋은 장소이다. 마른 풀은 흙이 없어서 썰어놓은 고구마가 깨끗하게 잘 마른다. 겨울이 오기 전에 빼때기가 얼면 상품 가치가 떨어지기에 서리가 내리기

전에 빨리 말려야 하기에 고구마를 캐온 직후부터 어서 썰어 말려야 했다.

　무덤가에 골고루 펴서 말렸던 고구마는 그 이름이 '빼때기'로 환골탈퇴한다. 땅속에서 음기를 모아서 열심히 컸지만, 땅 위에선 양기를 보충하여 말라도 마르지 않는 모습을 간직하면서 고구마는 그렇게 속이 말라간다. 꼬들꼬들 말라가는 고구마 빼때기는 맛이 아주 달달하다. 적당히 꼬들꼬들하여 아이들이 가끔 서리를 해가기도 하지만, 무덤가를 빌린 삯이라 여기고 네 집 내 집 없이 무덤가에서 고구마는 단꿈을 꾸며 햇살 사랑을 받았던 것이다.

　등굣길 가방에 그 빼때기를 넣어 와서 교실 난로 위에 얹어서 구워 먹으면, 고구마 빼때기는 동심들과 함께 얼굴이 말랑말랑하게 익어갔다. 난로 연통은 아이들의 뽀얀 웃음을 하늘로 내뿜어 하얀 겨울을 따뜻하게 만들고 있었다.

빼때기

溫鄕 이정희

사박사박
초겨울 아침이
눈을 뜬다

말간 얼굴
타박이 고구마
가슴을 연다

어쩌라고
어쩌라고

그리운 햇살의
달콤한 꿈을
어쩌라고

*바투 : 두 대상이나 물체의 사이가 썩 가깝게

원더우먼 보자기

겨울바람이 마루에서 잠시 멈춘다. 문풍지가 제 존재를 방 안에 알려주기에 바람은 섣불리 들어갈 수가 없다. 둥근 문고리가 딸그락딸그락 문을 열어달라고 애원을 하지만, 방 안에서는 못 들은 척을 했다. 마루에서 멈춘 바람은 방 안 동정에 귀를 기울인다.

"탈탈탈,"

재봉틀이 힘차게 돌아가고 있다. 일정한 소리를 내는 것을 보니, 재봉틀에 달관한 사람의 솜씨가 분명하다. 어머니는 베 조각을 모아서 세상에 단 하나밖에 없는 보자기를 만들고 계셨다. 무명, 삼베, 비로드, 나일론 등 할아버지 옷이나 할머니 옷을 만들고 남은 베 조각은 하나라도 버리지 않고 언제나 모아두셨다.

불에 잘 타는 옷감은 (1)2월 바람맞이에 쓸 것이고, 다른 것은 이렇게 언제나 보자기 재료로 사용하기 위해서 색깔별로 분류하여 실에 꿰어 흩어지지 않게 묶어서 모아두셨던 것이다.

번잡한 겨울 김장이 끝났다. 한가한 날을 택하여 엄마는 하루 종일 재봉틀과 다정한 시간을 가지는 것이었다. 옆에 앉은 나는 어머니의 창의력으로 독창적인 보자기를 만드시는 것을 지켜보았다. 검은 천은 흰 천과 맞물리게 해서 색상을 대비시키셨다. 얇은 것은 얇은 것대로, 두꺼운 것은 두꺼운 것대로 서로 맞물리게 해서 무게 비례로 하셨다.

어머니는 수학의 도형 뒤집기와 비례배분을 따로 공부하셨을 리가 없다. 조각 도형을 돌려서 뒤집거나 뒤집어 돌려서 무늬를 맞추어가는 기하학을 나는 어깨너머로 배우고 있었다. 어머니는 그 빛나는 감각으로 수학을 이렇게 응용하고 계셨다. 미술 공부를 따로 배우지 않으셨어도 색상 배분을 잘 하시어 한 치 오차도 없이 멋진 보자기를 만들어가셨다. 가로 세로로 계속 이어지는 보자기는 점점 날개가 되어갔다.

세계 유수한 디자이너들이 우리나라의 보자기를 보고 감탄을 했다고 한다. 색색으로 만들어진 것이 촌스럽지 않고 도리어 우아한 작품이 되었으니, 그네들의 색상 표준으로는 도저히 이해가 안 되었던 것이다. 일일이 자로 재어가며 몇 인치 맞추는 공식이 필요 없었다. 눈이 곧 자(尺)였다. 눈길 한 번 스치면 가로 세로가 황금비율이 되어 작품으로 이어졌으니 보자기는 이제 날개를 달아 세상을 날아볼 모양이다.

두어 시간 지나가니 보자기 서너 개가 만들어졌다. 밥상보가 될 보자기는 화려하기 그지없었다. 밥상에 맞춘 규격이 꼭 (2)십팔 문이었다. 파리가 날아와 밥과 반찬을 탐하려 해도 탐할 틈이 없었다. 파리는 화려한 보자기의 색깔에 눈이 멀어져야 한다. 조금 두껍고 큰 보자기는 옷을 싸는 것이 되었다.

우리의 무명 삼베옷은 형태가 없으므로 풀을 잘 먹여 다림질하여 곱게 개어 보자기에 싸서 두면, 겨울이 가도 옷감에 손상이 없고 또 쓸데없는 줄이 생기지 않는다. 선반에 차곡차곡 쌓여서 할머니를 기쁘게 할 보자기, 어머니의 겨울은 보자기 만들기로 하루해가 더욱 짧아졌다. 나는 어머니가 길게 만들어 놓은 보자기를 허리에 두르고 옷핀으로 꽂았다. 화려한 패션쇼가 시작되었다. 급하면 치마요 필요하면 보자기가 될 천 조각보였다.

원더우먼도 우리의 보자기를 걸치고 휙 돌았으면 더욱 기(氣)가 세어지지 않았을까? 슈퍼맨이 보자기를 입고 날았으면 악당은 눈이 부셔서 절로 항복을 하였을 것이다. 이웃집에 시제(時祭)가 있을 모양이다. 작은 보자기 하나 호주머니에 넣고 산으로 따라가자. 시제(時祭)를 지내면 따라온 아이들에게 떡과 음식을 나눠주던 풍습이 있으니 보자기는 배부름에 행복할 것이다. 보자기는 원더우먼이 되어 맛있는 시루떡을 은근히 끌어당길 것이다.

(1) 2월 바람맞이 : 음력 2월 1일 아침에 바람 할매 신에게 소지 종이를 태우면서 다복과 풍년을 기원하는 풍습

(2) 십팔 문 : 꼭 들어맞는다는 뜻

딱지, 속 터지는 겨울 이야기

돌담 밑 옹기종기 모여 있는 아이들의 눈빛이 개구쟁이 모습으로 반짝이던 어느 해 겨울이었다. 초가지붕에 매달려 있던 고드름의 모습도 예사롭지 않았다.

"똑똑똑……."

머리에 차가운 물방울이 떨어지자 나는 즉시 반격에 들어갔다.

"툭!"

공격을 당한 고드름은 반항도 한 번 제대로 못 해보고, 매끈한 몸뚱어리가 그만 나의 손에 잡히고 말았다. 마지막 반항, 고드름은 세찬 냉기를 힘껏 뿜어내었지만, 호기심과 장난기로 뭉쳐진 나의 뜨거운 눈빛에 그만 주르르 한없는 눈물을 쏟아내었다.

동네 꼬맹이 떼거리들은 내 앞에 모여서 고드름의 후원 병을 막아내자고 부추겼다. 뭉침의 결과는 흔적으로 남는 법, 모두들 강한 발힘을 모아 까치발로 발돋움하여 초가에 매달린 고드름 잔병들을 모조리 투항시켜 버렸다.

우리들은 승리의 기쁨보다 햇살의 유혹에 취해서 새로운 일을 꾸미기로 하였다. 아이들에게 있어 돋보이는 것은 창의력이다. 아이들은 어른들처럼 이것저것을 따지지 않는다. 머리에서 나오는 생각은 실천으로 즉시 옮길 뿐이다. 무서울 것 없고 걸릴 것 없는 기발한 아이디어들이 머릿속으로부터 꾸역꾸역 나오는 중이었다.

아이들은 팔 힘과 반사작용을 실험할 놀이를 개발하였다. 논에 있던 볏짚으로 딱지를 만들어 추운 겨울과 맞대결을 하자는 것이었다. 세 가닥, 네 가닥으로 열심히 접었지만 짚은 딱지로서의 역할을 하지 못했다.

종이가 귀하던 시절이었다. 넝마주이가 종이를 주우러 다니면서 청소도 하고 돈을 벌던 그런 시절이었다. 하다못해 코를 닦아 버린 신문지 작은 조각이라도 얼른 주워가던 그런 시절이었다.

달력이라면 최상의 딱지 재료였지만, 달력을 사용하면 그 한 해는 날짜가 가지 않을 것이기에 달력만큼은 손을 대지 않고, 모두들 집으로 가서 누런 똥 종이를 가지고 더러는 신문지를 접어서 또는 공책의 여분까지 모조리 깨알처럼 빼곡히 채워서 글씨를 쓴 것을 북북 찢어 모두들 재료를 마련하였다.

노는 것은 전쟁이었다. 일찌감치 생존의 경쟁에 나선 아이들은 제각각 손에 딱지 여남은 장을 쥐고는 패를 나누었다. 힘이 세거나 딱지가 두꺼워 보이는 아이는 인기가 있었다. 얇은 딱지로 두꺼운 딱지를 엎어 친다는 것은 거의 역모에 해당하는 것이다.

아이들은 몇 패로 나뉘어서 리그전으로 들어갔다. 누가 먼저 상대의 손에 든 딱지를 공정한 실력으로 접수를 하느냐가 관건이었다. 부(富)는 부(富)를 부르고 빈(貧)은 안타까운 단말마를 불렀다. 공격에 나선 딱지들은 저마다 주인의 명예를 위해서 장렬한 희생을 감수해야 했다.

뒤집혀 죽을 것이냐?

뒤엎어져서 웃을 것이냐?

딱지들의 사생은 주인들의 딱지치기 기술에 달렸었다. 긴긴 시간들이 지나가자 나의 손에는 항복해 온 딱지들로 넘쳐났다. 귀퉁이가 닳아진 딱지도 있었지만, 그것들은 나의 실력을 과시하는 위대한 전흔(戰痕)이었던 것이다.

부르튼 딱지의 몸, 게 중엔 스스로 속이 터져 차가운 바람을 맞는 딱지들도 있었다. 그들은 자신의 생을 마지막으로 거둬 줄 넝마주이를 기다리며 찬바람 속에서 아미타불을 염송했던 것이다.

나무 아미타불…….

나무 딱지타불…….

속 터진 딱지들의 염송은 아이들의 행복한 미소 앞에서 지연(紙緣)의 새로운 업(業)을 받기 위해 와선입멸(臥禪入滅)에 들었다.

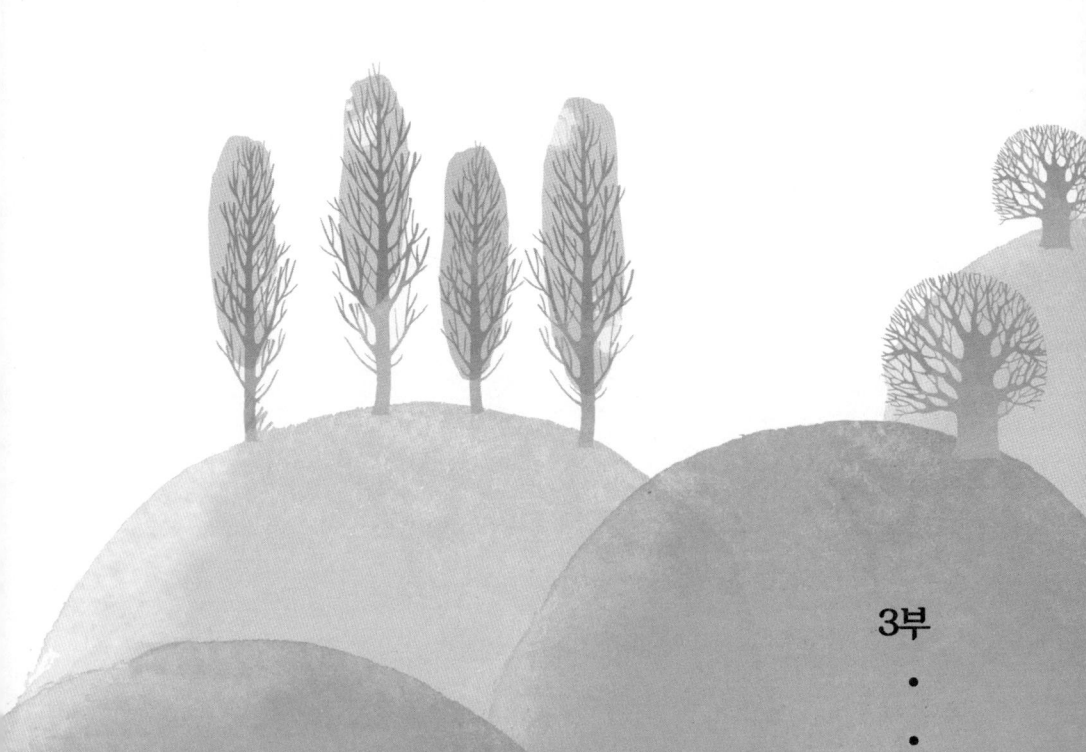

3부
· · · ·
싸라, 싸라니까요

도토리 아지매

쳐다보면 눈을 멀뚱멀뚱 뜨고는 정감 어린 눈매로 이야기하는 깜찍하고 키가 아주 작은 여자가 있었다. 그녀는 나랑 같이 근무했던 학교의 남선생 부인이었다. 나이는 남편보다 한 살 연상이라, 항상 불안한 마음으로 남편을 바라보던 여자였다.

그녀의 남편은 키가 크고 얼굴도 잘생겼지만, 무엇보다 다방면에서 실력이 뛰어났다. 그런 남편이 여자는 자랑스럽기도 했지만, 본인은 배운 게 적고 내세울 게 없어서 어쩌다 술이 한 잔 들어가면 남편에게 귀여운 투정을 곧잘 부리던 여자였다. 이런 이유로 그녀는 학교에 올 일이 생기면 여선생들을 항상 질시의 대상으로 삼았지만, 유독 나만 좋아하여 잘 챙겨 주었다.

그러나 한편으로는 나이도 그녀보다 한참 어린 나를 두려워 하기도 했었다. 우리가 새 아파트로 입주를 하게 되었을 때, 학교 근처에서 살던 여자는 집을 팔아서 거리가 좀 있는 곳에 입주한 우리를 따라서 이사해 온 여자였다. 물론 새로 지은 아파트라 옮길 마음이 본인에게도 있었겠지만, 그녀는 자기 아이들의 통학 거리는 고려하지 않고 무조건 우리를 따라서 이사를 한 것이라고 말해 주었다.

여자는 천성이 부지런하여 해보지 않은 일이 없었다. 남편의 월급에 의지하여 편안하게 살기보다는, 악착같은 생활력으로 남편 모르게 아르바이트를 하였다. 주유소 세차장 일, 여름에는 한 철 인삼 장사도 했고, 식당 주방 일, 심지어 안마 시술소 청소 같은 궂은일까지 하면서 악착같이 벌어서 생활했던 그런 여자였다.

그러던 여자도 가끔은 술을 많이 마셨다. 일단 술이 들어가면 자기 세상이었다. 남편과 시원하게 부부싸움을 가끔은 하는 모양이었지만, 언제나 그녀의 일방적인 승리로 끝나서 그것도 불만이었다. 그녀의 남편은 여자의 성격을 아니 말대꾸를 해 주지 않았던 것이다.

모름지기 부부싸움은 탁구공처럼 공이 오고 가고, 탁탁 치는 맛이 있어야 하는데, 그들은 싸움이 되지 않았던 모양이었다. 세월이 흐르니 그 남편도 여자에게 재미를 주기 위해서 싸움에 약간의 재미를 가끔씩 붙여줬던 것 같았다.

그렇게 성격이 활달했던 그 여자에게도 술이 들어가면 희한한 흠이 하나 있었다. 술을 마시고 취하면 노래방으로 꼭 가야 했다.

그리고 노래방에 있는 예쁜 스티커나 컵에 욕심을 내는 것이었다.

여자 집으로 놀러 갈 때마다 거실문 유리에 붙여 놓았던 스티커가 바뀌어 있었다. 못 봤던 새로운 것이 붙어 있어서 물어보면, 쑥스럽게 웃으며 노래방에서 가져온 것이라고 배시시 웃었다. 그 웃는 모습이 너무나 천연덕스러웠다. 그런 여자도 여자였다.

나이가 들어가자 그녀는 여성을 찾으려고 무척 노력을 하였다. 남편보다 한 살 연상이었던 그녀는 남편과 외출하면 사람들이 그 여자한테 나이 보다 들어 보인다느니, 남편보다 많이 늙었다느니, 심지어 어떤 경우에는 그녀를 남편의 어머니냐는 말까지 했던 모양이었다.

그 여자는 그런 심적 고충을 나에게 털어놓았다. 그러던 어느 날이었다. 그녀는 눈 밑에 있는 그녀의 보기 싫은 다크 서클(dark circle)과, 검은 기미를 없애려고 잔꾀를 부려보았다고 하였다. TV를 보고 있었는데 표백제 락스 선전이 나오자, 불현듯 무릎을 치며 욕실로 갔었다고 했다. 더러운 걸레를 락스에 담가 놓았더니 하얗게 되는 것을 보고, 그 락스를 눈 밑에 발라두면 하얗게 될 것 같아 락스를 잔뜩 바르고 눈 밑이 표백될 때까지 잠을 자기로 했던 것이다. 잠깐 잔다는 것이 그냥 몇 시간이 훌쩍 지나가 버렸단다.

시간이 많이 흘러서 이제 눈 밑이 하얗게 되었으리라는 계산 하에 거울을 본 그녀는 그만 샛노랗게 질려버렸다고 했다. 하얀 모습을 기대했던 얼굴이 더 시커멓게 착색된 것이었다. 본래의 모습보다 더 까맣게 된 기미와 다크 서클에 그녀의 모습은 꼭 판다(panda)와 같아 보였다고 하였다.

또 하나 아주 황당하지만 고소한 참기름 향이 풀풀 나는 이야기가 있다. 나이 쉰을 넘어 선 그녀는 다른 여자들 보다 일찍 40대에 폐경이 되어서 그런지 속이 마른 여자였단다. 속이 말라도 여자는 여자였다. 남편의 사랑을 받고 싶은 마음이 왜 없었겠는가? 하지만 메마른 샘에 어디에 가서 단물을 끌어와 채운다는 것인가? 그러나 궁하면 통하기는 구석도 있어 보였다.

밤이면 그 괴로움에 서러워하다가 좋은 아이디어가 생각난 것이었단다. 여자는 옳다구나 싶어서 주방으로 가서 참기름병을 들고 회심의 미소를 지었단다. 기름기가 좔좔 흐르고 윤이 반짝 나는 저 참기름! 그 참기름은 향이 또한 죽여주는 것이지 않은가! 여자는 남편 몰래 참기름을 은밀한 곳에 잔뜩 바르고 남편 가까이 다가가서 유혹을 했단다.

깊은 밤중에 안방에서 웬 참기름 냄새? 여자의 남편은 아닌 밤중에 홍두깨 모양으로 발딱 일어나 향을 쫓았단다. 드디어 그 향내의 출처를 안 남편은 떨떠름한 표정으로 여자를 째려보았지만, 이내 그녀의 마음을 알아차리고는 깨소금이 좔좔 흐르는 사랑을 해주었던 것이란다.

그날 밤 여자는 남편에게 마지막 참기름 맛을 보이고는 그것으로 영영 끝이 났단다. 참깨 사랑을 잠시 나누고 그것으로 그녀의 미끄덩거리던 참기름 사랑은, 영원한 종말을 맞이하고 말았던 것이었다. 이런 이야기를 아무런 부끄러움도 없이 생글거리며 언어의 여과도 없이 마구 지껄였던 그녀였다.

내가 좋아한다고 멸치 육젓에 노란 콩잎을 담가 예쁜 그릇에 담아 갖다 주던 그녀, 비록 지식은 부족했으나 정이 많아서 눈물이 순수했던 그녀였다. 나는 그녀를 만나면 말을 별로 하지 않았다. 그냥 그녀의 이야기를 편안하게 들어주면 되었다. 가끔은 말을 하고 싶었지만, 여자는 자기 이야기를 하기 바빠서 나에게 말할 기회를 주지 않았다. 그래서 나는 그녀에게 말을 안 했던 것이 아니라 실은 못 했던 것이었다.

상대의 심리 따위는 무시했지만, 그런 여자가 밉지 않은 것도 그녀의 눈물이 참으로 맑았기 때문이었다. 내가 가만히 있어도 좋아서 어쩔 줄 모르던 그녀가 생각이 난다. 머리카락을 빗어 넘기면 서울깍쟁이처럼 보여서 나에게 다가오기 두렵다던 그녀였다. 그런 그녀가 산골의 도토리처럼 여겨지는 이유는 무엇일까?

아무도 오지 않는 깊은 산속, 잎이 떨어진 나무에 옹기종기 매달려 청설모의 겨울나기를 준비해 주는 도토리! 그 도토리 같은 여자와 비가 내리는 날이면, 신 김치 장떡을 잔뜩 부쳐서, 그녀의 쫀득거리는 이야기와 함께 맛있게 먹고 싶다.

싸라, 싸라니까요

싸는 자에겐 슬픔이 있나니, 그가 피박을 당할 것이요, 가진 자에겐 복이 있나니, 그가 횡재를 할 것이라(고스톱 경 제1장 제1절). 피곤한 자여 떠나라. 여행은 즐거운 것이다. 그러나 여행도 여행 나름이다. 친구들과 떠나는 배낭여행이나 그리운 사람끼리 떠나는 여행쯤 되어야 멋과 낭만이 어우러지는 법이다.

학생들과 떠나는 공식적인 수학여행이나 졸업여행은 도무지 흥이 나지 않을 법하다. 하지만 그것도 여행이니 나는 그것을 무척 즐겼었다. 여행은 목적이 좋지만, 그 과정은 더욱 즐겁다. 차창을 통해 빠르게 비껴가는 가로수에 눈이 어지럽지만, 멀리 보이는 풍경에 마음이 풍선처럼 훨훨 날아다니니 즐겁기가 한정 없다.

드디어 수학여행 날 아침이 되었다. 출발하기 전 학생들에게 유의점을 누누이 말해 주지만, 아이들은 여행의 과정에는 전혀 관심이 없었다. 좌석, 좌석도 앉은 위치에 따라서 여행의 감흥이 달라지는 법이다. 나는 언제나 맨 앞자리 창가를 고집했다. 걸릴 것이 없는 시야, 소음이 덜한 실내 분위기에 외물(外物)에 최대한 마음을 빼앗길 수 있기 때문이다.

아이들은 출발과 동시에 완전히 풀어놓은 개망나니 모양이었다. 마이크를 잡았다 하면 동요건 가곡이건 간에 모조리 트로트(trot) 풍으로 개사와 개곡을 하여 노래를 불러제꼈다. 평소에 얌전하던 아이도 분위기에 편승하여 신이 나서 즐겁게 보내니, 목적지 도착까지는 걱정을 하지 않아도 될 것 같아 그 시간만큼은 학생지도에 신경을 덜 써도 되는 자유의 시간이었다.

공상과 망상, 상상을 총동원하여 우주의 주인이 되어서 내 마음대로 자연을 마름질하였다. 그러나 목적지 도착부터는 무척 바빴다. 학생부장의 위치가 그러하듯이 인솔의 총책임이 나에게 있기에 바짝 긴장 자세에 들어갔다.

학생들은 목적지에 도착해서도 설명서나 알림판에는 전혀 관심을 두지 않고 사진 찍기에만 바빴다. 배경도 주요 문화재가 아닌 상관없는 담장이나 나무 밑에서 사진을 찍었으니, 운 좋은 놈들만 잡혀서 목적지의 유래나 가치에 대해서 설명을 들었던 것이다. 매번 느끼는 것이었지만 아이들은 정말 관심 없이 대충 훑어보기에 그쳤다.

인솔을 책임진 나는 작년에 못 보았던 것에 감탄을 하고 또 새겨보고 하는데, 도무지 누구를 위해서 수학여행을 가는 것인지 모를 때가 가끔은 있었다. 그래도 몇 놈이나마 제대로 느끼고 관광을 했으니 그놈들이나마 제대로 여행의 깊은 맛을 알았으리라 하고 생각하여 위안을 했다.

나는 천성적으로 떼거리로 우르르 몰려다니는 여행을 싫어하는 편이다. 그러나 수학여행은 직업상 어쩔 수가 없었다. 떼거리로 몰려다니는 여행은 알차게 보지 못하기 때문이다. 하지만 어쩌랴? 직업상 업무상이니 몸은 피곤해도 마음만이라도 즐거워해야지.

밤, 여행지에서의 밤은 좋다. 노곤한 몸이 충분히 휴식을 할 수 있기 때문이다. 학생들의 취침 점검을 끝내고 숙소의 출입문도 다 잠갔으니, 이제부터는 인솔한 교사들의 세상이다. 순번을 정해서 교사들이 숙소 출입문을 지키기에 별다른 일은 발생하지 않는다. 그래서 나머지 교사들은 달콤한 휴식에 들어간다. 뜻을 둔 남선생들의 은근한 유혹이 있었다.

-부장 선생님, 잠시 놀면 안 될까요?-

"안 되기는요. 내일 아침에는 일찍 일어나야 하니 많이는 놀지 말고 조금만 노세요."

-같이 하시죠.-

"그럴까요?"

부장교사가 빠지면 다른 교사들이 눈치를 볼까 봐 함께 놀아주기로 했다. 나는 팔방미인이다. 그래서 단체로 게임을 하게 되면

섭외가 제일 먼저 들어온다. 탁구, 배구, 족구, 음주, 노래, 등산, 배드민턴, 고스톱까지가 딱 팔방이다.

"자자 패를 돌립시다."

광을 파는 사람 3명까지 합해서 고스톱판에는 선수 6명이 입장했다. 그 외 나머지는 구경꾼들이었다. 교장 선생님께서는 이미 잠자리에 들었기 때문에 웃어른의 눈치를 보지 않아도 되었다. 고스톱판은 숨 막히는 공간이다. 패가 몇 번을 돌아서 이제 나와 김 선생, 조 선생의 삼파전이었다. 그 전에도 패가 좋았지만, 일부러 죽어주었다. 다른 선수들의 참석률을 높여주기 위한 나의 알뜰한 배려였다.

손안의 패는 그야말로 죽싸리 껍데기에, 단풍잎이 바람에 흔들리는 풍 3개뿐이었다. 누가 이런 패를 들었다면 분명히 죽어야 할 패였다. 가을날 비 내리는 칙칙한 골목길에 서성거리는 거지꼴의 패로 이기기는 만무하기 때문이다.

하지만 이 패를 가지고 섣불리 낙담을 하는 것은 금물이다. 매는 맞아 봐야 알고 패는 돌아봐야 안다. 김 선생의 첫 출발이었다. 풍 십짜리를 내놓고 비 쌍피를 거둬갔다.

"이게 웬 떡이고?"

자못 좋아서 입이 벌어질 뻔했다. 내 손에는 풍 3장이 들어 있으니 조만간에 대형 폭탄이 터질 것이기 때문이다. 이어서 조 선생이 힘찬 공격을 했다. 똥 광으로 똥 쌍피를 먹었다.

-어머머, 와와!-

내 패를 본 구경꾼들이 옆에서 난리였다.

-부장 선생님, 어서 폭탄 하세요.-

"그래 볼까요?"

전쟁에서의 폭탄은 대형 사고다. 수많은 인명 피해와 재산의 손실을 입게 마련이다. 경제의 원칙 중 '최소의 노력으로 최대의 효과를'이라는 말이 있다. 나는 풍 세 피로 발랄한 대형 폭탄을 터뜨렸다. 쏙탄으로 기둬들인 피가 1타 10 피였다.

양쪽에서 거둬들인 쌍피들과 들춰서 얻어먹은 보너스 피와 쌍피로 내 앞은 완전히 피 밭이었다. 이후의 판은 완전히 내 판이었다. 김 선생의 두 번째 공격, 사 흑싸리 띠를 먹다 그만 싸 버렸다.

"에구구~ 내 손 안에 사 흑싸리가 한 장이 들어 있네?"

내 얼굴에 웃음이 이는 것을 본 조 선생이 짜증을 내면서 김 선생에게 쏘아붙였다.

-그 와 싸요? 민폐 끼치게시리…….-

-깔깔깔, 하하하, 호호호,-

구경꾼들이 더 좋아했다. 나도 기분이 매우 좋았다. 그것을 보는 광을 파는 선수나 구경꾼들은 심지어 나보다 더 좋아했다. 고스톱 판에서는 잘 되는 사람을 밀어야 떡고물이 떨어진다고, 그들은 내 옆이나 뒤에서 난리들이었다. 진시황 애비가 그랬다지? 표정 관리를 잘 하라고…….

조 선생의 얼굴이 굳어지더니 본인도 칠 띠를 먹다가 팍 싸버리고 말았다. 조 선생은 남의 말을 할 게 못되었다.

"어라~ 이 뭐꼬? 내 손에 또 칠 십짜리가 있잖아?" 포기하면 복이 굴러오는가? 상대편에 피가 없어도 싸놓은 것을 거둬들였다. 그런데 패를 뒤집으니 구 쌍피가 나오면서 바닥의 피와 함께 쓰리 피가 되어 금방 부자가 되었다.

두 판 만에 바로 원 고를 불렀다. 바닥에는 아직 싸 놓은 무더기가 나를 향해 미소를 짓고 있으니 이 얼마나 뿌듯한가? 그들은 죽어라 먹어댔지만, 그 먹은 것은 다시 다 내 먹이로 환원되었으니 그들은 얼마나 속이 쓰렸을까? 가진 자의 여유로움, 없는 자의 저 초조함이 주변 구경꾼들과 광을 파는 선수들을 더욱 흥미진진하게 만들어 주었다.

투 고까지 가서 또 한 판의 설사, 누가 이 밤을 설사로 고생하는가? 고스톱판에서 남의 설사는 나의 기쁨이요 큰 즐거움이었다. 쓰리 고에 흔들어 놓았으니, 바닥에 놓인 모포 공간이 부족할 정도로 나의 피 살림은 계속 늘어났다. 서로 내 경리를 맡겠다고 난리였다. 전쟁에는 2등이 있을 수 없다. 오로지 1등만이 존재할 뿐, 구경꾼도 승자의 편이지 패자의 편은 없다. 서로에게 책임 전가를 한다고 패자는 패자끼리 내분만 일어날 뿐이다.

열기로 가득했던 한 판이 끝났다. 점수가 몇 점이 되는지 수학 선생까지 동원되었다. 쓰리고 2배, 흔들고 4배, 거기다가 피박, 띠박, 십 자리 박까지 도합 36배였다. 그야말로 기록적인 점수였다.

조 선생, 김 선생은 부인 몰래 숨겨온 비상금까지 다 내놓았다. 구경꾼들은 개평이라도 얻으려고 버티고 있으니, 일단은 다 내놓으라고 그들에게 말했다. 정말로 많았다. 이 기록적인 점수 앞에서 모두들 입만 벙긋하고, 소리를 못 내었다.

잠시 침묵이 흘렀다. 나는 받은 것 중에서 60%는 돌려주었다. 잃었던 자식이 살아온 듯 조 선생, 김 선생은 감지덕지하며 받았다. 35%는 개평으로 나가고 나머지 5%는 기념으로 내가 갖기로 하였다. 개평 받은 선생들의 입이 한 바가지가 되어서 즐거워했으니 역시 베푸는 것은 좋은 일이다.

그날로 나는 고스톱계의 'Go-仙'이 되어버렸다. 그날 이후 아무도 내 앞에서 '고'자라는 말을 꺼내지 않았다. Go-仙이 지나가는 모습은 언제나 당당했다. 고스톱 史에 남을 이 기록적인 점수 앞에서 그 누구도 아직 갱신을 못하였으니 나는 지금도 계속 Go-仙의 위치에 있다.

시(詩)의 시선(詩仙)이 이백이면 고스톱의 Go-仙은 나다. 나는 이백과 동격이 되는 셈이다. 그 이후로 나는 고스톱계를 완전히 은퇴하였다. Go-仙의 지위가 있기 때문이다.

싸라니까요. 망설임 없이 싸라니까요. 싸는 자에겐 슬픔이 있나니, 저들의 지갑이 빌 것이니라(고스톱 경 잠언 제3장 제1절).

적반하장

살아가노라면 생각지도 않았던 많은 사람을 만나고, 꿈꾸지도 않았던 일에 부딪혀 당황할 때가 많다. 사람과 사람 사이의 일이란 참으로 묘해서, 처음의 발단이 마지막 결말까지 끊이지 않는 선이 되어서 평생을 따라다니기도 한다.

한 사람을 만나 그 사람을 알게 되면, 그 사람이 살아온 인생역정까지 궁금해지는 법이다. 특이한 삶을 살아온 한 여자가 있었다. 아파트는 복잡한 개성이 모인 사각 구조다. 아파트 외형상의 구조를 말하려는 것이 아니라, 그 속에서 삶의 똬리를 틀고 기지개를 켜는 사람들의 개성을 말하는 것이다. 한 통로를 오랫동안 드나들다 보면, 이런저런 사람들을 만나기도 하는데, 정작 말을 건네는 사람은 정해져 있다.

우리 집은 5층이라 아침마다 엘리베이터 안은 거의 만원이다. 20층 아파트라 출근 대가 거의 비슷한 사람들로 꽉 찼기 때문이었다. 직장인도 아니면서 화려하게 멋을 내고 외출하는 한 여자와 거의 매일 마주쳤다. 자동으로 서로 목례를 하다가, 어느 날 누가 먼저랄 것 없이 말문을 트자, 친근감을 보인 여자였다.

9층에 사는 개성이 아주 강하게 보이는 여자, 다른 사람에게는 절대로 인사를 하지 않고 냉정한 모습으로 눈이 아주 매섭게 보이는 여자였다. 그 여자는 아침에 생생하게 나갔다가, 저녁이면 거의 하루도 빠지지 않고 흐트러진 모습으로 술에 취해서 돌아왔다.

엘리베이터를 타고 올라가는 도중에 5층 우리 집에 내렸다. 밤이고 새벽이고 가리지 않고 내려서 초인종을 누르고, 술 한 잔 달라고 귀엽게 생떼를 부리던 여자였다. 나의 피곤함과 별로 달가워하지 않는 눈치를 전혀 보지도 않을뿐더러, 아예 자기의 친동생쯤으로 아는지 횡설수설 이야기를 늘어놓는 그 여자의 주정에, 어떤 때는 저녁이 설설 두려워지기도 하였다.

거의 빠짐없이 우리 집을 들렀다. 그리고 항상 술을 찾기에, 나는 퇴근할 때 특별히 그 여자를 위해 술을 준비하는 습관이 생겨버렸다. 그 여자는 맥주만 마셨다. 그 여자 남편이 와서 달래어 데리고 가려고 해도, 술병을 비우고 그 뒤 찬물 두세 컵을 더 마셔야 가기 때문에, 그 여자의 남편은 항상 나에게 미안한 마음으로 어쩔 줄 몰라 했다. 그 여자의 행동은 몰상식한 사람의 태도로 보였지만, 그럴 사연이 있겠거니 하고 지켜보기로 하였다.

그녀는 술을 마시지 않으면 칼 같은 성격이었다. 평소에는 말이 없어 쌀쌀해 보였다. 냉랭한 모습과는 반대로 정도 많고 의식이 뚜렷해서 사회 봉사 활동에 누구보다 앞장을 섰고 또한 그 일에 전념을 하기도 했었다. 그러나 입에 술이 들어가면 그때부터가 문제였다.

본래 그녀는 술을 전혀 마시지 못하였다고 한다. 여고 시절엔 공부를 잘해서 전교 회장까지 했었는데, 동생들이 많아서 그 뒷바라지를 위해 대학진학을 포기하고 생활전선에 뛰어들었다고 하였다. 부산의 명동인 남포동에 깡패가 한 명 있었다. 체격이 좋고 마음씨가 고운 깡패였다. 백수건달이었지만 잘만 이끌면 사람이 되겠다 싶어서 그녀는 그 깡패 남자와 사랑을 했었다.

그러나 남자는 술고래에다 애연가였다. 그녀의 초보 사랑은 시작이 힘들었지만, 여자의 대찬 행동으로 서서히 구름이 걷히지고 있었다. 남자의 폭주 버릇을 끊어주기 위해 여자는 연습을 하고 또 연기를 하였다. 그렇게 시작한 그녀의 음주습관에 남자는 손을 들어 술을 끊어버렸고 담배까지 끊어 새 삶의 길을 열어갔었다. 문제는 그렇게 시작한 음주 연습이 여자에게 현실 생활이 되었다. 남편 길들이기 음주가 본인의 음주와 흡연으로 이어져 사태가 반전이 된 것이다.

평소에는 냉철하고 말이 없던 그녀가 술만 들어가면 무너지는 모습으로 주위 사람들을 안타깝게 만들었다. 지나온 삶이 서러웠는지 남편에게 질타를 가하고 나에게 속마음을 털어놓는 그녀,

새벽이 되었어도 자기 집으로 올라갈 생각을 하지 않는 그녀를 어찌할 것인가?

힘이 센 남편이 거의 끌다시피 질질 끌고 올라갔다. 분명 그들이 집에 가면 한바탕 소란이 일 것은 자명한 법이었다. 취한 자와 취하지 않은 자의 일방적인 싸움, 그 집의 문과 벽이 그것을 잘 보여주고 있었기 때문이었다. 매서운 바람이 지나가 상처가 나고 패여서 심하게 찍힌 흔적들이 그것을 입증해 주었다.

다음 날이면 아무렇지 않은 모습, 그 특유의 냉정한 표정으로 엘리베이터에 서 있는 그녀가 신기롭다. 그리고 여자 옆에는 언제나 자애로운 표정으로 부드럽게 인사를 건네는 남편도 있다. 아내의 모자를 공손히 들고서 나에게 쑥스럽게 인사를 하면, 여자는 어깨가 곧추세워지면서 남편을 휙 쏘아보았다. 그 집 전쟁은 아직도 끝나지 않았나 보였다.

잘 맞은 자에게 길이 있나니

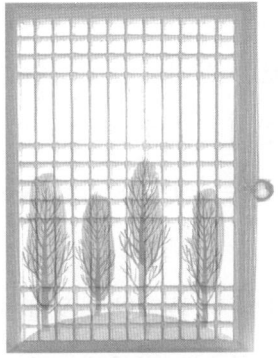

빙판 위의 팽이는 맞을수록 잘 돌아간다. 그것도 쉼 없이 맞아야 한결같이 일정한 방향으로 흐트러짐이 없이 돌아가니, 회초리는 길을 안내하는 훌륭한 나침반이다.

나는 체벌하는 것을 별로 좋아하지도 않지만, 대신 맞으면 매우 아플 근사한 회초리는 항상 준비해 두고 있다. 매는 가시용과 실제용으로 그 몫을 다할 때 비로소 그 기능을 다 하고 있는 것이다.

사람들은 화가 나거나 일이 생각대로 잘되지 않을 때 보통 말이 길어지고 많아진다. 특히 자식에게는 인내심이 많이 요구됨에도 불구하고 가늘 수 없는 감정으로 폭발을 해버리는 경우가 많다. 그러다 나중에는 부모와 자식 모두가 마음의 상처는 물론이고 몸의 상처로 가슴 아파한다.

요즘도 그렇지만 한때 교내 체벌로 사회적으로 말이 많은 때가 있었다. 대부분 체벌의 형태에서 빚어진 경우였다. 전체 기합은 몰라도 학생 개인을 벌할 때가 그 문제이다. 잘못한 학생을 무조건 나오라고 해서 손으로 때리는 것은 극히 지양해야 할 태도이다. 그렇지 않아도 호명 당할 때부터 그 아이는 이미 마음에 상처를 한 번 입고 나온다. 거기에 급우들이 보는 앞에서 모독적인 체벌을 당하면, 그 아이는 자기의 잘못을 인정하고 깨닫기도 전에 마음에서 반발심이 먼저 일어, 교사를 대하는 태도가 자못 불량스럽다.

교사는 또 그런 불량스러운 태도에 화가 나서 본질의 잘못을 깨우쳐 주기 전에, 대상 학생의 부수적인 잘못으로 나중에는 사태가 험악하게 변해 가는 수가 많다.

중학교 때 일이었다. 급우 하나가 수학 시간에 사소한 잘못으로 불려 나갔는데, 선생님의 짧은 말 한마디에 교실이 온통 공포의 도가니로 변한 적이 있었다.

-니가 교사의 딸이라고 내가 봐 줄 줄 알았냐?-

그 말을 듣는 순간 급우는 자기 아버지를 욕되게 하는 발언에 고개를 빳빳이 들고 교사를 째려보았다. 순간 찰싹 뺨을 때리는 소리가 났다.

-이게 어디서 배워 처먹은 버르장머리고? 어디다 고개를 빳빳이 들고 난리야? 난리긴!-

하면서 연달아 계속 뺨을 후려갈기는 것이었다.

우리들은 숨을 죽이고 지켜보았다. 그 수학 선생님의 별명은 '홍익인간'이었다. 널리 인간을 이롭게 한다고 해서 붙여진 별명이 아니라, 항상 얼굴이 불그스레하여서 붙여진 별명, 그래서 '홍익인간(紅益人間)'이었다. 급우는 급우대로 선생님은 선생님대로 본인들의 의지를 굽히지 않고 최대한 상대방의 심기를 건드리고 있었다.

한 시간 수업을 뺨 때리기로 끝나 버렸다. 그것도 성에 차지 않아서 수학 선생님은 급우를 교무실로 끌고 가셨다. 나중에는 교무실에서 그 아이 부친이랑 수학 선생 사이에 의자를 날리는 큰 소동을 일으켰다고 하였다. 잘못된 체벌의 역효과인 것은 틀림이 없다.

감정, 그것을 잘 조절하지 않으면 파급 효과는 정말로 크다. 나도 많은 학생들을 상대하는 교사다. 고등학생들이 치는 사고는 쳤다 하면 대부분 대형 사고였다. 학생을 잘못 때렸던 어느 남자 선생은 그 학생의 아버지가 아침에 도끼를 들고 와서 그 선생을 때려죽인다고 방방 뛰었던 적이 있었다. 그 아이 아버지는 해병대 출신이라고 했다. 나중에 그 학생의 아버지를 달래어 보낸다고 아주 힘들었다.

감정으로 때리는 체벌을 지양하고, 정말 참지 못할 때는 회초리를 사용하라고까지 했을까! 방학을 기점으로 탈선이 많았다. 가출을 밥 먹듯이 하는 아이, 심지어 임신을 해오는 아이까지 생겨났다.

내 반 아이 중에 가출을 일삼던 한 아이가 있었는데, 그 원인이 참으로 어처구니가 없었다. 아이 어머니를 불러 상담한 결과, 언니와의 차별에 이유가 있었던 것이다. 언니는 전교 1~2등을 하는 수재요, 이 아이는 반에서 꼴찌를 맴도는 아이였으니, 집에서의 차별과 경시는 불을 보는 듯이 뻔했다.

식사 때는 언니에게는 따뜻한 밥을 주었고, 작은 애는 식은 밥을 주었다고 했다. 또 언니에게는 무조건 새 옷을 사주었고, 아이에게는 용돈도 안 주는 등 모든 면에서 철저히 차별을 당해 왔으니, 자기를 주워 온 아이라 생각하여 반항심에 가출을 일삼았던 것이었다.

먼저 아이 어머니 교육을 시켜놓고 아이를 찾아서 손을 좀 보겠다고 다짐을 받았다. 문제를 일으킨 아이를 잘못 건드렸다가는 일이 더 심각할 때가 있다. 친한 친구 몇 명을 차출하여 아이를 찾아오게 하였다. 이틀 만에 그 아이가 왔다. 아주 태연한 모습으로 온 것이다.

수업을 다 받게 하고 종례시간에 조용히 그 아이를 불러다 상담실로 데리고 갔다. 내 손에는 긴 몽둥이가 들려 있었다. 아이는 처음에는 예사로 생각했던 모양이었다. 상담실로 데리고 들어가서 문을 잠갔다. 그 순간 아이는 일이 보통이 아닌 줄 알고 반항할 기세를 보였다. 내 키가 작지는 않으나 그 아이의 키도 컸고 또한 덩치가 있으니, 그 아이가 반항을 하면 일이 우습게 될 판이었다.

우선 아이에게 자초지종을 캐물었다. 그리고 본인이 어떤 벌을 받아야 할지 되물었다. 아이는 서슴없이 퇴학을 시켜달라고 말을 했다. 그 아이는 완전히 빗나간 의식으로 똘똘 뭉쳐 있었다. 하긴 지금까지 그 아이가 해 온 행위로는 충분히 퇴학 감이었다. 하지만 퇴학이 능사가 아니다. 오르는 분노를 삭이며 아무리 타일러도 아이는 비뚤어진 그대로 어머니에 대한 반항심에 불타 있었다.

아이는 자기 어머니에게 최대한 고통을 주어야 자기가 차별받은 것에 대한 보복이라 생각하고 있는 것이었다. 아버지가 공무원이기에 자기가 잘못되어야 부모 체면에 영향을 줄 것까지 계산하고 있었던 것이다.

'이런 아이를 어떻게 해야 할까?'

고민을 하다가 의식에 변화를 주어야 할 것 같아 결론을 내렸다.

"좋다. 그럼 네 마음이 정말로 그렇다면 우리 둘이 오늘 같이 죽자. 너의 어머니 마음에 못을 박겠다면 죽는 것이 그 최고다. 네가 나쁘게 풀려서 못을 박는 것이나, 죽어서 가슴에 못 박히는 것이나 매일반이다. 대신 네가 다른 사람들에게 피해를 덜 입히고 죽는 것이 한결 나을 테니, 오늘 나랑 같이 죽자. 내가 너를 잘못 교육시킨 결과가 이러하니, 나를 때려라."

하고 큰 몽둥이를 건네주었더니 그 아이는 멈칫했다.

"왜 못하느냐? 네가 나를 때리지 않으면 내가 너를 때릴 것이다. 네가 사람으로 되지 못할 바엔 차라리 죽는 것이 낫다. 내가 너를 죽이고 나도 제자를 죽인 죄로 따라 죽을게."

그 말을 한 뒤로 줄기차게 아이를 때렸다. 처음에 아이에게 몇

대를 때리자, 아이는 아픈지 반항을 했다. 학생을 다루었던 기술이 그 얼마인데 그 반항을 파악하지 못할 것인가? 여학생이라 그래도 눈에 보일 부분은 피하고 줄기차게 아이를 때렸다. 손과 엉덩이, 허벅지 등 반항을 하더라도 급소를 피해 가면서 때렸다. 감정으로 때리는 것이 아니라 사람으로 만들려고 그러다 보니 때리면서도 눈물이 줄줄 흘러내렸다.

　말 한마디를 하지 않고 때리면서 속으로 그 아이가 반성하기를 기다렸다. 시간이 얼마나 흘렀을까? 때리던 나의 팔에 힘이 빠졌고 아이는 맞은 곳이 퉁퉁 부어올랐다. 나는 더 때렸다. 아이는 그제서야 무릎을 꿇었다.

　-선생님, 제가 정말 잘못했습니다.-

　형식적으로 잘못을 비는 표정이 아니었다. 그 애 눈을 보고서 매질을 멈추었다. 그리고 같이 부둥켜안고 울었다. 한참을 그러고 난 뒤에 말을 했다.

　"내가 너를 지켜줄게. 내가 교사직을 걸고라도 너를 퇴학시키지 않겠다. 단 너는 이 순간부터 다시 태어나야 한다. 네가 정말로 어머니를 괴롭히겠다면 잘 되어라. 네 엄마가 너의 어머니가 아니라면 네가 잘 되면 질시하거나 배 아파하실 테니, 언니보다 더 잘 되어서 복수하여라. 복수를 하려면 성공밖에 없다."

　아이는 눈물을 계속 흘리며 감사하다고 말을 했다. 자기를 때려준 것이 감사하다고 했다. 맞을 때 처음에는 반발이 일었는데, 계속 맞으면서 생각하니, 우리 선생님이 왜 나를 때리실까 생각했단다. 교칙대로 퇴학시켜 버리면 편하실 텐데, 굳이 이러시는 이유가 뭘까 생각했더니 자기를 너무나 사랑하고 계시다는 것을 느꼈다고 하였다.

　이제부터 학교에 착실히 다닐 것이며, 공부도 열심히 하겠다고 맹세를 하였다. 아이의 눈물이 마를 때쯤에 지금 상담실에서 나오지 말고 학생들이 전부 하교하고 나면, 그때 나가라고 일러두었다.

　교무실에 와서는 아이 어머니에게 전화를 넣었다. 조금 전에 아이에게 손을 너무 많이 봤으니, 아이가 집에 도착하면 놀라지 마시고 약을 잘 발라 주라고 말했다. 다음 날 아침에 그 아이 엄마에게서 전화가 왔다. 아이를 병원에 데리고 갔다가 학교에 보내겠다고 하였다. 병원에 다녀온 아이는 5교시에 와서 착실히 수업을 잘 받고 하교했다. 퇴근 시에 다시 그 아이 엄마에게서 전화가 왔다.

　-선생님, 어제 아이가 왔기에 옷을 벗겨 봤더니 너무 붓고 아파하는 것 같아 병원에 데리고 갔더니, 글쎄 의사 선생님이 어디서 이렇게 많이 맞고 왔냐며 때린 사람을 고소하라고 했어요. 진단서를 끊어 주겠다면서요. 그런데요 누가 때렸는지 몰라도 진단서에 안 나올 만큼 참으로 기술 것 때렸네요? 이러는 것 아니겠어요? 호호호.-

　나는 그 말에 웃어야 할지 말아야 할지 당황하고 있었다.

　-선생님, 정말 감사합니다. 우리 아이를 사람 만들어 주셔서……-

아이 엄마는 진심으로 나에게 감사의 말을 했다. 나중에 그 아이는 성실하게 학교를 잘 다녀서 졸업은 물론이고 열심히 공부해서 대학에 들어갔다. 매를 들어야 할 때는 과감하게 들어야 한다. 매도 맞아야 할 때는 착실하게 맞아야 한다.

잘 맞으면 사람이 되고, 잘 때리면 훌륭한 스승이 되니까 말이다.

발발 기게 될 것이다

　내가 몸을 담았던 학교는 여고였다. 사춘기의 황금 시절, 길가에 굴러가는 염소 똥을 보아도 까르르 웃음을 짓는다는 그런 시절이 아닌가? 여고 시절은 꿈도 많지만, 호기심 또한 많아서 자칫 잘못하면 엇길로 될 그런 무서운 시기이기도 하다.
　입시 열풍으로 진로에 대한 고민을 하는 학생들이 많지만, 이성(異性)에 대한 쓸데없는 호기심으로 옆길을 새는 아이도 당연히 있었다. 여름 방학이 항상 문제였다. 보충 수업이 끝나는 날은 아이들에게 있어서 무슨 억압에서 벗어난 해방날인 줄 안다. 교복의 일체감에서 벗어나 사복의 자율성과 개별성으로 자신들을 외모를 포장하고 다녔다.
　묶은 머리를 풀어헤치면 성장한 몸들이니, 몸매가 아이 몸이 아니라 멋진 아가씨로 보여, 유혹의 눈길과 위험한 손짓이 곳곳에 도사리고 있음을 아이들은 알면서도 그것을 은근히 즐기는 무리가 있었다. 이름하여 그들을 '문제아'라 불렀다.

학급마다 행동이 톡톡 튀는 이런 아이들이 있었으니 그런 아이들은 학생부에서 특별히 감시를 했다. 하지만 눈에 띄게 톡톡 튀는 아이들은 오히려 문제를 일으키지 않았다. 학생부장을 몇 년간 해 온 경험에서 나온 나의 결론이다.

튀는 성격들을 튀게 받아주면 오히려 긍정적으로 그들을 이끌어 갈 수 있다. 문제는 다소곳하게 지내는 아이들이다. 학기말 성적표에 기입하는 행동발달 상황에 내가 가장 싫어하는 멘트가 바로 '근면 성실'이다. 이 말은 개성이 없고 특성이 없는 무덤덤한 아이들에게 일반적으로 적어주는 말이었으니, 아주 안이하고 관심이 없는 멘트가 아니고 무엇이겠는가?

학급의 일부 다소곳한 아이들을 주시할 필요가 있는 것이다. 그들은 평소에는 거의 문제가 없는 것이 아니라 아예 없다. 간이 작아서 큰일을 저지르지 못할 것으로 보인다. 하지만 그들이 일을 저지르면 아주 큰일을 일으킨다. 용기와 간의 작음에 반비례해서 유혹이나 협박에도 또한 대응이 약하기 때문이다. 어느 날이었다. 종례를 하는데 얌전한 아이가 엎드려 자고 있었다. 일어나라고 했더니 주변의 다른 아이들이 이구동성으로

-선생님, 쟤는요, 우유만 마시면 토해요.-

이렇게 입을 모아서 말을 했다.

순간 나의 직감으로 다가오는 묘한 의구심이 일었다.

"그래? 아마 우유가 상했던가 보구나."

아이들에게는 그렇게 말하고 종례를 마치자 그 아이를 다른 아이들이 눈치채지 못하도록 상담실로 데리고 갔다. 그리고 자리에 앉혀서 직설적으로 추궁을 했다.

"지금 몇 개월째야?"

-？……-

그 아이는 나의 추궁에 눈을 동그랗게 뜨고 나를 쳐다보았다. 너무 놀란 표정이었다. 빙빙 둘러서 말을 하면 아이들은 거짓말을 하기 때문에 거짓말을 할 기회를 주면 안 된다. 이중의 잘못을 하게 만드는 것은 내 성격상 맞지 않았다.

"내가 너를 아무도 모르게 데리고 와서 이렇게 말하는 것은, 너를 살리려고 하기 때문이지 너를 퇴학시키려고 하는 것이 아니다. 그러니 숨김없이 말해!"

아이는 눈물을 먼저 보였다. 얼굴이 참 곱고 착하게 생긴 아이다. 학교생활도 착실하게 하는 아이였다. 그런데 이 아이가 엄청난 일을 계획하고 있었던 것이다. 지금 임신 3개월인데 혼자 아이를 낳아서 기를 계획을 하고 있다는 것이었다.

남자를 물으니 두 명에게 당해서 누가 아이 아빠인지 모르겠다고 했다. 그 말을 듣고 어이가 없고 허탈해서 미칠 것만 같았다. 집에서 알면 쫓겨나거나 맞아 죽으니, 제발 자기 집에는 알리지 말아 달라고 간곡히 부탁을 했다. 참으로 난감하였다. 차 한 잔을 마시고 생각에 생각을 거듭하였다. 이 일은 분명 퇴학 감이다. 그러나 퇴학을 시킨다고 일이 다 해결되는 것이 아니다. 그 아이의 장래가 달려 있는 문제이기에 결단을 내렸다.

아이 손을 잡아끌어서 내 차에 강제로 태웠다. 아이는 무엇을 느꼈는지 병원에 가지 않을 거라고 나의 옷을 잡고 애타게 매달렸다. 낳아서 제가 키운다고 울부짖었다. 기가 찼다. 학교를 자퇴하고 아르바이트를 해서 아이를 키울 거라고 했다. 뱃속의 아이 아비가 누군지도 모르는 이제 고 2가 되는 아이가 아이를 낳아서 제가 키우겠다고 했다. 생각이 짧으니 그런 큰일을 당하고도 저런 엉뚱한 발상을 하고 있는 아이를 보니 기가 차서 더는 말이 나오지 않았다.

"너, 아무 소리 말고 선생님이 하는 대로 따라!"

아이를 병원에 데리고 가서 임신중절수술을 시켜주었다. 병원에서는 개월 수가 지나 힘든 수술이라고 수술비를 더 많이 달라고 했다. 수술 후에 회복실에 눕혀놓고 링거를 맞히고 몇 시간이 지난 후에 식당에 데리고 가서 따뜻한 국물 음식을 시켜서 먹였다.

아이는 나를 안고 한없이 울었다. 그 울음의 의미는 복합적인 것이기에 더 따져 묻지 않기로 했다. 아이에게 이제부터 딴생각 말고 열심히 학업에 신경 쓰라고 일렀다. 잃은 아이에게 더 이상 부끄럽지 않고 죄짓지 않는 엄마가 되려면 앞으로 네가 어떻게 해야 하는지 상세히 타이르고 집으로 돌려보냈다.

그 후 아이는 졸업할 때까지 자신의 행동을 반성이라도 하는 듯, 두 번 다시 그런 잘못을 저지르지 않고 나를 보면 발발 기게 되었다. 발발 기었던 그 아이, 지금은 결혼하여 아이를 낳아 잘 살고 있겠지?

이것들이 어쩌자고

아침 햇살이 동산을 오르고부터 줄기차게 나를 따라왔다. 설마 아침부터 음주단속을 할까?

속이 칼칼했다. 아침을 먹지 않는 습관으로 커피가 아침을 대신했다. 연한 커피를 보약 마시듯 머그잔에 가득한 커피를 들이켜니 속이 조금 다스려지는 듯했다.

우리 집 가족들은 모두 커피광이었다. 남들보다 커피를 일찍 접했던 나는 연한 커피를 사발로 마셔댔다. 요즘에야 머그잔이니 하는 멋진 컵이 종류별로 잘 나오지만, 예전의 커피잔은 무조건 작고 예쁜 컵이 전부였다. 그 작은 잔에 담긴 커피를 홀짝홀짝 몇 모금 마시는 것은 감질만 날 뿐이다. 그래서 가족들은 커피를 한 주전자 끓여서 사발로 마셔댔다.

온 가족들이 커피를 그렇게 마셔댔으니 아버지와 언니는 식구들의 커피를 대기 위해서 사 나르시기에 바쁘셨다.

남편은 사업상 접대할 일이 있으면 꼭 나를 불러내었다. 술에 강한 체질도 체질이려니와 내가 옆에 있으면 든든하다고 하였다. 남편의 속내는 실은 나를 대리운전으로 부려먹기 위함이 아니었을까? 그런 남편의 덕에 여느 여자들이 잘 가보지 못하는 고급 술집을 다녀보았다.

어제도 새벽까지 소주에 맥주 게다가 양주까지 주종을 불문하고 술을 섭렵하였다. 개개 술의 특성을 낱낱이 충분하게 맛보았기에 더 이상 술에 대한 미련도 없거니와 미련이 있었다 해도 출근 때문에 남편을 재촉하여 자리를 떴다.

나는 술을 마셔도 잘 취하지 않는 특이한 체질이다. 술을 많이 마시면 취하기 마련인데 특이한 체질인 나는 마시면 마실수록 술이 깬다. 그러니 남편이 나를 대리운전으로 부려먹기에 딱 맞지 않겠는가? 오늘은 잠도 제대로 자지 못한 데다 술을 잔뜩 마셔서 속이 영 불편하였다.

아침 수업 첫째 시간이었다. 아이들이 조용하게 앉아 있었다.

"너희들, 웬일이지?"

아이들은 대답 대신 눈빛으로 교탁의 사발 그릇을 가리켰다. 커피인가 싶어서 보았더니 커피가 아니었고 말간 물이 가득 들어 있었다.

"햐! 이쁜 이놈들, 오늘은 물을 갖다 놓았군그래. 오늘따라 너희들이 참으로 기특하군. 그런데 이놈들아, 오늘은 냉수 마시고 속 차려라 이 뜻이겠지?"

말이 끝나자마자 아이들은 까르르 웃느라고 교실이 시끄러웠다. 안 그래도 거북하던 속을 다스리려고 사발 물을 들이마셨다. 순간 그렇게 까르르 웃던 아이들이 갑자기 잠잠해지더니 눈동자들의 까만 눈동자가 그렇게 초롱초롱 빛이 났다. 가불가불 넘치게 따라 놓은 사발을 두 손으로 받쳐 들고 입에 갖다 대려는데 알코올 냄새가 확 풍겼다.

'어라, 이 뭐꼬? 소주잖아? 이놈들이 나를 실험하려나 보네?'
입에 대려던 컵을 잠시 멈추고 아이들에게 말을 했다.
"이놈들아, 참으로 기특하네? 내가 술을 좋아하는지 어떻게 알고 아침부터 술을 구해다 놓았단 말이고? 그런데, 너희들은 간댕이가 부었구나? 그것도 한참 부었어! 수업시간에 커피도 아닌 술을 그것도 사발째로 갖다 놓았으니, 이놈들이……."

아이들은 숨도 안 쉬는지 조용하였다. 나는 일부러 표정을 최대로 엄숙하게 하여 말을 이었다.

"음주 수업하게 만들려고 계획했던 너희들, 수업을 마치고 나면 모두 단체 기합을 받을 줄 알아! 라고 말할 줄 알았지?"

말이 끝나자 순간 아이들은 어리둥절하더니, 이내 눈치 빠른 몇 놈들이 웃자, 교실은 다시 까르르 웃음 도가니로 변했다.

"시끄러워! 반장, 일어 나!"
순간 다시 잠잠해졌다.

"어이 반장, 너는 주법(酒法)도 모르냐? 술을 사발째 줬으면 안주도 통째로 내놓아야지. 안주 어딨냐?"

-저…… 안주는 준비를 못 했는데요. 아이들이 선생님께서 술을 드시면 어떻게 하시는지 실험해 보자고 해서 술만 준비했습니다. 선생님이 무섭지만, 우리를 이해해 주실 것 같아 꼭 해보자고 해서…… 무서움을 무릅쓰고 했습니다.-

반장은 더듬거리며 겨우 말을 마쳤다.

"그래? 그랬단 말이지?"

반장의 말을 들은 나는 사발술을 단숨에 쭉 들이켰다. 아이들은 다시 숨을 죽이고 나를 쳐다보았다. 소주를 단숨에 들이켰더니, 빈속에 들어간 술이 속에서 활개를 쳤다. 새벽까지 마신 술과 사발째 마신 술은 주주총회를 여는지 뱃속에서 난장판을 쳐댔다. 속이 울렁울렁, 머리가 핑 돌았다. 아이들은 내가 그다음 행동을 어떻게 할 것인지 까만 눈동자를 고정시킨 채 날 쳐다보고 있었다. 난감하였다. 칠판에 필기를 하려면 자세가 흐트러질 것 같아 표가 나지 않게 몸을 교탁에 살며시 기댔다. 나를 관찰하는 아이들에게 아무렇지 않은 표정으로 웃음을 짧게 보내고 다시 입을 열었다.

"자, 지금부터 음주 수업을 하겠다. 내 입에서 나오는 모든 말들은 술주정일 수도 있다. 너희들이 준 술을 마셨기에 너희들은 나의 술주정일 수도 있는 말을 들을 의무가 있고, 나는 술주정할 권리가 있는 것이다. 알겠지? 이 시간 너희들은 너희들의 업으로 최초의 음주 수업을 들을 책임과 의무가 있으므로 나는 마음 놓고 술주정을 할 것이다."

아이들은 쥐 죽은 듯이 앉아서 내 말에 귀를 기울였다. 나에게 무슨 일이 일어나주기를 기다리는 절절한 눈빛들이었다.

"오늘 수업은 춘향전이니, 춘향전 배경설화에 관해서 이야기할 것이다. 자신의 미모에 대해서 불만이 있는 사람은 오늘 수업을 잘 들어서 참고하고, 자신의 미모에 대해서 자신감이 넘치는 사람은 더욱더 잘 들어서 참고해야 할 것이다. 알았나!"

혀가 꼬일세라 신경을 쓰고 자세에도 신경을 썼더니 어깨가 아파왔다. 시간은 의외로 빨리 지나갔다. 수업을 끝내는 말과 동시에 마치는 종소리가 울렸다. 아이들의 입에서 탄성이 나왔다. 음주 수업은 황홀하게 그렇게 끝이 났다.

이것들이 어쩌자고 도사 앞에서 요령을 흔들었을꼬?

알아도 모르는 척

"시험에 들게 하소서!"

매일매일 시험을 치르면 좋겠다는 생각이 들 때가 있었다. 시험 때가 되면 왜 그렇게 즐겁던지 시험 당일 아침이 되면 기분이 상쾌해졌다. 하다못해 쪽지 시험이라도 매일 보면 좋겠다는 생각을 했었다. 물론 이런 생각을 친구들에게 말하면 안 되었다. 내 생각을 그대로 말했다가는 친구들의 입방아를 감당해 내지 못할 것이다. 안 그래도 시험으로 잔뜩 스트레스를 받고 있었는데 불난 곳에 부채질을 하는 꼴이기 때문이다.

하지만 어쩌다가 나의 마음과 통한 교과 선생님이 있으면 나 혼자 실컷 신이 났었다. 이렇게 시험 치기를 좋아하는 것은 시험을 통하여 공부한 흔적을 정리할 수 있었기 때문이었다. 그 결과가 좋든 나쁘든 그것은 별문제가 안 되었다.

시험은 학기마다 2번씩 봤다. 운이 좋아서 모의고사라도 보게 되면 3번으로 늘어났으니 모의고사가 그렇게 고마울 수가 없었다. 학원이 몇 군데밖에 없던 시절이었다. 나는 학원에 다니지 않았다. 공부는 어차피 혼자 스스로 해나가는 것이기에 교과서와 문제지를 병행해서 풀어나간다면 그다지 어렵지 않다고 믿었다. 혹 모르는 문제가 있다면 교과 선생님께 물어보면 되니 이중삼중으로 부모님의 경제를 힘들게 하고 싶지는 않았다.

선생님을 잘 활용해야 한다. 당시 과외를 하던 친한 친구 몇몇이 있었다. 과외지도를 하시던 선생님도 있어서 그 수업시간에는 표가 바로 났다. 선생님은 자기에게 과외를 하는 아이들에게만 눈길을 주시는 것이었다. 그리고 은연중에 저들끼리 수업했던 내용을 주고받던 것을 나는 눈치챌 수 있었다. 그 친구들의 시험의 결과를 보면 과외를 하던 과목만 유독 잘 나왔던 것이었다. 거기에는 어떤 비리가 숨어 있다는 심증을 자아내기에 충분하였다.

이제 나의 개성을 서서히 발휘할 때가 되었다. 그 과목(영어)을 통째로 외워서 수업시간에 선생님의 실력을 시험하기로 작정했던 것이다. 그리고 수업시간에 선생님의 시선도 분산시켜 놓으리라 작정했다.

여느 날에도 선생님은 여전히 눈길을 그 아이들에게 집중시켜서 수업을 하셨다. 나는 손을 들어 질문을 해대기 시작했다. 순간 선생님의 당황해하시는 모습을 보았다. 수업시간에 거의 질문을 하지 않는 아이들을 상대하다가 갑자기 튀어나온 질문을 받았으니 적잖이 당황이 되었던 것 같았다.

　수업시간에 학생들이 질문을 많이 해야 선생님도 공부를 해 오실 것이 아닌가? 선생님이 공부를 해 오셔야 학생들의 실력도 쑥쑥 오를 것이다. 선생님은 잠시 잊으셨던지 아니면 잘 몰랐던지 남자 선생님이 얼굴이 빨개져서 내일 답변을 하겠노라 하셨다. 나는 회심의 미소를 지으면서 혹시 답이 이것인지 저것인지 헷갈려서 그렇다며 넌지시 질문의 답을 던져드렸다.

　그 이후로 선생님의 수업하시는 모습이 달라지셨다. 자기에게 과외를 받던 친구들에게 고정되었던 눈길이 이제 나에게로 고정되었다. 혹시 내가 질문이라도 할까 봐 그 조심스러워하시는 표정이셨다.

　'선생님, 공부를 좀 많이 해 오시잖고……. 단짝 선생님과 술자리를 자주 하지지 말고 말입니다.'

　나는 속으로 웃으며 매 수업 중간에 선생님을 시험하려고 간간이 질문을 했었다. 선생님을 이기기 위해서 많은 노력을 했다. 그래야 선생님의 답이 맞는지 틀렸는지 알 수 있기 때문이었다. 질문을 잘 하는 학생으로 소문이 났는지, 다른 수업시간에도 선생님들의 시선이 나에게로 집중되었다. 그러면 나도 선생님의 눈을 뚫어져라 쳐다보며 수업을 받았다. 눈으로 주고받는 수업은 머리에 쏙쏙 들어왔다.

　선생님들은 학생들에게 실력을 테스트받아야 한다. 확실하게 공부를 해 와서 가르치면 당당하게 가르칠 수가 있는데, 적당히 해 와서 대충 넘어가다가 그 틈에 아이들이 이야기를 해 달라고 하면 옳다구나 싶어서 그것에 넘어가기에 십상이다. 물론 가끔은 분위기를 바꾸려고 그럴 수도 있겠지만, 공부하기 싫은 아이들이 분위기를 주도해 버리면 다른 아이들은 손해를 보기 때문에 자주 그러는 것은 하지 말아야 한다.

지금도 나는 아이들을 가르치고 있지만, 아이들은 질문을 좀처럼 하지 않는다. 분명히 이 대목에선 모를 것인데도 질문을 하지 않았다. 도리어 답답해서 아이들에게 질문을 던지면 아이들의 대답은 모른다고 하였다.

이 문디들아, 모르면서 아는 척 왜 가만히 앉아 있느냐? 교만한 것이 이만저만이 아니네? 모르면 물어봐라. 제발……. 모르면 질문을 해야지, 질문할 내용조차도 모르겠지?"

아는 것이 병이 될 수도 있다. 하지만 모르는 것은 더 깊은 병이 될 수도 있으니 부지런히 알아야 한다. 더 확실하게 알기 위해서는 알아도 모르는 척을 해야 하지 않을까?

잠과 침묵

해는 하루도 빠짐없이 반드시 동쪽에서 떴다. 어쩌다 그 모습을 달리하고 뜰 지라도, 뜨는 장소만큼은 변경하지 않고 항상 동쪽에서만 떴다. 매일 하는 수업이지만 수업 형태도 해와 같아서 그 모습이 가지각색이다. 아이들의 개성이 한결같지 않고 제각각 특출하기 때문이다. 각기 개성들이 특출할수록 수업 시간은 활기로 가득 넘쳐난다.

국어는 교과 특성상 재미있는 과목이지만, 자칫 잘못 수업을 진행하면 한정 없이 지루하고 재미없는 수업이 될 수도 있다. 그 재미있는 국어를 수업 방식을 잘못하여 세상에서 가장 재미없는 과목으로 전락시키는 일부 국어 선생님들이 매우 안타깝다. 그렇기에 국어교사는 항상 그 점에 유의해서 수업을 해야 한다.

여고 시절에는 꿈이 많았다고들 했다. 그러나 우리의 봄날 같았던 여고 교실에는 여학생들의 잠으로 가득했었다. 나른한 햇살이 창을 뚫고 들어오면, 아침밥을 거르고 일찍 등교한 우리들은 도시락을 두어 개씩 싸 왔었지만, 아침 7시부터 시작한 아침 자율시간을 마치면, 도시락은 벌써 동이 나기 일쑤였다.

도시락을 싸 온 친구나 싸 오지 않은 친구들이 함께 모여서 도시락 해부작업에 들어갔다.

반찬도 가지가지, 밥도 제각각, 도시락 내부 상황을 통하여 친구들의 가정경제를 알 수 있었다. 그러나 경제 사정 추측은 나중이고, 배고픔은 우선이었다. 맨 먼저 무기 확보가 급선무였다. 산해진미가 눈앞에 가득 펼쳐져 있을지라도 무기인 젓가락이 없으면 아무 소용이 없다. 도시락을 싸 오지 않던 친구라도 그들은 항상 번쩍번쩍 빛나는 무기 한 벌(젓가락)은 언제나 가방 속에 있었다. 씻지도 않은 젓가락을 손으로 쓱쓱 비벼서 식사행렬에 끼어들기 일쑤였다.

인생살이 묘미가 끼어들기라였지? 그들에게는 반찬을 보는 눈이 있었다. 때깔 좋은 반찬은 먹기에도 좋지 않은가? 뻘건 고추장에 기름 둘렀던 흔적이 있는 번지르르한 멸치볶음이나 오징어볶음, 그리고 어묵볶음이 그들의 표적 대상이었다. 속사포 젓가락질 공격이 훑어간 간 자리에는 반찬 통 표면에 뻘건 흔적만이 남아 있었다. 그들의 손 빠르게 반찬을 낚아채는 솜씨가 고도의 훈련을 받은 전쟁터의 특전사 행동 같았다.

조금 전에 정신과 육신의 살을 잔뜩 찌운 우리들이었다. 1교시 수학 시간은 슈베르트의 자장가 시간이었다. 체력이 약했고 몸집도 작으셨던 수학 선생님의 별명은 '피노키오'였다. 양복바지의 길이는 댕강 8부쯤이어서 언제나 발목에서 맴돌았고, 얼굴색은 우윳빛이 감돌아서 형광등 불빛 아래에서 선생님의 이마는 또 다른 전등이었다.

그러나 목소리 톤은 계절과 전혀 관계없이 비가 오나 눈이 오나 언제나 '레레' 계음이었다. 레레 계음은 공복의 위를 가득 채운 물질이 위벽에서 뿜어 나오는 시큼한 산성과 결합할 때, 미치도록 졸리는 소리였기 때문이다.

위 속의 산성이 가득 뿜어 나올수록 잠은 현실과 싸움에서 반드시 승리하기 일쑤였다. 잠의 전쟁터에서 총알받이로 내몰린 아이들은 하나둘씩 책상 위로 쓰러졌다. 간혹 턱을 팔로 괸 채 잠에 빠진 지능적인 친구들도 있었다. 특이한 친구도 있었다. 아예 눈을 뜨고 앉은 채로 잠에 빠졌던 것이다. 그 와중에도 겨우 비실비실 살아 있던 뒷줄의 몇몇 친구들이 있었다. 융단 폭격을 직접 맞지 않고는 전멸이란 있을 수가 없기 때문이었다.

군사적 특수지리조건에 위치한 친구들이 몇몇 있었다. 그 위치는 바로 교탁 앞줄의 네댓 명이었다. 앞줄이라도 끄트머리에 앉은 친구들은 이미 쓰러진 상태였다. 고스란히 쓰러진 전사자들 앞에서도 선생님은 표정 하나 변함없이 그 음성 그대로 득도의 경지까지 간 '레레 게송'을 묵묵히 읊으셨다. 우리의 피노키오 선생님은 그 게송을 다 읊으신 후, 수업을 마치는 벨이 울리면 씩 한 번 웃고 나가셨던 위대한 '레레 존자'이셨다.

레레 존자가 나가신 후에 우리 전사자들은 일제히 잠에서 깨어나 앉았다. 쉬는 시간 10분은 우리들의 자발적인 공부시간이었다. 열심히 책에 파고들었고 문제에 파고들었다. 도를 얻는 것은 시간에 있지 않고 집중에 있다. 도는 찰나의 기회를 잘 얻는 자가 득도하는 깃이디.

그다음 시간은 국어 시간, 별명이 '개차반 선생님' 시간이었다. 인근의 대학교에도 강의를 나가셨기에 대학생을 상대로 했던 수업을 우리에게도 적용시켜서 인기가 많았던 선생님이셨다. 그 인기는 실은 여학생들이 선호하는 인물과 비례하기도 했었다. 인물이 잘나기도 하셨거니와 구레나룻 수염이 은근한 매력까지 풍기셨으니, 다른 선생들과 확연하게 다른 차별 환대를 받으셨던 것이다.

그런 선생님이 잘난 인물과 다르게 별명이 '개 삼차반'이 된 것은 다 이유가 있었다.

첫째, 칠판의 글씨가 개차반인 '서(書)차반'이었다. 도저히 알아먹기가 쉽지 않았다. 판독 자체가 어려웠다. 칠판을 보고 온갖 유추를 통해서 스스로 깨우쳐야 했다.

둘째, 목소리가 개차반인 '성(聲)차반'이었다. 설명하시는 말씀 속도가 어찌나 빠르신지 초고속 자기부상열차와도 같았다. 씽~, 휙~, 정신을 차리지 않으면 내용을 놓치기 십상이었다.

아! 이제 마지막이 문제였다. 그것은 개차반 중에서도 가장 더러웠던 '타(唾)차반'이었기 때문이다. 선생님은 수업 중에 한 곳에 가만히 서 계시질 않았다. 이리저리 이곳저곳을 쉴 새 없이 쏘다니시는 것은 이해가 되었다. 그렇지만 쏘다니실 때, 그의 입에서 나오던 속사포의 결과 결정체는 침방울이었다. 그것을 허용하기란 도저히 불가하였다. 아침 햇살에 영롱히 빛나던 그 침방울의 분사! 방패가 없으면 꼼짝없이 침방울 총알 세례에 즉사하기 쉬웠다. 잘난 인물과 그 인물에서 나오는 침방울은 전혀 별개였다. 여고생의 자존심의 꽃이라고 했던 하얀 블라우스, 잘 다려 입고 나온 옷에 개차반 선생님의 타액으로 사정없이 젖게 할 수는 없었다. 간혹 얼굴에라도 튕기면 그야말로 더러움의 극치가 아니겠는가? 우리들은 선생님의 기분과 우리의 기분을 상하지 않게 하기 위해, 일제히 방패를 구입하였다. 이름하여 책받침 방패, 책받침은 다양한 용도로도 쓰였다.

개차반 선생님의 유사시에는 침방울 방패용이었고, 열 받은 공기를 식힐 때는 부채용, 미운 친구의 얼굴을 가릴 때는 내외용 등 다양하게 쓰였다. 이런 국어 시간에 잔다는 것은 침방울 융단 폭격에 맞는 것과 같기에, 누가 그 더러운 죽음을 맞이하겠는가 말이다. 이런 상황에도 간혹 얼굴을 약간 뒤로 젖히고 곤한 명상(잠)에 빠진 친구가 있었다. 그 친구는 개차반 선생님이 던졌던 빨간 분필 총알이 콧구멍에 꽂혔던 일로 우리를 포복 졸도시켜서 그 친구는 그 후로 별명이 '빨간 콧구멍 돼지'가 되었다. 어쨌거나 이런 이유로 우리는 국어 시간에는 절대로 잠과 친해질 수 없었다.

　수업 진행에는 방법이 필요하다. 설명하는 방법과 자세가 다양해야 한다. 봄날은 잠과 절친한 계절이기에 외부자극으로 억지로 막지 않으면 도저히 수업을 할 수 없다. 잠은 전파(음량과 어조)와도 관계가 있다. 잠과 궁합이 잘 맞는 전파는 발사하지 않는 게 좋다. 음량 조절과 음계 조절을 적절히 구사해야 한다. 때로는 필요하다면 침묵도 필요하디.

　자는 아이를 깨우면, 게 중에는 절대로 자지 않았다고 딱 잡아떼는 놈도 있다. 본인이 수긍하지 않는 잘못은 서로에게 신경전만 벌일 뿐이다. 그래서 고안한 것이 설명 중, 몇 분만 침묵하는 것이었다. 좔좔 설명을 하다가 순간 말을 끊어버리는 것이다. 전파가 단절되면 상대 쪽에서 다른 감각이 살아나는 것이다. 아이는 벌떡 눈을 뜨고, 고개까지 든다. 그리고 애절하게 바라본다. 전파를 더 보내 달라는 애절한 표정, 그러나 과감히 무시를 한다. 대신 그 아이의 눈을 뚫어져라 쳐다보면 아이는 정신을 차리게 된다. 이제 더 이상 시시비비를 가리지 않아도 된다.

　다른 아이들도 시시비비에 휘말리지 않아도 되고, 그래서 분위기는 처음 그 상태로 유지되어서 정해진 수업시간을 알차게 마무리하게 된다. 자연은 우리에게 변화의 묘미를 말없이 보여 주지만, 우리는 그것을 행동으로 보여 주어야 하지 않을까? 침묵하는 것은 때로는 침묵을 깨는 것이다.

정리정돈

시간을 아끼며 사는 것이 생활화되었다. 일 분이 귀한 시간, 직장 생활을 하는 사람이면 그 일 분이 얼마나 가치 있게 여겨지는지 알 것이다. 출근 시간이 정해져 아침 조회를 갖는 직장이라면, 지각생이라는 오명을 뒤집어쓰는 것도 그 일 분이 담당한다.

갓 발령을 받아 온 그 뒷날부터 1년 내내 지각을 하여, 권고사직을 당했던 여선생이 있었다. 1년 동안, 비가 오나, 눈이 내리나, 바람이 부나, 땡볕이 나도 하루도 빠지지 않고 지각을 했었다. 그 여선생은 오자마자 담임을 맡았는데, 정작 본인은 날마다 지각하는 선생으로 낙인이 찍혔으니, 그 반 아이들은 담임 알기를 개밥의 도토리처럼 대했다. 그러니 반 통솔이 제대로 될 리도 없었거니와 사건이 터지면 꼭 그 반이 말썽이었다. 그런 선생을 학교장이 가만히 두고 보지는 않았다.

　그 여선생은 사유서 쓰기를 밥 먹듯이 했는데도 지각하는 버릇만은 고쳐지지 않았다. 미혼인 그 선생은 남편이 있어서 아침밥을 해주고 나온다고 바쁠 것인가? 아이가 있어서 뒤치다꺼리를 하고 나온다고 바쁠 것인가? 오직 제 몸뚱어리 하나 꾸미기에 바빠서 그랬다고 하였다. 얼굴 가꾸고 멋 내기에 바빠서 지각을 일삼았던 것이다. 학교장이 두고 보기가 오죽했으면 그녀에게 권고사직을 권했을까 보냐?

　그 여 교사를 생각하면 지금도 이해가 안 되는 부분이 그것이다. 그 선생은 시간 활용을 제대로 못 해서 그랬던 것이었다. 지각할 시각인데도 빵인지 밥인지는 꼭 챙겨서 먹고 나왔다니, 도대체 시간을 어떻게 쪼개서 생활했는지 물어본 적이 있었다.

　그녀 말에 의하면 아침에 일어나서 출근하는 시간까지 2시간이 남는데, 그 시간이 부족하여 지각을 한다는 것이었다. 그녀의 하는 일의 순서를 들어보면 3시간이고 4시간이 남아도 시간이 부족할 것 같았다. 그녀는 시간이 가장 많이 걸리는 일을 맨 나중으로 하고 있었던 것이다. 수학을 전공했으면서도 시간 분배를 거꾸로 했는지 도대체 이해가 안 되었다.

　같은 일거리를 두고서도 나는 1시간이면 모든 일을 다 끝낸다. 일의 순서를 정해놓고 하면 시간이 남으면 남았지 모자라지 않는다. 긴 시간이 드는 세탁기를 우선으로 돌려놓는다. 그다음으로 끓임을 필요로 하는 음식을 불에 올려놓는다. 그러면 그 둘은 다른 일을 하는 시간에도 열심히 제 일을 하고 있기에 청소를 하면 되는 것이다. 불 위의 음식이 뜸이 들 동안 씻고 나오면 되는 것이다.

화장을 얼마나 공을 들여서 하는지는 모르겠으나 나 같은 경우에는 굳이 화장이랄 것도 없지만 2~3분이면 화장이 끝난다. 그래서 외출할 때 남편보다 먼저 준비를 끝내버리니 기다린다고 지겨워하거나 짜증 내는 일은 없다. 보통 남편들은 외출할 때 아내가 준비를 너무 늦게 해서 기다림에 지쳐서 짜증을 내는 경우가 많다고 한다.

그러나 우리 집은 그런 일이 전혀 없다. 도리어 반대라서 내가 남편을 기다린다. 평소에 정리를 제대로 해놓고 살면 아무리 급한 시간을 요구할 때도 별로 시간이 들지 않는다. 모르는 사람들은 나를 보고 파출부를 쓰냐고 묻는다. 그러면 나는

"내가 파출부요."

라고 말하고 가볍게 웃어넘기는데, 실은 파출부를 쓰려면 주인이 신경을 더 써야 한다. 한때 혼자서 고만고만한 배추 150포기를 하루 만에 김치를 담갔더니 아는 사람들이 놀랐다. 알고 보면 놀랄 이유가 전혀 없다. 저녁에 퇴근해 와서 배추를 절여 놓았다. 배추가 소금에 절일 동안에 양념을 해두었다. 그리고 신나게 잤던 것이다. 새벽에 일어나 잘 절여진 배추를 씻어서 건져놓았다. 물이 제대로 빠졌을 퇴근 시간에 부리나케 달려와 양념을 버무려서 통에 담으면 끝이었다.

이웃에 배추 20포기를 김장한다고 친구 세 명을 불렀다던 여자가 있었다. 그리고 하루 종일 김장을 했다고 하였다. 사람들은 가끔 나에게 우렁각시가 있느냐는 말을 한다. 시간을 잘 활용하는 것, 즉 '시간 활용법'이 나의 우렁각시이다. 김장을 할 때에도 그들은 양념을 먼저 해놓고, 배추를 나중에 절이고 있었으니 자연히 김장 시간이 길어진 것이다. 어쩌면 김장을 핑계로 친교 활동을 한 것인지는 모르겠지만 말이다.

공부도 마찬가지다. 아이들은 대부분 공부할 시간이 없다고 난리이다. 내가 보기엔 천지로 시간이 남아도는데도 말이다. 화장실에 큰일을 보러 가서 가만히 앉아서 힘만 주고 있으면 틀림없이 시간이 모자랄 것이다. 암기 과목은 그 큰일을 보는 시간에 앉아서 외우면 쏙쏙 머리에 들어온다. 등교하는 시간에, 차 기다리는 시간에 또는 걸으면서 쪽지 활용하는 공부는 공부가 아닌가? 꼭 책상에 앉아서 공부해야만 공부인 것이 아니다. 아이들에게 그렇게 하라고 말하면 대부분 도리질을 한다. 그러니 공부를 죽으라고 해도 능률은 오르지 않고, 능률이 오르지 않으니 자연히 공부가 싫어질 수밖에 없다.

머릿속 정리가 안 되어 있으면 도로아미타불이다. 집중력이 곧 정리이자 정돈이니 말이다. 자연이 정해준 하루 24시간을 30시간으로 최대 활용하는 그런 정리를 하자. 신이 달리 인간에게만 두뇌(지혜)를 줬겠는가 말이다. 신이 하사하신 그런 지혜를 아낌없이 써먹어야 더 좋은 지혜가 퐁퐁 솟을지 누가 아는가!

이 따사로운 가을날, 커피 한 잔으로 머릿속 길[腦道]을 말끔히 정리해 볼까?

피워, 맘대로 피워

흡연자가 세상에서 버림받는 사회가 되었다.

끈끈한 밥그릇을 유지하려면 우선 담배부터 끊어야 그나마 밥줄을 유지할 수가 있다.

근사한 구름 도넛을 만들며 온갖 폼을 잡던 신나는 시대는 이미 간 것 같다. 적어도 흡연자에게는 말이다. 어쩌다가 장소를 잘못 선택하여 담배를 피우면, 회사에서 눈총을 받거나 아예 가방을 싸야 하는 세상이 되었으나, 흡연은 그런 이유로 더 늘어날 것이 분명하니 이 어찌 아이러니한 일이 아니겠는가?

흡연으로 모범학생과 불량학생으로 크게 대별되던 시대가 있었다. 요즘은 사회 현상이 너무도 급박하게 변해 가기에, 의식의 구조에 많은 변화가 생겨 흡연은 모범과 불량을 넘어선 다른 차원의 것이 되었지만 말이다. 여자들의 상당수가 흡연을 한다고 하니, 흡연으로 사람을 판단하는 것은 무리가 따를 성싶기도 하다.

몇 해를 거슬러 올라간다. 내가 근무하던 학교는 여학교였다. 그 학교 최초의 여자 학생부장으로 30대 초반의 젊은 나이에 나는 임명을 받았다. 학생부장 자리는 남선생들의 독점 보직이었는데 왜 내가 임명되었는지는 그때는 잘 몰랐다. 그 학교에 근무할 내내 학생부장 자리를 고수하였으니, 나의 학생 관리능력이 특출하여 교장이 임명한 것은 아닐까 하는 우쭐한 생각도 잠시 하였었다.

교내의 기강 잡기는 학생과의 주 업무였다. 말 많고 탈 많은 여학교는 언제나 많은 문제를 안고 있었다. 그중에서도 여학생들의 탈선이 가장 큰 문제였다.

나는 우선 한 가지씩 개선시켜 나가기로 작심을 하였다. 우선 교무실의 학생 출입을 제한시켰다. 온갖 작은 사소한 일로 불려오는 학생들, 극도의 작은 일이라도 꼭 교무실로 불러들이는 교사들에게 나는 강한 제동을 걸었다.

교무실은 칭찬받을 일을 한 학생이나 심부름 등을 시킬 학생만 불러들이고, 나머지 꾸중 들을 학생이나 문제가 있는 학생은 상담실 이용을 해서 학생들의 인격에 최대한 피해가 가지 않게 하라고 말을 했다.

교사들의 무심한 행동 하나로 당하는 학생은 전 교사들에게 무지막지한 모독을 당하거나 쓸데없는 편견을 가지게 하기에, 사전에 그것을 원천봉쇄하기 위함이었다. 그렇게 하고 나니, 교무실이 조용해지며 학생들도 인식이 크게 변화되어 학생과의 업무가 많이 줄어들었다.

나의 독특한 학생관리가 서서히 빛을 발해 갔다. 무자비한 구타가 사라지고 학부모와의 시비도 점점 줄어들었다. 그중에서 흡연자의 단절을 방지하는 나의 기발한 행동이 개시되었다. 쉬는 시간이나 점심시간에 화장실에서 담배를 피운다는 제보가 많이 들어 왔다.

간이 아직은 작은놈들은 그래도 화장실에서 숨어서 피우니 차라리 귀엽고 애교스럽다고 할 것이나, 교실에서 커튼 뒤에 숨어 피우는 놈들은 간덩이가 부어도 한참 부어 그 간을 반으로 툭 잘라야 할 판이었다.

범인은 심증으로 잡으면 절대로 안 된다. 반드시 물증이 필요하다. 증인이 있으면 더욱 좋다. 점심시간에 두 놈이 붙잡혀 왔다. 교실 커튼 뒤에서 빠끔빠끔 연기를 피워대다가 교실을 순시하던 당직 선생님께 들켜 머리끄덩이 잡혀 질질 끌려온 것이었다. 어이가 없으니 웃음이 나왔다.

'요놈들 봐라. 이 일을 어떻게 처리할까?'

고민 고민하다가 학생 한 명을 불러 담배 두 갑을 사 오게 했다. 잡혀 온 아이들은 재수 없어 들켰다는 기분 나쁜 표정이었으나 구경하는 학생들은 이제 죽었구나 하고 옆에서 자기들이 잔뜩 겁먹은 표정들이었다. 그런 놈들에겐 매가 필요 없다. 피우고 싶은 담배를 마음껏 피우게 해야 한다. 담배가 도착하자 나는 너그럽게 말을 했다.

"자, 이제부터 담배를 마음껏 피워라. 그동안 숨어서 피운다고 얼마나 힘들었겠니? 그리고 한 개비가 뭐니? 실컷 피우게 해줄 테니 한입에 20개를 다 넣어서 피워. 모든 아이들이 보게 해줄게. 그래야 너희들이 담배를 아주 잘 피우는구나 하고 알 게 아니니?"

주저하는 놈들 입에 담배 20개비를 다 넣어 친절하게 불을 붙여 주었다. 그리고 운동을 곁들여 운동장을 도는 토끼뜀을 하게 하였다. 만약 한 개비라도 떨어뜨리거나 뱉어내면, 두 갑을 입에 넣겠다고 했다. 그때서야 잘못했다고 싹싹 빌었다. 나는 태연히 웃으면서

"너것들이 빌 행동을 뭘 했니? 나는 너네들이 그토록 피우고 싶어 하는 담배를 마음껏 피우게 해 주는 것이야. 숨어서 피운다고 힘들었을 테고, 그러니 이제 자유롭게 마음껏 실컷 피우라는 것인데, 뭘 망설여? 자, 담배를 여유롭게 많이 피우면서 빨리 돌아라."

아이들은 숨도 제대로 쉬지 못하고, 눈물을 줄줄 흘리며 힘겹게 담배를 피우고 있었다. 담배를 피우는 것이 아니라, 담배가 그냥 스스로 타고 있었다. 불이 꺼진 담배 개비에는 다시 불을 붙여주며 아이들을 감시하였다.

운동장에는 수많은 아이들이 와아! 소리를 지르며 구경하면서 그네들을 보고 있었다. 놈들은 돌면서 얼굴 쪽을 있는 대로 다 팔았다. 그리고 다른 학생들에게는 무언(無言)의 경계가 되기에 충

분하였다.

  매가 어디에 필요할 것인가? 매도 필요한 사람에게만 효과가 있지 아무에게나 통하지 않는다. 체벌로 인해 심심찮게 시비가 붙는 요즘 현실에 교육의 현장에서는 다른 방법을 강구하여야 한다. 체벌이 능사가 아닌 것은 분명하다.

  그 일이 있고 난 후부터 얼굴에 철판을 깔지 않은 학생들은 담배를 절대로 피우지 않았다. 학교 내에서의 흡연은 점점 줄어들었다.

  피우고 싶으면 마음껏 피우게 해야 한다. 주둥이가 볼가지도록 담배를 밀어 넣어줘야 한다. 몸소 담뱃불까지 붙여주는 친절을 베풀어 주면 더 좋다.

  피워, 맘대로 피워. 그리고 결단은 스스로 하기를…….

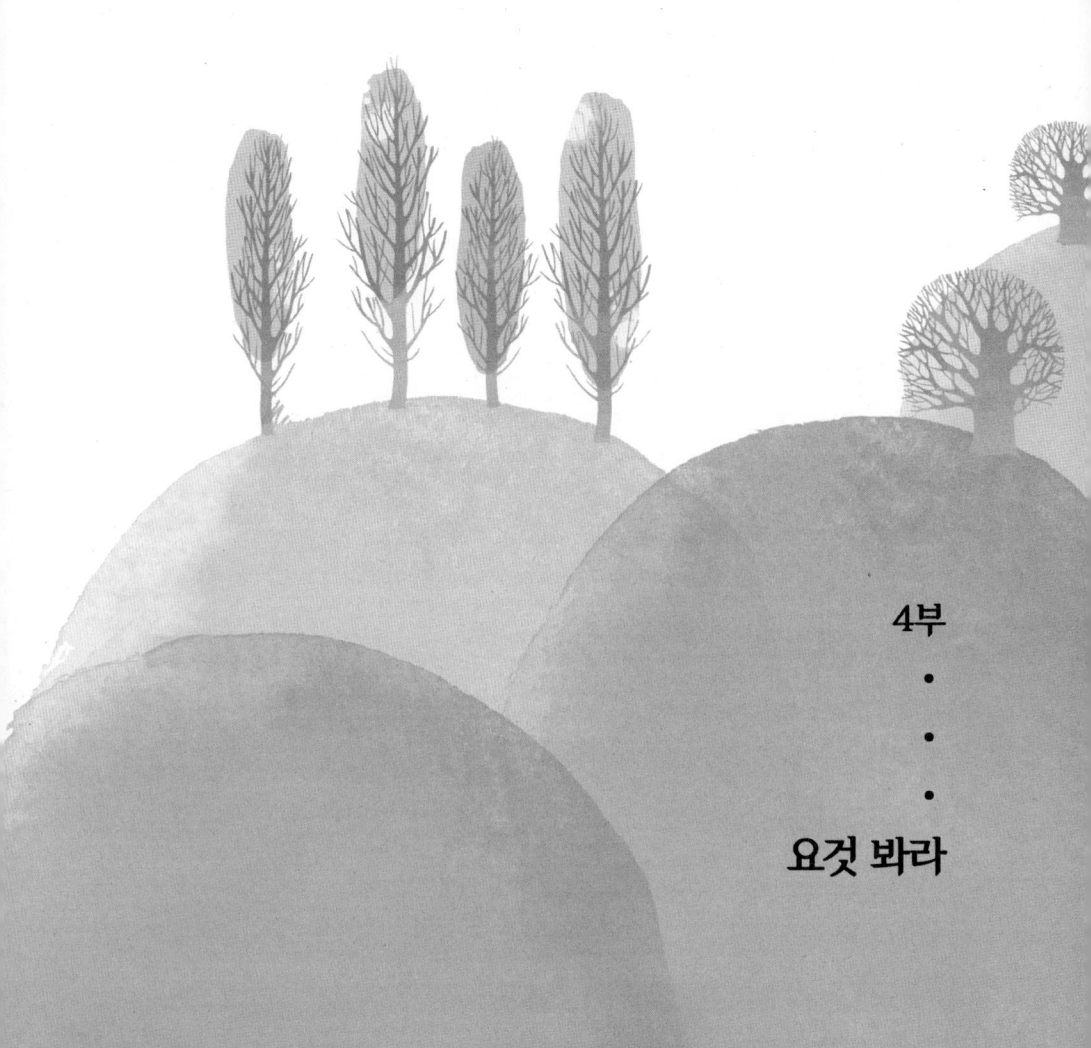

4부

· · · · ·

요것 봐라

파리약, 그 카오스의 세계

술은 인간을 가장 인간답게 만들기도 하지만 인간다움에서 가장 멀어지게도 만드는 묘한 것이다.

나는 어렸을 때부터 술과 아주 인연이 깊었다. 아마도 대여섯 살 때였던 것 같다. 아버지 뒤로 손님이 매일 끊이지 않았기에 집에는 항상 각종 과일주와 막걸리가 준비되어 있었다. 어머니는 여름이면 포도로 신비한 보랏빛이 감도는 붉은 낭만주를 만들어 놓으셨고, 평소에는 하얀 쌀 고두밥에 누룩으로 빚은 쌀막걸리를 담그셨다.

막걸리는 노란, 그야말로 갓 태어난 병아리색으로 향을 풍기면, 아무리 어린애였지만 그 먹음직한 향에 술을 거르시는 어머니께 달라고 조르기 시작했다. 어린 것이 청하면 어머니는 웃으시며 작은 종지에 한 사발 떠 주셨지만, 마파람에 게 눈 감추듯 홀짝 마셔버리고, 더 달라고 청하는 나를 뭐라고 하지는 않으시고 귀엽다고 더 담아 주셨다. 그러기를 몇 사발이 되었다.

마시고 나면 얼굴이 달아오르는 듯했지만, 취하지는 않았고 얼굴에도 발그레한 표시가 나지 않았다. 어린 것이 워낙에 술을 좋아하니 어머니는 나를 위한 특별한 술을 만들어 주시기까지 하셨다. 약초 곤 물에 막걸리를 담가서 수시는가 하면, 술지게미에 설탕을 타주셔서 겨울에도 나는 그 흔한 감기도 잘 걸리지 않았었다.

술의 힘으로 무럭무럭 건강하게 자라서 부모님을 기쁘게 해드렸다. 손님이 오셔서 마시다가 남기고 간 술은 모두 내 차지가 되었다. 소주나 맥주, 그리고 양주, 막걸리를 가리지 않고 죄다 마셨으니, 갈수록 느는 것은 주력(酒力)이었다. 그러는 나를 보고 오빠들도 혀를 내둘렀다. 조그마한 것이 겁도 없이 저리 술을 마셔도 취하기를 하나, 술주정을 하나, 아무리 마셔도 멀쩡하니 명물이 나왔다고 입방아를 찧어댔지만, 그것은 순전히 오빠들이 나보다 잘 마시지 못하기 때문이었거나, 아니면 부러움 때문이었을 것이다. 그렇게 세월이 흘렀다.

국민학교 2학년 어느 날이었다. 방학이 되어서 시골 할머니 댁에 갔었는데, 할아버지, 할머니께서 어디를 가셨는지 두 분 다 계시지 않았다. 나는 목이 무척 말라서 물을 마셨으나 별로 시원하지가 않았다. 내 경험으로 봐서 목이 마를 때는 시원한 막걸리가 최고였다. 시원한 막걸리를 한 사발 쭉 들이키면 갈증이 그냥 사라졌기 때문이었다.

　할머니, 할아버지도 애주가셨다. 할머니 댁에도 항상 술이 있었지만, 그날따라 막걸리가 보이지 않았다. 찬장을 열어보았더니 소주병이 여러 개 있었다. 나는 새것은 그대로 두고 그중에 먹다 남은 것인지 반병이 있어서 그것을 꺼내어 그대로 병나발로 단숨에 들이켰다.

　그러나 맛이 조금 다른 느낌이 났다. 소주 맛은 아니었지만 김빠진 술이라 생각하고 아까워서 한 방울도 남김없이 다 마시고는 나도 모르게 마루에 그대로 뻗어버렸다. 술병을 쥔 채 그대로 쓰러져 누웠는데, 이것은 취하는 것도 아니고 마냥 정신이 몽롱해지면서 아주 이상해졌다.

　시골이라 여름철이 되면 파리가 극성을 부렸다. 마루고 기둥이고 천장이고 보이는 것은 새까만 파리 떼들, 그 파리 떼들이 간혹 접시에 빠져서 허우적거리고 있는 것이 보였다. 쌀밥에 물을 넣어서 으깨었는지 접시 주변에는 파리가 모여들어 열심히 손을 비벼대며 밥을 먹고 있었다.

　팔을 움직이려고 해도 말을 듣지 않았다. 다리는 더욱 움직일 수 없었고, 정신은 몽롱했지만, 의식은 깨어 있어 내가 왜 이러는지 의문스러웠다. 보통 때는 아무리 술을 마시더라도 그러지를 않았는데, 할머니 몰래 술을 마셔서 벌을 받아서 그런가 싶었다. 아무튼, 술병을 쥐고 누워서 몸에 붙는 파리를 힘이 없어 쫓지 못한 채 두고, 그대로 누워 있었다. 파리가 무척 귀찮았지만 움직일 수 없으니, 그냥 물끄러미 바라만 보고 빨리 누군가가 오기만을 기다렸다.

시간이 얼마나 흘렀을까? 할머니의 놀라는 소리에 귀가 번쩍했다. 그렇지만 나는 여전히 몸을 움직일 수 없었다. 할머니는 술병을 쥔 채 쓰러져 있는 나를 보신 것 같았다.

"야야, 야야, 너 뭐 묵었노? 이거 마신나? 이걸 우짜노……. 이건 술이 아니고 파리약인데 야가 이걸 마신나 보네?"

할머니는 쓰러져 있는 내 옆에서 말씀을 하셨지만, 내 입은 옴짝달싹도 하지 않았다. 귀에 들리는 말로는 내가 마신 것은 소주가 아니라 저 더러운 파리를 없애는 파리약이라 하신 것 같았다.

'아아, 이럴 수가!'

나는 절망에 빠져버렸다. 내가 마신 것이 소주가 아니라 더러운 파리약이었다니……. 할머니는 놀라셔서 물을 떠 와 나를 일으켜 붙잡고 물을 마시게 하셨다. 벌컥벌컥 얼마나 많은 물을 마셨을까? 한참 만에 정신이 조금 들어서 몸을 움직이니, 완전하지 않았지만 손가락을 움직일 수 있었다. 물을 좀 더 마시고 그대로 마루에 누워서 한참을 더 있었다.

까맣게 죽었는지 죽으려고 그러는지 모르겠지만 파리들은 여기저기 쓰러져 있었고, 한 놈은 뱅그르르 요동을 치면서 괴로워하고 있었다. 접시에는 연방 쌀밥에 파리들이 날아와 붙고 있었다. 접시에 있는 쌀밥과 물은 그냥 밥과 물이 아니라 바로 파리를 죽이는 파리약이었던 것이다. 저것을 한 방울도 아니고 내가 반병을 들이켰던 것이다.

  몸집이 작은 파리는 국물만 찍어 먹고도 혼을 잃고 힘을 잃어 죽어 가는데, 그래도 나는 몸집이 큰 인간이 아닌가? 반병을 마시고도 죽지는 않고 정신만 몽롱해지며 몸을 움직일 수 없는 마비가 오는 것을 그때 알았다.

  계속 물을 마셔 해독을 하니, 시간이 지나자 제정신으로 돌아오고 몸도 마음대로 움직일 수 있게 되었다. 파리약 넣은 접시 가까이 다가가 그들을 자세히 관찰하니 파리들은 완전히 죽은 것이 아니었다. 날개를 연신 빠르게 움직였는데, 그 속도가 빨라서 언뜻 보면 정지 상태로 보였다. 그러나 시간이 지나자 날개의 움직임이 둔화되면서 죽은 듯이 보였던 것이다. 그걸 잡았더니 파리가 약간 파닥거렸다.

  파리는 파리약을 먹고 바로 죽는 것이 아니라 정신을 놓아 몸을 못 움직이는 것이다. 사람들은 그런 파리들을 빗자루로 쓸어 모아 아궁이에 넣어서 화형(火刑)을 시키는 것이다. 수도(修道)가 안 된 곤충이라 사리는 나올 수가 없는 것이다. 혼돈의 세계에 빠지면 올바른 판단이 설 수가 없고, 몸도 마음대로 움직일 수 없으니, 낭패도 그런 낭패가 없으리라.

  나는 그 일 후로 술을 대체로 멀리했다. 할머니 댁의 개봉되어 있는 술병은 반드시 뚜껑을 열어서 반드시 그 냄새를 확인하고 마셨다. 그 이유는 두고두고 후회할 일을 만들지 않기 위해서였다. 요즘은 파리약이 끈끈이로 바뀌어 파리의 정신은 온전한 그 상태로 두고, 몸을 접착물인 끈끈이에 붙게 만들어 버리지만, 예전의 내가 마셨던 그 파리약은 몸과 정신을 괴롭혔던 혼돈 속의 사생결단이었던 것이다. 끈끈이 파리약보다 철학적인 약이었다고 할까?

  파리는 아마도 그때가 그리울 것이다.

고양이의 가출

나른한 봄날이었다. 마루턱에서 비스듬히 누워서 졸고 있는 고양이를 본 적이 있는가? 잠에는 깨어났지만, 눈을 뜨지 않고 앞발로 침을 묻혀 열심히 세수하는 고양이, 그 모습을 보면 봄이 정말 나른한 것 같다. 게으르고 잠꾸러기 같은 고양이를 나는 어릴 때에 무척이나 좋아했다.

1970년대, 식량 증산 운동으로 집집마다 곳간에 나락이 쌓이자 살판났던 것은 쥐들이었다. 자고 나면 나락 알맹이를 쏙 까먹고 껍데기인 왕겨들만 곳간 여기저기에 흩어져 쌓임으로, 국가적 차원에서 대대적인 쥐잡기 운동을 펼쳤는데, 고양이는 그 시절에 인기가 많았던 애완동물이었다.

고양이는 당연히 쥐잡기 선수로 맹활약을 했었고, 그 때문에 고양이는 특급대우를 받으면서 개를 깔보았던 것이다. 그 당시 고양이는 가격도 비쌌거니와 흔하게 구할 수 있는 것이 아니어서, 어느 집에 고양이가 있으면 새끼를 낳을 때 얻고자 미리 예약해 두고 기다리던 사람들이 많았다.

우리 집에도 어찌어찌해서 고양이 한 마리가 선물로 들어왔는데, 그 새끼고양이가 여간 귀여운 게 아니었다. 하얀 몸바탕에 노란 줄무늬 고양이, 이름하여 '나비'가 되었다. 나비처럼 귀엽고 앙증맞은 그 고양이는 내 관심과 사랑을 독차지했다.

나는 밥을 먹을 때도 새끼고양이를 안고 먹었고, 잠을 잘 때도 배 위에 얹어놓고 잤다. 그놈은 그 예쁜 몸짓으로 애교를 잘 떨었다. 특히 꼬리에 방울을 달아놓으면 그것을 잡으려고 뱅글뱅글 도는데, 심심할 때에는 서커스보다 더 재미있는 구경거리가 되곤 했었다. 그런데 그놈이 자라자 모습이 좀 징그러워지기 시작했다. 간혹 쥐를 잡아 와서 자랑한다고 쥐를 앞발로 어르기를 했는데, 도리어 그 모습이 역겨워서 나는 고양이를 구박하였다.

그놈은 내가 오면 애교를 떤다고 나에게 다가와 제 몸을 비벼댔는데, 그러면 나는 발로 차서 저리 가라고 했다. 서서히 그놈과 나 사이에 틈이 벌어졌다. 그놈도 내가 저를 싫어하는 것을 알았는지, 어떤 때는 쥐를 잡아 몸통은 다 먹고 머리만 물고 와서 내 앞에 패대기를 쳐놓고 도망가기 일쑤였다. 그러면 나는 신발을 들쳐 쥐고 그놈을 다그치면서 때려주었다. 고양이의 눈을 본 적이 있는가? 섬뜩하리만치 그 날카로운 눈빛으로 나를 흘겨보며 니~

아~옹 하며 사라졌다.

'검은 고양이 네로' 이야기가 한창 유행했던 시절이었다. 저를 죽여 벽장 속에 가뒀던 주인에게 무시무시하게 복수했던 검은 고양이 네로, 나에게 눈을 흘기며 사라지는 고양이를 볼 때마다 그 이야기가 떠올랐지만, 곧잘 잊어버렸다. 잠을 자면 드르릉드르릉 코를 고는 것도 싫었고, 무엇보다도 안으면 할퀴어서 손등이고 팔에 그놈에게 할퀸 자국으로 흉이 많았던 것이다. 그런 이유로 고양이가 자꾸 미워졌다.

어느 날 그 고양이와 내가 담판을 지은 일이 일어났다. 학교에서 돌아오니 집에는 아무도 없었다. 마당이 넓어서 대문에서 마루까지 오려면 한참을 걸었다. 가방을 둘러메고 마당을 가로질러 오는데 나비가 걸어 나왔다. 그 모습이 빈집에서 그것도 넓은 마당 한가운데서 맞닥뜨리자, 갑자기 섬뜩한 전율이 스며들었다.

눈빛이, 그 눈빛이 태양을 받아서 그런지 더 빛이 났고 날카로운, 그래서 인정이라곤 손톱만치도 없어 보이는 매서운 눈빛이었다. 그놈은 가던 길을 가지 않고 비스듬히 서서 나를 쩨려보았다. 순간 미묘한 감정이 흘렀다. 나는 갑자기 그놈과 겨뤄보고 싶었다. 저 눈을, 저 매서운 눈을 피하면 내가 저놈에게 질 것 같아 나도 같이 쩨려보았다. 하지만 그놈은 피하지 않았다. 도리어 더욱 빛나는 그놈의 눈, 어린 마음에 가슴이 콩닥거리고 무서워서 어쩔 줄 몰랐지만 나는 인간이다.

'저놈이 무서워 봤자 인간에게 예속당하는 짐승이 아닌가?'

이런 마음이 들자 용기가 생겼다.

'그래 일단은 가방을 놓고 편한 자세로 겨루자.'

나는 이런 생각으로 마당을 지나 마루까지 걸어왔다. 그러나 그놈은 내가 마루까지 도착할 때까지 가지도 않고 방향을 틀면서 나를 계속 째려보았다.

'오냐, 조금만 더 기다려라. 오늘 너 나한테 죽었다.'

하고 나는 마루에 앉았다. 먼저 심호흡을 했다. 기(氣) 싸움이었다. 저놈을 반드시 이겨야 한다는 의무감이 생겼다. 만약 눈싸움에서 지면 평생을 후회하며 저놈에게 끌려다닐 것 같은 느낌이 들었다. 그래서 마음의 각오를 단단히 하고 째려보기를 시작했다.

'내 눈꺼풀이 내려가면 내가 지는 것이고, 저놈이 방향을 틀든가 가 버리면 저놈이 지는 것이다.'

라는 묵약을 나 스스로 정하고 겨루기에 들어갔다.

1분이 지났을까? 서서히 눈이 아파왔다. 2분이 지나가는가? 눈꺼풀이 깜빡거리려 하였다. 나는 눈을 다시 치켜뜨고 똑바로 그놈을 째려보았다. 그놈은 꼼짝도 하지 않았다. 정말로 몰인정한 놈이었다.

누가 고양이를 앙큼하다 하였을까? 참으로 고양이의 본성을 잘 설명한 것 같다. 고양이란 놈은 몸 어느 구석 하나에도 순수한 착함이 보이지 않는 놈이다. 소나 개를 보면 얼마나 정감이 있는 눈을 가졌는가? 그 눈을 보고 있으면 어루만져주고 싶어진다. 5분이 지나고 10분이 흘렀을까? 이젠 내가 죽을 맞이었다. 눈이 충혈

되어서 아프도록 힘이 들었다. 나는 마음속으로 극진히 빌었다.

'제발 가라 이놈아, 제발 돌아서거라.'

나중에는 오기마저 들었다.

'그래 내가 죽기 아니면 까무러치기다. 이미 주사위는 던져진 것, 어디 끝까지 함 해 보자.'

하지만 내 마음속에서는 하느님이 나오셨고 부처님도 나오셨다.

15분쯤 흐르자 그놈도 한계가 왔는지 몸을 풀었다. 눈을 돌리더니 다시 유심히 한 번 째려보고는 그길로 방향을 틀어서 대문 밖으로 나가버렸다.

"야호! 아! 내가 승리다. 내가 이겼다."

나는 좋아서 혼자 쾌재를 부르며 물을 마셨다. 다시는 저놈이 나에게 덤비지 못할 것이라는 자신감이 생겼다. 그리고 저녁이 되어 밥때가 되었는데도 그놈은 나타나지 않았다.

"나비야, 나비야,"

어머니가 부르시고 할머니가 찾으셨지만, 그놈은 흔적이 없었다. 평소 같으면 생선 냄새를 맡고 부리나케 먼저 마루에 앉아 있는 놈인데 이상하였다. 밤이 지나고 아침이 왔지만, 그놈은 끝내 보이지 않았다. 식구들은 나비가 혹시 쥐약 먹은 쥐를 먹어서 탈이 났는지 싶어서, 집 안을 구석구석 찾아보았지만 보이지 않았다.

'흥, 그놈이 가출을 한 것이리라. 주인 소녀에게 눈싸움에 져서 자존심이 상해 집을 나간 것이리라.'

나는 이런 생각이 들었다. 나비는 영원히 돌아오지 않을 거라

작정을 하고 나갔는지 끝내 나타나지 않았다. 아까운 고양이, 귀한 고양이를 잃었다고 할머니는 애를 태웠지만 나는 속이 시원했다. 나와 눈싸움에 져서 집을 나갔다는 말을 하지 않았다. 그토록 고양이를 좋아하던 내가 오히려 무덤덤하여 보이자 가족들은 이상하게 생각했지만, 나는 끝내 모르는 척해 버렸다.

인간인 내가 인간도 아닌 짐승하고 눈싸움을 해서 눈싸움에 진 고양이가 자존심이 상해서 집을 나갔다는 말을 어찌하겠는가? 눈으로 상대방을 제압하는 기(氣)싸움, 그 싸움으로 인해 나는 사람을 볼 때도 눈을 보는 습관이 생겼다. 악의를 품었는가? 선한 감정인가? 그 눈 속에 다 나타났다.

'눈은 마음의 거울' 섬뜩한 악의를 품었던 고양이는 나에게 그 속을 들키고 눈싸움에 져서 그렇게 집을 나갔던 것이다. 나는 그렇게 믿었다. 고양이를 그 후부터 좋아하지 않았고 가까이 하지도 않았다. 가출한 우리 집고양이, 나비는 그 후 참선으로 해탈을 했을까?

비행(飛行) 소녀

바람을 타고 하늘을 날아오르면 어떻게 될까? 넓은 들판을 가로 달려서 아름다운 꽃들이 피어 있는 초원으로 가게 될까? 아니면 더 높이 날아올라 구름 위에 앉아서 세상을 구경하게 될까? 바람이 불면 낙엽들은 저마다 꿈을 안고 바람을 탄다.

초등학교 시절의 하굣길은 언제나 부산했다. 학교 앞 문방구나 잡화점 앞의 좌판대에는 너저분하게 펼쳐진 물건들이 많았다. 아이들의 눈길을 끌기 좋을 만한 잡다한 물건들로 언제나 시끌벅적하였다.

'월남 방망이'라 불리던 막대사탕이 있었고, 보글보글 맛있게 끓고 있는 어묵과 가래떡 꼬치도 있었다. 그리고 온종일 씹어도 입 안에서 계속 쫀득거리는, 씹으면 이가 아픈 일명 '바가지 과자'

인 쫀득이도 있었다.

이름이 '똥 과자'지 맛은 기가 찬 누른 똥 과자 등등 발길을 떼기 힘들 만큼 그것들이 눈을 잡아끌어 당겼지만, 나는 달콤한 유혹을 당당히 물리치고 집으로 발길을 돌렸다. 집에 가면 엄마가 맛있는 간식을 만들어 놓고 기다리시기 때문이다. 그리고 집에는 또 내가 좋아하는 건빵이 항상 대기 중이었다.

건빵을 실에 총총 매달아 떼어먹거나, 물에 불려 먹으면 색다른 재미가 있기에 나는 언제나 수업을 마치면 곧장 집으로 돌아왔다. 친구들은 학교 앞에 쪼그리고 앉아서 족자 과자 만들어 먹기에 여념이 없어서 그 날은 나 혼자 걸어왔다. 학교를 내려오면 시장이 있고, 시장 옆길로 나오면 큰 교회가 길가에 있었는데, 그 교회를 지나오면 다리가 하나 있었다.

그 다리를 다들 귀신다리라 불렀는데, 괜스레 그 다리만 지나면 등골이 오싹해졌다. 그렇지만 집으로 빨리 가기 위해 대로를 가지 않고 지름길인 귀신다리를 지나 들판 오솔길을 택했다. 들판 길이 정겨워서도 그렇지만, 일부러 담도 키우고 걸어오면서 피비도 뽑을 겸 들판 길을 걸어왔다.

향긋한 풀들의 향으로 정신이 맑아지는데 갑자기 회오리바람이 한순간 일어났다. 귀신다리를 벗어난 지 얼마 되지도 않았는데 무서움은 곱으로 다가왔다. 들판에는 사람들도 없었고 오솔길로 오가는 아이들도 없었다. 무서워서 미칠 지경이었다.

회오리바람은 논의 먼지를 담았는지 가운데가 뿌옇게 되어서 그대로 하늘로 휘감아 올라갔다. 그 모습이 꼭 알라딘의 요술 램프 속의 진이처럼 꼬리를 매단 채 위로 올라갔다. 바람은 그것으로 끝나지 않고 재차 불어왔다. 순간 나는 몸을 피하려고 했으나 순식간에 바람은 나를 낚아채어서 그대로 하늘로 올랐다. 어지럽고 무서워서 소리를 지르려 했으나 입은 얼어붙어 열 수가 없었다.

'이대로 영영 하늘 속으로 가버리려는가? 엄마가 기다리실 텐데…….'

짧은 시간 동안 긴 생각들로 마음이 바빠졌다.

-휙-

-휘이익-

바람을 탄 소녀는 그대로 날아올랐다. 10m쯤 갔을까? 채 생각의 끈을 풀기도 전에 그대로 논바닥으로 꼬부라져 쓰러졌다. 얼굴과 무릎에 약간의 타박상을 입었지만, 바람을 타고 하늘을 날다가 다시 땅으로 돌아온 것이다. 참으로 다행한 일이었다.

하늘에서 떨어졌어도 살아 숨이 붙어 있었다. 또다시 바람을 타면 이젠 살아날 것 같지 않아, 풀 포기를 꽉 잡고 엎드려 바람이 지나가기를 기다렸다. 입은 땅에 부딪쳐 흙을 먹었고, 몸은 먼지로 뒤덮여 꼴이 말이 아니었다. 한참을 그대로 있으니 바람도 묘기를 다 부렸는지 이내 잠잠해졌다. 겁먹은 얼굴로 터벅터벅 걸으면서 집으로 향했다.

'학교 앞에서 놀다가 친구들이랑 같이 올걸.'

하는 후회가 들었다. 여기저기 까인 피부는 따가워서 바람의 위력을 생생하게 남겨주었다. 바람을 타다. 그 이후로 나는 비행(飛行)을 하지 않기 위해 몸무게를 늘여야 했다. 물에 불린 건빵을 열심히 먹었고, 튼튼하게 몸도 단련시켰다. 약간의 바람만 불어도 재빠른 포복 자세를 취해서 바람을 물리쳤다.

  태어나 처음으로 바람을 탄 나는, 그 이후로 두 번 다시 바람을 탈 수 없는 몸이 되었다. 뿌리 깊은 나무와 같은 튼실한 다리를 가졌고, 생각은 바람을 앞질러 바람을 물리칠 수가 있게 되었으니 말이다. 세상에 나처럼 바람을 타 본 사람이 또 있을까? 총알을 탄 사나이는 영화 속에서 봤는데 말이다.

요것 봐라

나는 사람이다. 칠면조는 짐승이다. 그런데 이 칠면조가 인간 사람의 권위에 도전장을 내밀었다. 아주 고얀 칠면조다. 햇살이 따가우니 등에 땀이 흘러내렸다. 한두 방울이 아니었다. 주르르 밀리는 것으로 보아서 땀방울들이 집단으로 데모를 하는 것 같았다.

'엄마가 계실까?'

대문이 보이자 엄마의 존재유무 확인부터 하기 시작했다.

'요놈의 칠면조,'

햐! 칠면조를 보면 미칠 지경이었다. 이놈의 칠면조는 변덕이 죽 끓는 듯이 끓었다. 오늘 아침만 해도 그랬다. 닭장에서 수탉과 사네 못 사네 피를 튕기는 싸움질을 해대었다. 그런데 음악을 틀었더니 언제 그랬냐는 듯 볏이 푸르게 바뀌면서 날개를 뒤로 착

펼치더니 탱고를 춰댔었다.

　칠면조의 성질은 참으로 복잡 미묘하다. 벌겋게 볏이 바뀌면 피를 보고야 마는데, 그 벌건 볏이 푸르게 변해갈 때는 꼭 수양을 하는 스님 같다. 표정도 오묘하여 단전호흡을 하는 사람처럼 가만히 있다. 볏이 푸르게 바뀌면 그때는 옆에 가도 괜찮다. 그러다 기분이 좋으면 두 날개를 뒤로 젖혀서 탁탁 탁탁탁 춤도 열심히 춘다. 지금 들어가면 틀림없이 닭장 문은 열렸을 테고, 칠면조는 예의 그 우아한 걸음으로 넓은 마당을 거닐고 있을 것이다. 그러나 대문이 굳게 닫혀 있었다. 엄마가 외출하신 것 같다. 난감하였다.
　'들어갈까? 말까?'
　'아이고, 이런 세상에……. 사람이 짐승의 눈치를 봐야 하다니…….'
　이런 생각이 들자 열이 살살 올라왔다.
　대문을 빼꼼 열어 마당 안을 살펴보니 칠면조가 안 보였다.
　"휴, 다행이다."
　하고 안심을 하고 들어가는데 어디에서 날아왔는지 후다닥! 칠면조가 나를 기습으로 습격하는 것이었다. 가슴에 있던 간이 올라붙었는지 아니면 떨어졌는지 온몸에 식은땀이 났다. 튀어야 했다. 급한 김에 대문을 박차고 골목으로 냅다 달렸다. 만물의 영장인 인간이 조류와 달리기 시합이 시작되었다.
　"젠장, 된장, 고추장, 막장, 쌈장……. 헉헉헉……."
　나는 뛰면서도 욕이 절로 튀어나왔다. 무거운 책가방을 들고 뛰었으니 잘 달릴 수가 없었다. 쫓기는 꿈을 꿨을 때와 똑같았다. 다리가 후들후들 떨렸다.

"아이고, 작대기라도 들고 뛸걸."

저놈의 칠면조는 임자를 만났는지 포기할 생각을 하지 않았다. 다리가 두 개인 것은 저나 나나 같은 입장인데, 그놈이 나보다 더 빨랐다. 드디어 거리는 좁혀져 놈이 나에게 덤벼들었다.

"아아악!"

나의 비명에 햇살이 놀라서 갑자기 번쩍거렸다. 그놈은 나에게 달려들고는 멈췄다. 동시에 나도 비명을 멈췄다. 그놈의 눈을 봤다. 아, 그놈은 승리의 기분에 취했고 놈의 날개는 햇살에 번쩍거리고 있었다. 가방 안에서 책을 뺐다. 그러자 그놈의 의심스러운 눈빛이 이는가 싶었다. 이때다 싶어 나는 책가방으로 그놈을 후려쳤다. 놈은 푸드덕거리며 뒷걸음질을 쳤다.

"나에게 무기가 있으니 덤빌 테면 덤벼 봐!"

냅다 칠면조에게 이렇게 고함을 지르고 책가방으로 계속 반격을 해댔다. 하지만 마음은 슬픈 감정으로 치달았다. 인간의 존엄성이 한낱 짐승인 칠면조 앞에서 무너졌으니 이 얼마나 억울한가 말이다. 지금 내 손에 마당 빗자루라도 있으면 이렇게 슬프지는 않을 것이다.

"엄마, 엄마, 빨리 와 줘."

허공에 대고 이렇게 소리를 쳤다. 공격을 한 번 했던 칠면조는 잠시 휴전을 했다. 볏이 파랗게 변해오는 것을 보니 이젠 달려들지 않을 것이다. 그렇기 때문에 그 시간 안에 저놈을 빨리 집 안으로 데리고 가서 족쳐야 한다. 시간을 놓치면 볏이 또 붉게 변해서 언제 재공격을 해 올지 모르니 말이다. 놈을 가까스로 집 안으로 유인을 해서 마당 빗자루를 찾아들었다. 이제 나도 무서울 게 없었다.

"야, 덤벼 봐!"

"덤벼 봐 봐!"

내가 아무리 땡고함을 질러도 칠면조는 멀뚱멀뚱 눈만 멀뚱거리고 있었다.

"흥, 요것 봐라."

임신

아기가 열리는 나무가 있는 줄 알았다. 아기를 다리 밑에서 주워 오는 줄만 알았다.

어렸을 때 누구나 한 번쯤은 아기가 만들어지는 과정에 대해서 의문이 들었을 것이다. 남녀가 만나 고귀한 사랑의 결과로 입덧을 하여 배가 불러오는 그런 절차는 나중에 더 크면 알게 되겠지만 말이다.

어처구니없는 임신에 대한 우스운 추억 때문에 시간이 멈췄다. 우리가 어렸을 때만 해도 회충이 참 많았다. 그래서 나라에서 해마다 학교를 통해서 봄과 가을에 두 번 회충약을 주었다. 채변 검사를 하고 나면 어김없이 배부되던 약이었다. 누구나 그 약을 피해갈 수 없어서 우리는 그 약을 매년 몇십 알씩 먹었었다. 한 번

먹을 때마다 열두 알 정도를 줬었는데, 그 약을 한꺼번에 입에 톡 털어서 먹지 못했다. 한 알을 먹고 물을 마시고 그러기를 열두 번, 밥을 먹어서 배가 불렀던 것이 아니라, 약을 먹는다고 마신 물 때문에 배가 불렀었다.

문제는 회충약을 먹은 이후부터였다. 약을 먹은 다음 날은 화장실 가기가 참으로 무서웠기 때문이다. 아마도 내가 예닐곱 살 때였던 것 같다. 골목길을 지나가는데 어떤 엄마가 골목에서 자기 아이 항문에 쇠젓가락을 넣어서 무엇을 빼내고 있는 것이 보였다. 무엇을 하나 궁금해서 가까이 다가가 살펴보았는데 아이 항문에서 허옇고 통통한 가락국수 같은 것이 쑥쑥 빠져나왔다. 그 수가 족히 열 마리는 넘었던 것 같다. 그것들이 죽지 않고 꾸물꾸물 땅에 기어 다니는 것을 보고 소름이 끼치고 무서워서 도망친 일이 있었다.

'저 긴 벌레가 아이 배에서 자라나 항문으로 나오다니…….'

어렸을 때 보았던 그 장면이 떠올라 화장실 가기가 더 무서웠다. 일이 그렇게 되는 약을 어제 먹었으니, 오늘은 반드시 회충이 나올 것이 뻔했다. 두려운 심정이 된 아이들은 집에서는 볼 일을 못 보고 참았다가 학교로 왔다. 반 아이들은 팀을 만들어 화장실 뒤편 공터에서 엉덩이를 까고 볼 일을 단체로 보았다.

두려움을 혼자 감당하지 못해서 공동으로 느끼려고 대여섯 명이 모여앉아 사이좋게 똥을 누었던 것이다. 엉덩이에 힘을 줌과 동시에 항문을 비집고 나오는 황금 똥 덩어리 속에 따라 나오는,

그 두려운 물체는 길어서 한 번에 쏙 빠지지 않는다. 있는 힘을 다해서 호흡을 조절하며 빼내어야 했다.

친구 여럿에게서 나오는 그것은 가히 가공할 만한 징그러움을 보여주고 있었다. 꼼지락꼼지락, 꾸물꾸물, 모두들 엉덩이를 들고 낑낑거렸다. 혹시나 회충이 신발 근처까지 기어올까 봐 볼일을 보면서도 안절부절못하였다. 겨우 볼 일을 마친 아이들은 안도의 숨을 내쉬며 서로를 위로하였다. 그러고는 서로에게 물었다.

"너는 몇 마리 나왔어?"

친구들과 비교해서 한 마리라도 숫자가 적으면 휴 하며 다행한 마음이 되었는지 안도의 숨을 쉬며 교실로 돌아왔다.

어느 날 아침이었다. 교실에는 회충 이야기로 온통 하얀 징그러움으로 가득 찼다. 결석했던 급우는 회충약을 먹지 못해 대화의 벽을 느끼기도 했었다. 그중에는 일부러 약을 먹지 않기 위해서 결석했던 아이도 있었다.

내가 전학을 온 지 얼마 지나지 않았을 때 일이었다. 도시에서 시골로 전학을 왔다는 것만으로도 급우들은 나를 많이 따랐었다. 그리고 친구들 중에서 입김이 센 아이로 인정을 받게 되어 자연스럽게 두목 아닌 두목이 되었다. 키와 덩치가 컸었기에 가만히 있어도 남학생들이 내 눈치를 보기에 바빴다.

그러던 어느 날 드디어 사건이 발생했다. 나랑 이름이 같았던 친구가 점심때 집에 가서 점심을 먹고 왔는데 배가 볼록하게 불러 있었다. 그 모습을 보고 친구 몇이 모여서 입을 모아 그 친구에게 말을 했다.

"야, 조OO, 너 임신했지?"

-……?-

그 애는 아무 말 없이 멀뚱멀뚱하더니 이내 울상을 지으며 자기 배를 쳐다보았다. 그 애는 자기의 배부른 모습을 꼭 처음 보는 것처럼 움찔했다. 우리는 그 모습이 우스워서 더욱 장난스럽게 웃으며 그 애를 향하여 놀리는 노래를 불렀다.

"조OO는요, 아이 뱄데요. 아이 배어서 배가 부르대요. 깔깔깔, 낄낄낄."

우리의 놀림에 그 애는 오후 수업을 빼먹고 집으로 냅다 가 버렸다. 다음날이 되었는데도 그 아이는 학교에 나오지 않았다. 그 다음날도 오지 않았다. 그다음 날도 역시 나오지 않았다.

내리 삼일을 결석하고 사흘 째 되던 날, 그 애 아버지가 학교로 찾아오셨다. 담임을 만나기도 전에 고래고래 고함을 지르면서 수업 준비를 하던 우리들을 찾았다. 우리 대여섯 명은 영문도 모르고 불려 나가서 오금을 제대로 펴지도 못하고 기가 죽은 채 그 애 아버지 앞으로 갔다.

조금 후에 담임이 오셨다. 담임은 나의 삼촌이었다.

무슨 일인지 모르고 불려 나와 잔뜩 마음 졸이고 있는 우리에게 담임은 싱긋 웃으면서 다가오셨다. 그런 담임을 본 그 애 아버지는 담임에게 보란 듯이 우리에게 있는 대로 목의 핏대를 올리시며, 우리를 다그치셨다.

"너것들이 우리 애한테 뭐라고 캤나? 뭐어? 애를 뱄다고 캤나? 선상님요, 시상에…… 우찌 이런 일이 있습니꺼? 우리 애가 애를 배다니요?"

친구 아버지는 자세한 설명도 없이 다짜고짜 본론부터 말씀하셨다.

"아, 아버님요, 자세히 말씀을 좀 해 보이소. 다짜고짜 그렇게 말씀하시면 무슨 말씀인지 통 알 수가 있습니꺼?"

우리들은 마음을 계속 졸이며 콩닥거리는 심정으로 두 분의 대화를 듣고 있었다. 아직도 분이 안 풀리시는지 그 애 아버지는 씩씩거리시며 침을 튕기며 말을 이으셨다. 딸애가 하루는 학교 갔다 오더니 밥도 안 먹고 방에 들어가 울고 있어서, 따져 물은 즉, 아를 배어서 네 배가 부르다고 우리들이 놀려대니, 창피해서 학교를 갈 수 없다고 했단다.

친구 아버지는 어찌 어린 애가 아를 밸 수 있나 싶어서 달랬지만, 애가 말을 듣지 않아서, 결국 진단을 받으러 딸을 데리고 시내 병원으로 방금 다녀왔다고 하셨다. 가서 받은 진단 결과는 임신은 절대로 아니다. 단지 배가 부른 것은 회충이 너무 많아서 그것들이 똘똘 뭉쳐서 배가 불러온 것이니, 빨리 회충약을 먹여서 회충을 제거하라고 의사 선생님이 말씀을 하셨다고 하셨다. 안 그러면 계속 배가 불러온다고 해서 조금 전에 회충약을 먹였다고 담임께 미주알고주알 말씀을 드리고 있었다.

"까르르, 하하하 깔깔깔, 낄낄낄……."

우리는 교실의 아이들과 일시에 웃음을 터뜨렸다.

야단을 맞으러 나온 놈 우리들이나, 자리에 앉아 있는 아이들 모두가 그 말을 듣고 책상을 치며 웃는다고 교실은 난리법석이었다. 담임도 배시시 웃었다. 단 한 사람 웃지 않은 사람은 오직 그 애 아버지뿐이었다.

그 애 아버지의 의도는 자기 아이 배가 부른 것은 임신 때문이 아니다 라는 것을 알리고, 우리들을 야단치기 위해서 왔는데, 모든 학생들이 깔깔대며 웃느라고 난리였으니, 겸연쩍은지 우리에게 자기 딸애한테 가서 사과하라고 하고는 총총걸음으로 그냥 교실 밖으로 나가셨다. 덕분에 우리는 담임에게 머리에 꿀밤 몇 대씩 콩콩 얻어맞았다. 꿀밤을 맞아서 아픈 것 보다 그 애가 임신이 아니었다는 사실에 우리는 더 놀랐다.

'배가 그렇게 부른데도 임신이 아니라니…….'

우리는 우리 예상에 빗나간 그 사실에 할 말을 잃어버리고 서로 얼굴만 멀뚱멀뚱 쳐다보았다. 그리고 그 아이 뱃속에 아기 대신 그 징그러운 회충이 가득 들어 있다는 사실이 믿기지 않았다.

회충약을 먹을 때마다 그 애는 학교에 결석해서 약을 먹지 않았었다. 그럼 그동안 회충이 자라서 그것들이 불어나서 그렇게 늘어나 뱃속 가득히 들어 있었다는 것인가? 그 애가 임신 아닌 것도 놀라운 사실인데, 그 애 뱃속에 징그러운 회충이 가득했다고 하니 그것은 충격이었다. 그 아이랑 같이 놀아야 하나 말아야 하나? 우리들은 이 문제를 두고 심각하게 고민을 했다. 머릿속은 이런 생각으로 한참 복잡했는데 담임의 일갈로 우린 정신이 번쩍 들었다.

"빨리 가서 OO에게 사과하고 그 애 데리고 왓!"

우리는 풀이 죽어서 교실에서 나와 단숨에 그 애 집으로 뛰어가서 그 애를 데리고 왔다.

그러나 그 애는 여전히 배가 불러 있었다.

"아직도 저 배에 거시기가? 아이고 징그러워라."

나는 지금도 가락국수를 즐겨 먹지 않는다. 어찌 생김새가 꼭 그것에 연상되었기 때문이다.

거머리

　거머리는 징그러워서 내가 싫어하는 동물 중에서 그 수위에 든다. 몸이 길고 납작하며 빨판이 있어, 한 번 달라붙으면 잘 떨어지지 않는 환형동물이다. 거무스레한 몸 색으로 주로 논이나 못에 또는 흐르는 개울물 돌멩이 밑에 딱 들러붙어서 살고 있다.
　우리가 어렸을 때는 장난감이나 놀이도구가 별로 없었던 시절이었다. 여름이면 우리에게 놀기 좋은 놀이터는 단연 개울이었다. 개울에는 적당한 높이의 돌로 된 둑이 있었고, 둑길에는 작고 귀여운 풀과 꽃 그리고 작은 돌멩이들이 우리의 어린 시절을 행복하게 만들어 주었다.
　화려한 우리들의 성(城)은 그렇게 아기자기하였고, 정겨운 풍경으로 자리 잡은 마을 앞의 개울이 하나 있었다. 그 개울은 38사단 군부대를 가로질러서 어디론가 흘러가는 냇물이었다.

강 주변에는 논이 많았고 또 미나리꽝이 있어서 놀이마당으로는 더없이 좋은 곳이었다. 특히 겨울이면 논바닥이 꽁꽁 얼어서 스케이트를 타기에도 안성맞춤이었다.

어느 여름날이었다. 우리 또래들은 무료함을 달래고 새로운 놀이를 하기 위해서 개울가로 뛰어갔다. 윗옷은 아무렇게나 던져놓고 고무신도 벗었다. 고무신은 돌부리에 걸리면 잘 찢어지는 약점이 있었기에 돌멩이 있는 곳에서는 조심스럽게 걸어야 했다. 뾰족한 돌멩이의 끝이 살짝 닿기만 해도 그냥 찢어져서 신지 못하기에 신발을 보호하기 위해서라도 벗어 두어야 했다.

발의 상처는 시간이 흐르면 낫지만, 신은 새로 사야 하기에 그럴 수가 없어서, 모두들 약속이나 한 것처럼 나란히 벗어서 한쪽으로 놔두고, 모양 좋은 돌멩이를 줍고 고둥을 잡으려고 냇물로 뛰어들었다. 소꿉놀이를 하려면 많은 돌멩이가 필요했기에 납작한 돌멩이, 긴 돌멩이 등 소꿉 생활에 필요한 모양의 돌멩이를 부지런히 골라내었다.

햇살은 등이 따갑도록 뜨거웠지만, 놀이에 대한 열망은 식을 줄 몰라, 등이 따가운 줄도 모르고 열심히 돌멩이를 찾아서 골라내었다.

돌멩이를 들추면 까만 몸을 움츠리고 따닥따닥 붙어 있는 징그러운 거머리들, 그 거머리를 다른 돌멩이로 떨어내고 집어 올렸다. 거머리에 손을 대면 거머리는 몸을 길게 늘어뜨렸다. 뼈가 없는 동물이기에 물컹거리는 게 한층 더 징그러웠다.

　풀을 따고 모래를 건져서 살림을 차렸다. 아빠, 엄마의 역할 배역이 정해지고, 이어서 오빠, 누나, 동생이 정해지면 그다음은 이웃도 정해졌다. 모래 밥에 풀잎 반찬 고둥으로 밥상은 푸짐하였다.

　이웃을 불러서 즐겁게 잔치를 끝내고 밥상을 치웠다. 그 다음부터는 자유 놀이시간, 제각각 개울로 들어가 열심히 놀이에 빠져들었다. 뭐니 뭐니 해도 즐거운 것은 예쁜 돌멩이를 고르는 것이었다. 등에 땀띠가 나도록 신나게 고르고 있었는데 오른쪽 발목이 간질간질하였다. 예사로 넘기고 열심히 돌멩이 고르는 데만 정신이 팔렸지만 간지러움은 심상치 않았다. 그래서 개울에서 나와 발목을 살펴보았더니 복사뼈 부근에서 뻘건 피가 흘러내렸다. 놀라서 보았더니 까만 지푸라기처럼 생긴 것이 붙어 있어서 잡아 뺐지만 잘 빼지지 않았다. 이상해서 다시 자세히 봤더니 지푸라기가 아니라 그것은 거머리였다. 순간 너무나 놀라고 당황스러워서 울음이 나오지 않았다.

　혼자서 아무리 빼 봐도 빼지지 않고 피는 계속해서 흘렀다. 친구들도 그 순간 어떻게 하지를 못 하고 발만 동동거렸다. 그러자 친구 하나가 쏜살같이 뛰어가 언니를 불러 왔다. 언니는 친구 둘과 허겁지겁 뛰어와 셋이서 열심히 빼 봤지만 빠지지 않았다.

　나는 피를 많이 흘렸기에 이제 죽을지도 모른다는 생각이 들자, 너무 무서워 엉엉 큰소리로 울었다. 언니는 동생을 살리기 위해서 낑낑 안간힘을 쏟으며 거머리를 빼고 있었다. 그런데 거머리라는 놈은 잡아 뺄수록 더 깊이 들어간다는 사실을 우리는 몰랐던 것이다. 행여나 빼다가 거머리 몸이 동강이 나서 내 몸에 거머리가 남으면 어쩌나 싶고, 만약 빼지 못하면 이놈이 내 몸속으로 파고 들어가 내 피를 몽땅 다 빨아 먹으면, 나는 피가 없어 하얗게 말라 죽으리라는 끔찍한 생각이 들어 무서움과 두려움으로 어찌할 줄 몰랐다.

그때 누군가가 좋은 아이디어를 꺼냈다. 성냥불로 거머리 끝을 지지면 거머리는 뜨거워서 저 스스로 빠질 것이라는 것이었다. 그 생각이 기발하고 훌륭하다면서 한 친구가 허겁지겁 뛰어가 성냥을 구해 와서 불을 켰다.

'아, 내 몸도 탈 것이다.'

나는 눈을 질끈 감았다. 1초가 길었다.

"아얏!"

나는 따가워서 소리를 질렀는데 동시에

"와……. 나왔다."

하는 함성이 들렸다. 거머리가 빠졌다고 이어서 언니가 소리를 질렀다. 눈을 떴다.

뽕…구멍이 뚫린 내 발목, 흐르는 피를 닦아내고 들여다보니 다행스럽게도 다 빠졌는지 거머리의 몸통은 없었다. 쑥으로 빠진 구멍을 틀어막고 다시 놀이를 시작했다. 나는 좀 전의 일로 거머리에 대한 복수심이 일었다. 이를 갈면서 과자를 사 먹고 그 과자 비닐봉지를 잘 간수하여 들고 왔다. 친구들은 그 비닐의 용도를 모르고 쳐다보았다.

  드디어 복수의 날이 번뜩였다. 돌멩이를 집어서 꼬챙이로 거머리를 잡았다. 맨손으로는 도저히 잡을 엄두가 나지 않아 꼬챙이를 이용했던 것이다. 회심의 미소가 나왔다. 잡은 거머리를 비닐봉지에 넣어서 한 봉지가 차면 봉지를 묶어서 강물에 띄웠던 것이다. 그다음은 보나 마나 거머리들은 묶인 봉지 안에서 자연히 질식사 되는 것이리라.

  친구들도 열심히 도와서 거머리를 잡아 왔다. 한 봉지 가득 차면 봉지를 꽁꽁 묶어서 강물로 띄워 보냈다. 나의 피를 빨아먹고 나를 놀라게 한 죗값을 거머리 종족이 단체 책임을 진 것이었다.

  그 뒤로 강물에 맨발로 들어가는 일이 없었다. 미나리를 좋아했지만 즐겨 먹지를 않았다. 미나리 줄기 사이에 있는 거머리가 징그러워서 먹기가 두려웠던 것이다. 미나리 속 거머리를 없애는 방법은 대야에 미나리를 담아, 칼을 얹어두면 거머리가 빠진다고 한다. 그 원리가 무엇이든 간에 내 나름대로 해석을 해버렸다. 어렸을 때 거머리에 대한 복수심이 칼이 대신해주는 것이라고 말이다. 칼은 번뜩이는 복수의 날이라고 말도 안 되는 억지를 부렸다.

  그 일 뒤로 회개도 했었다. 살아 있는 동물을 죽인 것에 대한 잘못을 반성했었다. 모내기를 기계가 대신하는 요즘은 거머리 보기가 무척 힘들어졌다. 농약으로 수질이 오염되었고, 기계화에 밀린 농촌의 못자리에 거머리가 설 땅을 잃어버렸던 것이다.

  추억의 한 장면으로 밀려난 거머리, 그런 거머리 대신에 인간 거머리가 판을 치는 세상이 되어버린 현실이다. 거머리의 이름은 그런 인간들이 있는 한, 그의 이름이 영원히 남으리라.

화려한 등교의 빛나는 쪽팔림

 인간은 사회적 동물이다. 그래서 사회생활에 필요한 전반적인 요건을 갖추어야 한다. 그중에서도 예법을 무시할 수 없다. 예법 중에서도 우선 복식(服式)의 예를 갖추어야 한다.
 벗고 산다는 미개한 -현대인의 문명에 대비한 관점- 인디오라든가 아프리카 깊은 산속의 일부 부족들도 그들 나름대로 나체의 예법이 있는 것으로 안다. 보여서는 안 될 중요한 곳은 풀잎으로 가린다든지, 아니면 황토 칠을 해서 시각의 차단을 막는 것이다.
 옷은 사람의 가치를 입증하기도 한다. 옷을 어떻게 입느냐도 중요하지만 무슨 옷을 즐겨 입느냐에 따라서 부(富)의 측정을 삼기도 하니, 패션계의 고민은 날로 커질 것 같다.
 패션의 대반란이 일어났다. 그것은 속옷을 겉옷으로 입는 것이다. 우리 선조들이 다시 살아나서 본다면 아비 없는 후레자식이라고 할 것 같다. 사람이 보자기 하나로만 걸칠 수 있다면 참 편리할 것 같은데 그러면 패션 종사자들의 입지가 무척 곤란해질 것이다.

여학생 때 수업 시간이면 종종 가정 선생님으로부터 들었던 이야기다.

"여자는 속옷을 잘 입어야 해."

길을 가다가 바람이 불어 교복 치마가 뒤집혔을 때와 차 사고로 쓰러져 속옷이 드러날 때를 대비하라는 것이었다. 겉은 멀쩡한 옷을 입었는데, 속옷이 형편없거나 구멍이 난 경우, 또 더러운 옷을 입고 있다면 의식 불명일 때도 쪽팔린다는 것이었다. 그래서 현대 여성들이 속옷에 그 많은 돈을 투자하고 화려한 것을 입는가 싶다.

유명 백화점 매장에 있는 속옷의 가격은 장난이 아니다. 팬티 한 조각이 기십 만 원을 호가하고, 팬티랑 브래지어 한 세트를 갖추려면 백만 원이 훨씬 넘는 것도 허다하다. 누구에게 잘 보이려고 그렇게 비싼 속옷을 사 입는지 모르겠다.

속옷의 기능은 분비물을 잘 흡수하는 것이 아닌가? 면직물이면 그만이지 싶은데 면이 아닌 이상한 것이 많다. 삶아서는 안 될 그런 직물로 된 것 같다. 나에게 만약 그런 옷을 준다면 거절하고 싶다.

화려하고 멋진 속옷은 속에 입기 아까울 것 같다. 그래서 요즘의 패션 경향은 속옷을 드러내는 것이 아닌가 한다. 나는 그 유행을 훨씬 이전에 유행시켰으니 패션계의 선두주자는 바로 내가 아닌가 생각한다.

어느 집이든 형제가 많은 집의 막내는 새 옷 입기가 아주 드물 것이다.

옷의 대물림, 그것도 체격에 맞지 않는 옷이거나 마음에 들지 않는 색상, 이런 옷의 대물림은 막내가 겪는 비극 중의 한 부분일 것이다.

우리 집의 새 옷은 언제나 큰 언니의 차지, 그 옷이 나에게 오려면 몇 년이 걸렸다. 그 중간에 작은 언니가 입어서 건너오니, 그 옷이 나에게 올 때는 거의 허름한 수준이 대부분이었다.

그러나 착하고 조숙했던 나는 군말 없이 그런 옷을 잘도 입고 다녔다. 옷이 문제 아니라 정신이 문제라면서 대물림되었던 옷을 아무렇지 않게 입었다. 그러던 어느 날 우리 집에 보따리 옷 장수가 왔다. 옷 장수가 보따리를 펼쳐놓자 그 안에서 멋지고 화려한 옷이 쏟아져 나왔다. 세상에 이런 아름다운 옷이 있는가 싶어서 엄마를 조르기 시작했다. 눈앞에 레이스가 달린 분홍 속치마가 너무나 예뻤기 때문이다.

조르고 졸라서 겨우 그 옷을 얻어 입었다.

그런데 이 속치마를 어떻게 입어야 하는지 고민으로 다가왔다.

'이렇게 예쁜 속치마를 꼭 속에 입어야 하나? 다르게 입을 수는 없을까?'

하는 생각에 머리를 이리 굴리고 저리 굴려도 마땅히 좋은 생각이 떠오르지 않았다.

　힘들게 얻어 입은 예쁜 속옷을 자랑을 해야겠는데 속에 입으면 누가 알까 싶었다. 고민 끝에 결정을 내리고 회심의 미소를 머금고는 잠을 잤다.

　다음 날 아침이었다. 아침을 먹는 둥 마는 둥 대충 먹고는 그 속치마를 입었다. 거울 속에 비친 옷은 참말로 예뻤다. 레이스가 달린 것이 꼭 동화에 나오는 공주 옷과 같았다. 그 옷을 겉에 입고 나가는 내 모습을 본 엄마가 말리셨다.

　"애야, 그 옷은 속에 입는 거야. 다시 벗어서 속에 입고 가거라."

　엄마의 말리는 소리를 뒤로하고 후딱 대문으로 달려나갔다. 등굣길에는 아이들이 재잘거리며 걸어가고 있었다. 아는 친구를 만났다. 그 친구는 부러운 눈빛으로 다가오더니 옷을 만졌다.

　그러나 옷에 때가 묻을까 싶어서 나는 살짝 손만 대보라며 일렀다. 다른 친구들도 연신 쳐다보며 부러운 눈길을 보냈다. 등굣길의 옷 중에서 내 옷이 가장 화려하고 예뻐 보였다.

　다들 구질구질하고 때 묻은 옷들이었는데 내 옷은 빛나고 화려한 분홍색 옷이었으니, 친구들은 쳐다보며 부러워했다. 지나가는 어른들은 나를 힐끔힐끔 쳐다봤지만 나는 아랑곳하지 않았다. 다만 내 옷이 예뻐서 그러겠거니 하고 의기양양하게 걸어갔다.

　친구들에 둘러싸여 정문을 통과하였다. 와! 하고 다른 아이들이 달려왔다. 모두들 난리였다. 아이들은 이렇게 예쁜 옷은 처음 본다면 옷을 만지고 잡아당겨도 보았다. 나의 기분은 하늘로 붕 날아올랐고, 어깨에는 힘이 잔뜩 들어가 좀처럼 수그러들지 않았다.

반에 들어가니 아이들이 우르르 몰려들어 나를 둘러싸고 옷을 만지기에 여념이 없었다. 담임이 들어온 것도 모르고 난리였다. 담임선생님은 우리 학교에서 제일로 예뻤고, 우아했으며 자애로워 내가 제일로 좋아했던 선생님이시다. 이제 그 선생님의 칭찬만 남았다. 나는 기대를 잔뜩 하고 또랑또랑한 눈빛으로 선생님을 바라보았다.

드디어 때가 왔다. 선생님이 나를 부르며 옷이 참 예쁘다며 말씀해 주셨다. 그리고는 앞으로 나오라고 하셨다. 나는 기대를 잔뜩 하고 나갔다. 아마도 나를 교단에 세워 옷 자랑을 해주시려나 싶어서 망설임도 없이 나갔다.

선생님은 자애로운 웃음으로 나를 자기 옆에 바짝 다가오게 하셨다. 나도 방실 웃으며 선생님 옆으로 바짝 다가섰다. 선생님께서는 살며시 내 귓가에 대고 말씀을 하셨다.

"옷이 참으로 예쁘고 아름답구나. 그런데 이 옷은 속치마이니, 내일부터 원피스를 입고 이 속치마는 그 원피스 안에 입고 학교에 오너라."

이런 말씀하시고는 생긋 미소를 지으시며 다시 큰 소리로 아이들에게 말씀하셨다.

"옷이 참 예쁘지?"

영문도 모르는 아이들은 일시에

"예."

하고 대답을 하였다.

　나는 그 말씀을 듣는 순간 얼마나 창피하고 부끄러웠던지 얼굴을 들 수 없었다. 하지만 아이들에게는 표정을 들키지 않게 하기 위하여 아무렇지 않은 모습으로 자리에 앉았다.

　그 날의 수업 시간은 너무나 지루하고 시간이 가지 않았다. 빨리 마쳐야 이 창피함을 벗어날 것인데 도대체 시간이 가지 않는 것이다. 내가 좋아하는 선생님으로부터 들은 부드러운 창피함은 이뤄 말할 수 없이 슬펐다.

　나의 창피함을 덮어주시려고 살며시 불러 다른 아이들이 듣지 않게 말씀하셨던 그 배려심에, 나는 두고두고 그분의 행동을 내 행동의 모델로 삼았다.

　수업이 어떻게 해서 끝난 줄도 모르게 시간이 흘렀다. 종례 후 부리나케 나는 집으로 뛰었다. 친구들의 붙잡는 소리도 뿌리치고 나는 달리고 또 달렸다. 아침에 학교 올 때의 그 느긋함과는 완전히 딴판으로 나는 허겁지겁 뛰었다. 가방으로 옷을 가리고 가렸지만 속치마는 빛나는 햇빛을 받으며 더욱 화려하게 반짝였다.

　아침에 나를 쳐다보던 어른들의 이상한 눈빛이 이해가 되었다. 그 여유롭고 의기양양했던 아침과 다르게 하굣길은 지옥 같아서 아이들 보기가 민망스러웠다. 아이들은 멋도 모르고 옷 예쁘다고 소리쳤지만, 그것은 순진한 아이들의 마음이었다. 집으로 돌아온 나는 바로 그 속치마를 벗어버렸다.

　그날 이후로 나는 그 분홍 속치마는 절대로 입지 않았다. 이유도 모르는 엄마와 언니들은 그렇게 사 달라고 떼를 쓰더니, 한 번 입고는 왜 입지 않느냐고 말씀하셨지만, 그것은 그 날의 사정을 모르고 하시는 말씀이었다. 나는 그 이후 성인이 되어서도 분홍색 속치마는 절대로 사지 않았다.

  화려한 등교의 끝은 빛나는 쪽팔림이었다. 그것은 속옷 반란의 처참했던 결과였기에

* 초등학교 1학년 시절의 추억

어떤 거래

아침부터 하늘이 영 심상치가 않다. 바람에 잔뜩 몰려오는 검은 구름은 매우 다급해 보였다.

우산을 가지고 갈까 말까? 망설이다가 이내 찌그러진 우산 하나를 집어 들었다. 우산꽂이에 빼곡히 꽂혀 있던 우산들이 어느 틈엔가 손 빠른 동작들에 죄다 강탈당하고 망가져 보잘것없는 검은 우산 하나만 뎅그러니 놓여 있었다. 그것은 마지막 내 차지가 되어서 불쌍한 모습으로 기다리고 있었다.

좋은 것은 오빠, 언니들의 우선순위에 밀려서 몽땅 빼앗기고 말았다.

말이 막내지 나는 언제나 장녀 같은 막내였다. 위로 줄줄이 오빠, 언니들이 있으니 그들의 아침 등굣길에 내가 없으면 난리가 났다. 양말을 찾아서 여기 주고, 저기 주고 나면, 이어서 신발을 챙겨 닦아주었고 도시락도 갖다 주었다. 잔심부름은 도맡아 놓고 했다. 그러다가 막상 내가 등교하려면 진돗개 새끼인 백구가 내 신발을 물고 가서 장난을 쳤다. 바쁘고 힘이 빠졌는데 백구마저 부아를 보태놓았다.

하지만 좋을 때도 있었다. 언니, 오빠들은 내가 그렇게 해주면 그에 따른 보상으로 가끔씩 과자도 사 주었다. 어쩌다 단체 기합 때는 나를 빼주기도 하였다.

우리 집 규율은 형제 하나가 잘못하면 무조건 단체 기합이었다. 군인은 정녕 아버지이신데 오빠들이 군인 행세를 하였다. 그래서 기합받는 나머지 형제들은 죽을 맛이었다. 내가 그렇게 자질구레한 심부름을 해주자 나에게 이런 혜택이 주어졌던 것이다.

오전 내내 험하던 하늘이 수업을 마치자마자 바람이 거세어지더니 곧 폭우로 변하였다. 번개가 번쩍번쩍 지나가더니 우르릉 쾅, 하늘이 내려앉는 것 같아 우산을 펼 수가 없었다.

친구들은 하나둘 우산을 접고는 빗속으로 그냥 뛰어들어 곧장 집으로 뛰어들 간다. 학교와 집까지는 거리가 그리 멀지가 않아 뛰어도 될 것 같았다. 옷 젖는 것은 문제가 없는데, 만약 뛰다가 우산의 쇠붙이 때문에 벼락이라도 맞으면 어떡하지 하는 걱정으로 갈팡질팡하였다. 이러다가 친구들 다 가버리고 혼자 남으면 그것도 무서울 것 같아 친구들의 뒤를 따라 같이 뛰었다.

비를 홀딱 맞으며 집에 간신히 와서 옷을 갈아입었다. 집까지 오는 도중 몇 번의 천둥 번개가 지나갔지만, 다행스럽게도 내 우산에는 벼락이 떨어지지 않았다.

엄마가 해주신 간식을 먹고 이내 방으로 들어왔다. 따뜻한 방바닥이 참으로 좋았다. 담요를 펴고 이불을 꺼내었다. 밖에는 기와를 때리는 강한 빗줄기와 마당에 있는 감나무를 훑어내는 강한 바람이 문풍지도 사정없이 할퀴었다.

마루 밑에 있는 백구도 무서운지 낑낑거리는 소리가 방 안까지 들려왔다.

그런데 갑자기 폭탄 터지는 소리가 들렸다.

"꽝! 꽝꽝!"

나는 얼결에 이불을 뒤집어썼다. 두꺼운 이불을 뚫고 빛이 지나갔다.

"번쩍, 우르릉 꽝."

천둥과 번개는 순간도 멈추지 않고 연신 번쩍이면서 꽝꽝거렸다. 하늘은 가까운 어디로 무서운 벼락을 내려놓고 또 이리로 보내는 것 같았다. 바로 우리 집 지붕 위와 담벼락에다 쏟아붓는 듯한 굉장한 소리에 나는 이불 속에서 두 손을 꼭 모았다. 우리 학교 선배 하나가 학교 옆 개울에서 게를 잡다가 벼락 맞아 죽은 일이 얼마 전에 있었다.

죄를 지으면 벼락 맞아 죽는다는 말이 생각났다. 특별히 잘못을 한 것이 없는데 그래도 모를 일이어서 무서웠다. 하나님이 보시기에 죄를 짓고 회개하지 않으면 언젠가는 벌을 준다는 목사님

말씀이 떠올랐다. 그것이 언제 적 설교였을까? 교회라고는 예닐곱 살 때, 크리스마스이브에 빵 얻어먹으러 교회 간 것밖에 없었다. 그때 들었던 것 같다.

공짜로 하나님의 빵을 얻어먹어서 이러시는가 싶어서 무조건 용서해 달라고 빌었다. 그리고 내가 모르고 지은 죄라도 있으면 다 용서해 달라고 열심히 빌고 또 빌었다. 그래도 우리 집 지붕 위에서 천둥 번개는 멈추지 않고 꽝꽝거렸다. 벼락이 얼마나 떨어지는지 귀가 멍하도록 아팠다.

더욱 손을 모아 쥐고 기도를 올렸다. 나도 모르게 하나님께 이런 약속을 해 버렸다.

"하나님, 제발 이 천둥 번개를 거두어 가시고 벼락을 내리지 마세요. 만약 천둥 번개를 멈추어 주시고 벼락을 안 내리시면 제가 하느님께 돈 40,000원을 바치겠습니다."

무서워서 이마에 땀을 줄줄 흘리며 손에 불이 나도록 이런 기도를 올렸다. 조용, 갑자기 하늘이 조용해졌다. 기도가 끝나자마자 하늘이 조용해지며 천둥은 물론 벼락과 비가 뚝 그쳤다.

'아, 하나님이 내 기도를 들어 주셨구나.'

너무나 기뻐서 문을 박차고 나와서 엄마를 불렀다.

"엄마, 천둥 번개가 사라졌어요."

마당 우물가에서 나물을 씻으시던 어머니는 나를 보시더니,

-애야, 뭔 땀을 그렇게 흘렸냐? 천둥이 치고 번개가 지나가야 콩이 잘 된단다.-

엄마는 맑게 웃으시며 말씀하셨다.

"엄마, 그게 아닌데? 엄마, 내가 기도하고 나서 천둥이 사라진 거야."

-그래? 잘 했다.-

하시며 또 빙긋 웃으시는 것이었다.

나는 걱정이 되었다. 그 많은 돈 40,000원을 어디서 구하는 것과 또 어떤 방법으로 하나님께 전달하느냐가 문제였다. 왜 하필 그 액수를 말했을까 하는 후회를 하였다. 그러다가 이내

'아냐, 그 액수가 아니었으면 아마 벼락이 떨어졌을지도 모른다'

고 내 나름대로 단정을 지었다. 그 당시 주택복권 1등 당첨 금액이 백만 원인 것으로 들었다. 그러니 40,000원이면 제법 큰 돈이었다. 어른들 말로는 집 한 채에 50,000원 한다고 했다. 나는 이래저래 밥맛을 잃었다.

만약 갚지 않으면 하느님이 어떤 식으로 나를 벌할까 싶어서 두려웠기 때문이었다. 용돈이라고 해 봐야 5원이나 운 좋으면 10원이니, 어느 세월에 모아서 40,000원을 만들까도 싶고, 또 그 바치는 시기를 말하지 않았으니 늦어지면 내일이라도 당장 천둥 벼락을 내릴지도 모른다는 생각으로 무서워서, 머릿속은 온통 하나님께 바칠 돈 생각뿐이었다.

심부름하고 받은 5원과 사 먹고 싶은 과자를 참으면서 모은 10원으로는 돈이 잘 모이지가 않았다. 한 해가 가고 또 여름이 찾아왔다. 천둥과 번개는 벼락과 함께 영락없이 찾아왔다.

"하나님, 올해도 돈이 모자랍니다. 열심히 모아서 그 돈을 꼭 갚겠으니 제발 벼락은 내리지 말아 주시옵소서."

나의 눈물의 기도는 비가 되어 매년 뜨거운 여름날을 식히었다. 돈이 마련이 되어도 하나님께 바치려면 교회를 다녀야 한다는 생각이 들었다. 아무 교회를 다니면 안 될 것 같았다.

중학교에 입학해서 본격적으로 교회 탐색을 하게 되었다. 교회를 찾는 것이 아니라 교회 다니는 친구의 됨됨이를 보아서 그 교회를 선택하려고 했었다.

그러던 중 친구 두 명으로 압축이 되었다. 한 명은 목사님의 딸로 아이는 괜찮은데 그 애 엄마가 사치스러워 보여서 포기를 하였다. 어린 마음에도 목사님은 신도들이 내는 헌금으로 살아가는데, 그 헌금으로 부인이 사치하는 것은 잘못되었다 싶었기 때문이었다.

다른 친구는 언제나 말없이 자기 할 일을 열심히 하고 틈틈이 기도를 하는 것이었다. 어려운 급우들도 잘 도와주고 해서 그 친구가 다니는 교회를 선택했다. 내 판단이 훌륭했다. 그 날로 나는 열성 교인이 되어 성경을 파고들어 기도에 온 힘을 썼다. 학교에서 시험을 본 후에 보는 단체 영화 관람에도 빠져서 그 돈을 모았다. 빨리 하나님께 갚아야 하기 때문이었다.

주일이면 한 번도 빠지지 않고 하얀 봉투에 새 돈으로 정성을 다해 헌금했다. 조금씩 원금에 다가가는 것 같았다. 하지만 이자도 있을 것이었다. 내 나름대로 열심히 조금씩 갚아나갔다.

마음이 안정되어 갔다. 목돈은 아니지만, 푼돈으로나마 차곡차곡 갚아나가고 있기 때문이었다. 주일 헌금은 물론이고 특별 헌금 명목으로도 자주 내었다. 그 교회를 7년 꼬박 다녔었다. 그 정도면 원금도 훨씬 넘어서 이자까지도 부족하지 않을 성싶었다. 다만 하늘의 이자 계산법을 모르기에 어느 정도 해야 하는지를 몰랐지만, 마음의 짐을 조금이나마 덜어서 천둥과 번개와 와도 그 어릴 때처럼 무서움이 절박하지 않았다.

그 일 후로 나는 약속을 함부로 하는 법이 없었다. 지키지 않을 약속은 아예 입 밖에도 내지 않았다. 내 아이에게도 순간을 무마하는 그 어떤 말도 조심을 했다. 하지만 지금도 여름에 종종 찾아오는 천둥과 번개를 보면, 내 빚이 덜 갚아진 것은 아닌지 나를 돌아보게 하니, 하나님과의 거래는 손해 볼 것이 없는 멋진 거래였다. 하나님은 약삭빠른 인간과 달라서 참아주시고 또 말이 없으시기 때문이다.

"죄는 천둥 번개와 함께 벼락 속으로 가느니라."

족집게 도사의 비밀

"따르릉~"

벨이 울렸다.

'장거리에서 차를 타고 돌아와 피곤한데 누구지?'

이렇게 구시렁거리며 나는 수화기를 들었다.

-나야, 공자. 너, 지금 빨리 나와. 소개할 사람이 있으니…-

"밑도 끝도 없이 뭔 뚱딴지같은 소리야?"

공자는 뜬금없이 나더러 무작정 어디로 나오랬다. 그리고는 전화를 딸각하고 끊으렸다.

"아닌 밤중에 홍두깰세."

나는 옷을 대충 챙겨 입었다. 그리고 모자를 눌러 썼다. 약속 장소로 나갔더니 공자는 자기 옆에 웬 남자를 앉혀놓고, 무엇이 행복한지 입에 연신 웃음을 흘리고 있었다.

'아이, 피곤해 죽겠건마는……'

하지만 그런 내색을 하지 않고 나는 가벼운 묵례를 하고 자리에 앉았다.

"야, 누군데?"

나의 눈짓 질문에 공자는 자기 남자 친구를 나에게 처음으로 소개해 준다고 입에 기름을 발랐는지 막히지도 않고 말을 줄줄 흘렸다. 웃음이 절로 나왔다.

'어휴, 저 화상……. 순위고사를 준비한답시고 도서관에 매일 죽치고 앉았다더니 연애하느라 그랬구나.'

나는 그 남자를 유심히 관찰을 했다. 나의 특기가 발동되는 순간이다. 이내 호흡을 가다듬고 집중했다. 남자의 눈매는 선하게 생겼는데, 오른쪽 눈 밑에 크지 않은 검은 점이 있었다. 그리고 몸은 호리호리하니 살찌지는 않았고, 옷은 소박하게 차려입고 있었다.

남자는 나의 이야기를 미리 들었는지 잔뜩 주눅이 들어 행동에 연신 조심을 하고 있었다. 나와 눈도 마주치지 않고 고개를 약간 숙여 차만 꼴깍꼴깍 마셨다. 다행이었다. 내가 족집게라는 소문은 이미 친구들 사이에 알려져 있던 터였다. 그래서 내 친구들은 자기 남자를 소개할 때마다 나의 발언에 무척 긴장을 하고 있던 터였다.

나에게 통과의식을 무사히 거쳐서 마쳐야 마음 놓고 사귈 수가 있기 때문이었다. 그렇지 않으면 친구들은 나의 등쌀에 편히 만나지 못할 것이 뻔했기 때문이다. 나의 등쌀은 친구들의 앞날을 위한 살뜰한 우정의 발로 때문임을 그들도 알고 있었기에 대체로 잘 따라 주었다.

　남자가 화장실로 간 틈을 타서 공자는, 그 남자의 집안 환경 이야기, 학교 이야기 등 남자에 관한 모든 것을 낱낱이 나에게 들려주었다. 인성을 보나 무엇을 보나, 그 남자는 별로 빠지는 것이 없었기에 나는 별다른 태클을 걸지 않고 자리에서 일어났다. 지금 당장 나에게 필요한 것은 잠이었다. 남은 시간은 둘이서 데이트하라고 말하고 나는 커피숍을 빠져나왔다.

　서너 달이 지났다. 집으로 돌아오려고 시외버스를 기다렸는데, 그 남자가 나와 같은 차를 타려고 줄을 서 있는 것이 보였다. 나는 재빨리 차에 올라 자리를 잡았다. 누가 내 옆에 앉는 것이 싫었다.

　차창으로 보이는 경치를 감상하다가 마음이 동하면 노트를 꺼내어 글을 쓰기에, 누가 옆에 있으면 신경이 쓰였기 때문이다. 내 옆자리에는 누가 자리를 먼저 잡아놓은 것처럼 얼른 책을 놓아두었다. 그리고 태연하게 창밖을 보면서 그 남자의 동정을 살폈다. 남자가 차에 올라 두리번두리번하는 모습이 자리를 찾는 것 같았다. 그러고는 자리를 찾았는지 내 자리 쪽으로 걸어왔다.

　나는 그 남자가 나를 아는가 싶어서 마음이 조마조마했지만, 그 남자는 다행스럽게도 나를 알아보지 못하는 것 같았다. 그 남자는 나에게 자리에 앉아도 되는지 물어보았다.

　'이런 늑대 같은 속성, 그 많은 자리를 다 놔두고 하필 나랑 같

이 앉겠다는 저의가 무엇이지?'

나는 속으로 중얼거리며 괜찮다는 듯 고개를 까딱해 줬다. 남자는 나이가 많아도 젊은 여자만 보면 좋다고 한다는데, 한창 꽃피고 새 우는 청춘의 남자가, 저와 비슷한 또래의 여자가 있는데, 무엇 때문에 다른 자리에 가 앉겠는가 말이다. 같은 값이면 다홍치마라고 청춘남녀끼리 같이 앉아 가면서 이야기하자는 의도가 분명했다. 순간 나의 장난기가 발동했다.

'그래, 좋다. 친구의 남자를 마음껏 골려 주기로 하자.'

남자의 말 걸기가 시작되었다.

-좋은 책을 보시네요?-

"그럼요."

-어디까지 가십니까?-

'이런, 이 차의 종착역이 버스에 분명 적혀 있는데 그걸 다시 묻는다 말이야?'

나는 마음속으로 피식하고 웃음이 나왔다.

내가 도리어 역문(易問)하기로 하였다.

"혹시, xx에 살지 않으세요?"

남자가 당황하는 기색을 보였다.

-어찌 아십니까?-

"아, 그럴 것 같은 느낌이 드네요. 손을 앞으로 내 보세요."

-……-

"혹시 xx대 공과대 나오셨나요?"

드디어 남자의 음성이 떨려서 말까지 더듬거렸다.

-어, 어떻게 아, 아십니까?-

"손매를 보니 그럴 것 같아서요.

혹시, xx에 여자 친구가 있지요?"

-아, 아, 아, 예…… 혹시 xx에 사십니까?-

남자는 거의 부르르 떨리는 목소리로 나에게 xx에 사냐고 되물어 왔다. 나는 아주 태연한 음색으로

"아뇨. 저는 오늘 그곳에 처음 갑니다."

-그, 그런데 어떻게 아, 아십니까?-

"그냥 직감으로 다가오네요."

-호, 혹시, 관상을 보시는 부, 분입니까?-

"하하하, 그렇게 보였습니까? 아뇨, 전혀 아닙니다. 혹시, 집안이 이러이러하지 않나요?"

-…….-

"눈 밑에 작은 점이 하나 있어서, 혹시나 그렇지 않나 하고 물어본 것입니다."

남자는 나의 질문에 거의 실신 수준이었다.

그 외에 그 남자에 관한 모든 것을 족집게처럼 찍어내자, 그 남자는 어찌할 바를 모르고 연신 내 옆으로 바짝 다가앉는 것이었다. 나는 그 남자가 미안하지 않을 정도로 자리에 바로 앉으라고 가볍게 말하고 계속 이야기를 이어 나갔다. 남자들의 속성-자기 여자가 있어도 새로운 여자가 나타나면 잠깐 관심을 돌리는 것-

을 보자 그만 내 친구가 안타깝게 여겨졌다.

이 남자는 처음에는 다른 마음으로 내 옆에 앉았다가, 나의 불가사의한 속 집기에 애가 타는지 연신 허둥댔다. 시간이 흘러서 드디어 종착역에 도착했다. 남자는 분명 나에게 다시 말을 걸어 올 것이다. 차한잔 하자고… 역시 그랬다.

-저기, 저… 바쁘지 않으시면 차 한 잔이라도 같이 하시죠?-

"예… 말씀은 고맙습니다만 제가 갈 길이 좀 바빠서……(바쁘기는 뭐가 바빠, 더 있다간 내 정체가 탄로 날까 싶어서 그렇지.) 그럼, 이만…… 참, 여자 친구에게 잘 해 주세요. 그러면 복 받을 겁니다."

나는 싱긋 웃어주고는 종종걸음을 걸었다. 남자의 뜨악해하는 눈빛이 내 등 뒤에 꽂혔다. 나는 얼른 내 친구 공자에게 전화를 걸었다.

"야, 너 애인 조금 있으면 너에게 전화를 할 것이니, 너 꼼짝 말고 집에 있어라."

-뭐? 네가 어떻게 아는데?-

"아, 그냥 그럴 것 같네. 이만 전화 끊는다."

나는 전화를 얼른 끊고 유유자적한 걸음으로 집으로 돌아왔다. 조금 있으니 전화벨이 울렸다. 공자였다.

-나야 나. 지금 나 그 사람 만나고 있는데, 이 사람이 좀 전에 차 타고 오다가 이상한 일을 겪었다네? 지금 자기가 귀신에게 홀린 것이 아닌가 하고 계속 나에게 말을 했어. 얘! 웬 족집게 같은 여

4부 요것 봐라

자가 자기에 대해서 모든 것을 알고 있더라고 그러네.-

"그래? 그럼, 너 영양가 있는 것 많이 사 줘라. 몸보신해야 정신을 차리지. 하하하."

나는 시원하게 웃어 주었다. 그날 이후 친구의 남자는 친구랑 결혼해서 집을 사 나를 집들이 초대하기 전까지 족집게 도사의 비밀을 10년째 가슴과 머리에 묻어 둔 채 살아가고 있었다.

신(神)들의 전쟁

미신은 가끔 새로운 호기심을 유발한다.

'약은 약사에게 진료는 의사에게'라는 말이 있지만, 우리 할머니에겐 이런 말이 전혀 통하지 않은 때가 있었다.

안택(安宅)이라는 명목으로 또 다른 구실을 붙여 일 년에 몇 번씩 무당을 불러 굿을 했으며, 집안사람 누군가 조금만 아파도 귀신이 들어서 그런 것이라며, 할머니는 무당을 불러서 굿을 하는 통에 어머니만 고생이 여간 아니었다. 참 많이도 하셨다.

할머니는 불교를 믿으면서도 불법을 잘못 이해하셨거나, 아니면 공존을 위해서 무당을 자주 불렀는지 그 이유를 잘 모르겠다. 안 그래도 집안이 커서 대소사(大小事)를 다 맡아 관장하시는 어머니는 할머니가 굿을 좋아하셔서 편히 쉴 날이 별로 없었다.

4부 요것 봐라   269

굿은 미신이라고 아무리 설득을 하여도 고집이 센 할머니는 그 말을 듣지 않으셨다. 당신의 말이 곧 지상 명령이었다. 그 덕에 단골무당은 우리 할머니로 인하여 富를 축적해 갔고, 이웃들은 우리 집 덕으로 배불리 음식을 자주 얻어먹었다.

그러던 중 어느 해인가 내가 홍역으로 며칠을 앓았다. 다 커서 홍역을 했으니 그 고통은 이루어 말할 수가 없었다. 홍역은 살아서 안 하면 죽어서도 한다던 모진 질병이다. 입안이 다 헐고 머릿밑까지 빨갛게 물집이 생겼다. 분명 어렸을 때 예방 접종을 했다는데 의사가 약을 잘못 사용했는지 알 수가 없다.

급한 대로 약을 먹고 누워 있으니 할머니는 무당을 불러올 구실이 생겼던 것이다. 막내 손녀가 다 죽어 가니 굿을 해야 한다는 것이었다. 내가 생각해도 한심하였지만, 누구도 할머니의 고집을 꺾을 수 없기에 울며 겨자 먹기로 어머니는 무당을 불러서 푸짐한 굿판을 벌였다.

내가 초등학교 4학년 때 천둥 벼락을 멈추게 해주신 하나님과의 약속으로, 중학교 2학년 때부터 교회를 아주 열성적으로 다녀서 믿음은 극에 달해 있었다.

교리에 얼마나 충실했으면 마음속으로 이상한 마음이 생기는 것도 죄라고 생각해서 기도에 기도를 해서 잡념조차 생기지 못하게 했다. 영화관 간판의 요상한 그림이나 사진까지 고개를 돌려 외면할 정도였고, 등교 시간보다 조금 일찍 집을 나서서 교회로 가서 아침 기도를 마치고 학교에 가서 충실히 수업을 받았다.

하교하면 또 교회로 가서 기도하고 집으로 돌아왔으니, 하나님이 보시기에도 어여쁠 정도로 나는 충실한 신앙심으로 일관했다. 게다가 성경을 창세기부터 요한계시록까지 그 많은 페이지를 예닐곱 번씩이나 완독을 했고, 성경 구절을 달달 외웠으니 이만한 신자(信者)가 귀하다 할 정도로 전도사님의 사랑을 듬뿍 받았다.

그분들은 인간이니 그렇다 하더라도 내가 생각하기엔 하나님도 나를 엄청 아꼈을 것 같다는 생각으로 생활을 하였다. 그런데 이런 믿음 강한 신자가 교회에서 가장 꺼리는 굿을 받다니 그것은 어불성설이었다. 미신 중에서도 최하의 미신이 굿이 아닌가? 오죽했으면 고려 시대 안향 선생조차 무당의 굿을 망국의 굿이라 했을까!

믿음이 강한 나는 아프면서도 심각한 고민에 빠졌다. 무당의 굿을 가만 누워서 받을 생각을 하니 하나님께 면목이 안 서는 것이었다. 기도를 또 하였다.

'좋다. 그러면 당해서 싸워 이기리라. 힘으로 안 되니 정신으로 싸우리라.'

집의 넓은 마당에서부터 시끄러운 꽹과리, 북소리로 무당의 귀신 부르는 굿판이 시작되었다. 이웃 사람들은 우리 집 마당에서 구경을 하고 있었다. 잔뜩 차려진 음식 사이사이마다 시퍼런 돈이 눈을 감고 무당의 굿 소리를 감상하고 있었던 것이다. 돼지 머리도 배시시 미소 띤 얼굴로 귀신의 강림을 조용히 기다리고 있었다.

신이 난 무당이 나에게로 왔다. 신이 내렸는지 무당의 눈빛이 예사롭지가 않았다. 평소에 굿하지 않을 때의 그 무당이 아니었다. 깊이 들어간 눈엔 퍼런 정기까지 서려서 간이 약한 사람은 그 눈빛에 질려서 고개를 숙일 정도였다. 하지만 내가 누구인가? 하나님의 백을 등에 업고 정신이 둘째가라면 서럽다 할 정도로 맑은 정신의 소유자가 아닌가! 싸우고 싶었다. 눈빛으로나마 싸우고 싶었다. 내 눈은 옛날 고양이와 싸워서 이긴 눈빛이 아닌가 말이다.

이 눈싸움을, 정신 싸움을 또 해야 한다니, 나는 몸이 아픈 것도 모를 정도로 정신이 곤두섰다. 神이 내린 듯한 무당이 드디어 내 머리맡으로 왔다. 푸른 치마, 붉은 저고리에 무엇을 주렁주렁 걸쳐서 그것을 보는 것만으로도 정신이 해롱해롱할 정도였다. 의상의 현란함으로 일차적 정신을 앗아볼 작정인가 보았다.

나의 기도가 시작되었다. 눈을 감고 하는 기도가 아니었다. 눈을 부릅뜬 기도였다. 눈동자가 움직이지 않는 선정에 든 것 같은 기도였다. 무당의 눈에서 빛이 났다. 그러나 조금도 당황이 되지 않았다. 만약 오늘 싸움에서 내가 지면 우리 할머니는 무당의 굿을 병적으로 믿을 것이고, 그 결과 나의 어머니만 피곤하실 것이다. 내가 이겨서 무당이 지면, 그 날로 할머니는 무당을 부르지 않을 것이며 우리 집은 무당의 시끄러운 굿판 소리로부터 해방될 것이리라는 믿음이 서는 것이었다.

두 눈빛의 강렬한 싸움, 어른과 학생의 싸움, 아니, 하나님의 대변자와 귀신의 대변자의 싸움으로 온 氣가 다 모아졌다. 무당은 몇 번이나 큰소리로 고함도 지르고 주문을 외우는 것 같았지만, 내 앞에서는 어떻게 잘되지 않는지 욕 비슷한 것을 마구 해대는 것이었다. 자기의 귀신 발이 안 받는 것 같았다.

옆에 있던 할머니도 놀라는 눈치였다. 내가 무당의 눈을 뚫어져라 응시하고 있으니 무당이 어찌할 줄 모른다고 나를 꾸중하셨다. 그러나 이것이 어디 할머니의 꾸중으로 풀어질 눈빛이든가? 정당한 神들의 당당한 싸움에서 인간이 개입할 겨를이 없는 것이었다.

드디어 무당이 입을 열었다.

"이 집안에 강한 氣가 있어서 굿을 못 하겠다."

할머니는 그 말에 놀라셔서 다시 하라고 하였지만, 무당은 다시는 이 집에 오지 않겠다고 하였다. 그러더니 준비해 왔던 굿판 도구들을 죄다 챙기고 획 가버렸다. 심지어 음식상에 놓여 있던 돈까지 놓고 갔다고 하였다.

어머니가 오셔서 나를 향해 싱긋 웃어주셨다. 나도 방긋 웃었다. 무당 눈을 왜 그렇게 쳐다보았느냐며 할머니는 내 옆에 와서 자꾸 물어보셨다. 나는 할머니의 궁금증을 풀어드렸다. 神들의 싸움은 눈으로 하는 것이라고 말이다. 神의 싸움에서 이긴 나는 그 뒤 이틀을 더 앓고 나서야 완쾌가 되어 열심히 학교에 다녔다. 길에서 어쩌다 만나면 그 무당은 눈을 돌리고 걸어갔다. 精神에도 등급이 있고 단수가 있음이다.

튜브 공주의 노래

태양은 바다를 부르고 바다는 우리를 부른다. 나는 무엇을 부를까?

여름 방학 때였다. 어느 날 물개의 후예인 오빠들과 언니는 막내인 나를 데리고 인근 바다로 갔다. 엄마가 챙겨주신 간식들을 처음에는 기분 좋게 나눠서 가지고 땀을 찔찔 흘리며 걸었다. 집에서 바다까지 거리가 8킬로미터였으니 오빠들 걸음이야 그 정도 거리는 거뜬하겠지만, 아직 초등학교에 다니는 내 걸음으로는 그들을 따라잡기 위해 마냥 종종걸음으로 죽기 살기로 따라붙었다.

음료수 사 먹을 가벼운 용돈은 오빠들이 쥐고, 무거운 간식들은 내가 들었다. 처음에는 서로의 물건 할당량을 잘 책임지는가 싶었는데, 갈수록 더운 열기가 확확거리자 오빠들은 슬그머니 잔꾀를 부리기 시작했다. 바닷가에 가면 맛있는 것 사 줄 테니 물건을 대신 들어달라고 했다.

먹을 것의 흥정으로 대신 들어준 것은 절대로 아니었다. 앙탈을 부리면 그까짓 짐이야 오빠들이 들고 가겠지만, 그들은 중, 고등학교 학생들이라 품위 유지를 해야 하는 것 같았기 때문이었다.

둘째 오빠는 학교에서 선도부장을 하고 있으니, 길에서 혹시 친구나 후배들을 만나면 어깨에 뽕품이 잡혀있어야 하지 않겠는가? 나는 언제나 착한 동생으로 짐을 말없이 받아들었다. 나에게 동생이 없는 것이 이럴 때 가끔 슬펐다.

군기 반장인 둘째 오빠의 지시하에 우리는 일렬종대로 길을 걸었다. 지나가던 차들이 먼지를 뽀얗게 내면 기분이 상당히 나빴다. 어깨를 굽혀도 안 되고 걸음걸이가 비뚤어져도 안 되었다. 누구라도 그 규칙을 어기면 집에 가서 어김없이 단체 기합이었다.

누구든지 서로를 관찰하면서 걸음걸이에 신경을 써야 했다. 군인의 자녀답게 우리들은 걸음걸이를 정말로 똑바르게 잘 걸었다. 뜨거운 바람을 안고 드디어 바다에 도착했다. 바다 특유의 간간한 해풍이 코에 닿아 칙칙했지만, 기분은 그래도 시원하였다. 걸어오다가 묻어온 먼지를 말끔히 다 씻어내었다.

하얀 모래 위에 점으로 박힌 까만 모습들……. 태양은 바다를 불렀고 바다는 사람들을 죄다 부른 것 같았다. 너무나 많은 사람들이 까맣게 타들어 갔다. 모래찜질로 모래에 몸을 묻어 죽는 모습을 연출하였고, 포말에 밀리는 장난스런 웃음도 마구 날렸다.

우리들은 한쪽에 자리를 마련하고 드디어 바다 속으로 풍덩 빠져들었다. 물개 오빠와 물개 언니의 매끄러운 수영 솜씨를 넋을 잃고 바라보다가, 나도 용기를 내어 정강이까지 몸을 담갔다. 둘째 오빠가 불렀다. 수영을 가르쳐준다는 것이었다. 나는 물이 무서워 싫다고 말했으나 오빠는 지금 안 배우면 배울 기회가 없다고 했다.

튜브를 빌려 달라고 하였으니 오빠는 깊은 곳에서 하지 않을 테니 따라 하라고 하였다. 처음에는 순하게 가슴에 물이 적시고 앉았다 섰다 반복하도록 시키더니, 머리를 물속에 넣으라고 하였다. 숨을 크게 한 번 몰아쉬고 머리를 물속으로 푹 집어넣으라고 하였다. 귀와 코, 눈으로 물이 들어갈 것 같아서 싫다고 했더니, 오빠는 괜찮다며 내 머리를 잡고 물속으로 쑥 집어넣었다.

잠시 후 나를 끄집어내는 것 같더니 또다시 푹 밀어 넣었다. 나는 다리를 움직여봤으나 앞으로 나가지를 않고 그렇다고 발이 땅바닥에 닿지 않는 것이었다. 오빠가 손을 잡아 주었으나 이미 물을 두려워한 나는 물속에서 자유로워질 수 없었다.

머리를 내밀어 올리려 하였으나 오빠는 올려주지 않았다. 마셨다. 바닷물을 한껏 마셨다. 간간한 바닷물을 입으로도 먹고 콧구멍으로도 먹었다. 그것도 부족해서 귀로도 먹었다. 귀는 먹먹했고, 코는 쩡하여 기분이 더러웠으며 입은 짜서 죽을 맛이었다. 내가 바닷물을 모두 마시지 않았나 싶었다. 바닷물을 원 없이 마셔서 눈은 짜고 머리가 땅하여 도저히 살 수 없을 것 같아 차라리 죽어야지 했다. 그러나 내일은 엄마와 같이 아버지한테 가야 하니 나는 어떤 수를 써서라도 살아나야 했다.

"오빠, 나 끄집어내 줘!"

"튜브를 달란 말이야!"

그러나 말은 물속에서 녹아버렸고, 몸짓은 잔꾀를 부리는 것처럼 보였는지 오빠의 연신 강도 높은 목소리만 물결에 전해왔다.

-야이, 손발을 움직이란 말이야!-

혼신의 힘을 다해 몸을 들었다.

오빠의 강한 압력이 재차 들어왔다.

"싫어! 나 수영 안 배울래! 나 꺼내 줘!"

그러나 또다시 나는 물속으로 잠겨버렸다. 빠진 김에 개구리수영이라도 쳐보려고 했으나 이미 개구리는 내 편이 아니었다. 허우적거리다 숨이 뚝 끊어지려는 찰나에 오빠가 나를 끌어올렸다.

-뭔 애가 이리 물을 겁을 내노?-

이미 중심을 잃은 나의 모습에 겁을 먹었는지, 오빠는 나를 백사장으로 데리고 나왔다.

-수영 못 가르치겠다. 그냥 모래밭에서 놀게 하고 우리끼리 수영하고 오자.-

내가 정신을 차린 것을 보자, 그들은 안심을 하고는 휙 하니 바다로 가버렸다. 그들은 섬과 섬의 경계선까지 잘도 오갔다. 엄마가 싸 주신 간식은 바닷물을 너무 많이 마셔서 배가 불러 도저히 먹지를 못 했다. 오빠와 언니는 내 몫까지 몽땅 먹어버렸다. 내가 힘들게 가지고 온 것을 나는 하나도 먹지 못하고 언니와 오빠가 다 먹어버렸다. 오빠는 정신을 차린 나를 보고 또다시 연습을 해 보자고 하였다. 나는 사력을 다해서 고함을 질렀다.

"절대로 안 배울 거야!"

수영을 가르친다고 발바닥이 땅에 닿지 않는 곳에 날 데려가 물을 잔뜩 먹였으니, 내가 어찌 두 번 다시 그 사지(死地)를 간다고 하겠는가? 샬낄기리며 나 혼자 수영 못한다고 뱰 뱰 꼬는 오빠들이 너무나 얄미웠다. 언니는 단번에 수영을 배웠다는데……. 막내 오빠는 스스로 터득하여 배웠다는데…….

시퍼런 바다 속에 발바닥이 땅에 닿지 않는 곳에서 내가 서 있기란 너무나 어려운 경지였다. 다른 것은 인내하고 견딜지라도 나는 바닷물 속에서는 인내할 수 없었다. 만금을 준대도 도저히 인내할 수가 없었다.

바다가 좋아 바다에 갈지라도 해변에서 파도의 노래를 듣는 것을 좋아하지, 그 속에 들어가는 것은 너무나 싫다. 다른 운동은 남들에 비해 빠지지 않고 제법 잘하지만 수영, 수영만큼은 젬병이다. 그 어느 해 여름 바닷가, 바다에서 내가 불렀던 것은 튜브, 튜브였던 것이다.

"튜브야, 나에게로 오라! 네가 날 뜨게 하리니!"

주문(呪文)

"앞마당에 새끼줄 한 다발"

"앞마당에 새끼줄 한 다발…"

이 무슨 뚱딴지같은 말인가? 하지만 이것은 중국 어느 유명한 선사가 수행 시절에 암송했다던 주문의 한 구절이다.

그 선사가 하도 무식하여 스승이 다른 수행자처럼 근사한 화두를 주지 않고 이 말을 던져주자, 그 선사는 매우 고마워하며 밤이나 낮이나 이것을 외우며 수행에 힘썼다. 다른 사람들이 뭐라고 하든 말든, 주어진 일에 최선을 다해서 큰 깨달음을 얻어 선사의 반열에 올랐으니, 일종의 자기 주문을 걸어 그 결과를 얻었다고 보면 될 것이다.

요즘의 아이들은 참으로 인내하는 경우가 드물다. 손가락만 살짝 누르면 무엇이든 척척 돌아가는 디지털 세상이니, 힘들여 참는 것에 인색할 수밖에 없을지도 모르겠다. 하지만 세상이 어디 물질, 편리로만 이루어지는가 말이다. 정신적으로 참는 법을 배워야 하는데 잘되지 않는 것 같다.

내가 잘 할 수 있는 것 중의 하나는 '참는 것'이다. 가끔 나는 엉뚱하게도 내 전생이 파계를 했던 스님이 아니었을까? 하는 생각을 해본다. 파계를 했으니 또다시 인간으로 윤회전생을 하여 생사의 업을 쌓아가니 말이다.

이 매력적으로 보이는 인간 세상의 삶에 얼마나 많은 갈등(번민)이 있는지, 그 갈등을 헤쳐 나갈 힘이 없으면 인생을 포기해야 하지만 그 포기는 자연적인 힘으로 해야지, 개인의 물리적인 힘으로 하면 절대로 안 된다.

내가 잘 참아냈던 어린 시절엔 마을에 전깃불이 없었다. 밤이면 달빛에 의지해서 길을 걸었지만, 달이 없었던 밤에는 왜 그렇게 큰오빠가 심부름을 잘 시켰는지 모르겠다. 과자 사 와라, 담배 사 와라. 그런 일을 꼭 나에게만 시켰다. 그럴 것이 다른 형제들은 절대로 그 심부름을 해 주지 않았기 때문이었다. 길이 어두워서 다들 무섭다고 피했다. 그러면 저들보다 더 어렸던 나는 안 무서웠을까?

거스르는 행동에 익숙지 못했던 나는 그런 심부름을 당연한 것으로 받아들여서 심부름을 해주었다. 그래서 대부분의 모든 심부름들은 내 차지였다. 깜깜한 어두운 길을 가자면 귀신이 무서운

게 아니라, 혹시 개가 따라와서 물까 봐 그것이 더 겁이 났다. 뒤를 돌아보면 절대로 안 된다고 스스로 다짐을 하면서 걸었다. 만약 내가 뒤를 돌아보게 되면,

'난 죽는다. 앞으로의 내 인생 앞길에 큰 힘을 발휘하지 못할 것이다.'

라는 생각으로 날 훈련시켰다.

마음에 그런 암시를 두고 걸어가니 무서움이 사라졌다. 대신 걸음걸이가 빨라지는 것은 어쩔 수 없었다. 집이 보이면 더 걸음이 빨라지며 대문을 크게 밀며 큰 소리로 엄마를 불렀다. 그러면 무서움이 다 달아났으니 말이다.

하루는 물도 없이 타박이 고구마를 먹으며 엄마가 계시던 밭으로 가다가 목이 막혀서, 캑캑거리면서도 당황하지 않았다. 옹달샘이 바로 길 밑에 있는데도 징그러운 뱀이 있을까 봐 거기엔 차마 가지 못하고 먼 길을 참으며 뛰었다.

'참자. 이것을 참지 못하면 나는 죽는다.'

이런 식으로 웬만한 황당하고 어려운 일도 잘 참아냈다. 중학교 시절 한창 호흡법(묵상 수련)에 정신을 쏟으며 집중한 적이 있었다. 가부좌를 틀고 앉으면 처음 얼마간은 다리가 너무 저리고 아팠다. 간질거리는 그 저림을 참지 못하고 가부좌를 풀어버리면 말짱 헛고생이 되기에 끝까지 참는 주문을 걸었다.

'2시간을 참자. 이것을 참지 못하면 이번 시험에 좋은 성적을 절대로 받지 못할 것이다'

라는 주문을 걸어놓고, 2시간을 매번 잘 참았다. 시간이 흐르면 다리 저림의 아픔이 없다. 그 시간만 잘 참으면 몇 시간이고 묵상을 할 수 있기에 그렇게 인내를 했었다. 훤한 아파트 밤이 뭐가 무서운지 불을 켜지 않으면 화장실 가기를 무서워하는 아이를 보고 이런 말을 했더니 믿지를 않았다. 대신 이런 말을 하였다.

-"엄마, 불을 켜지 않으면 귀신이 나올 것 같아 무서운 걸 어떡해."-

말이 떨어지면 그 순간에 받고 싶어 하기에 선물 예약도 미리하지 않는다. 그렇게 하면 자연히 약속을 하는 말에 신중을 하게 되고, 일단 약속을 하였다 하면 꼭 지켜주었다. 어린아이를 키우다 보니 참아야 할 것을 참지 못한 적도 가끔은 있었다. 앞으로는 참아야 할 것이 얼마나 많을 것인가?

이참에 새로운 주문을 만들어내야겠다. 주문을 몇 개 만들어 아이에게도 주고 나에게도 걸까? 그렇게 해서 오묘한 인생살이를 헤쳐나가야겠다. 장소와 상황에 맞는 주문을 선정하여 하나씩 걸어야겠다.

자, 주문을 걸자. 오늘은 어떤 주문을 걸어야 하나?

우편배달부의 노래

'~♪~꽃집의 아가씨는 예뻐요
그렇게 예쁠 수가 없어요
한 번만 마음 주면
한 번만 마음 주면~♪~'

배달부가 된 아이는 온종일 이 노래를 불렀다. 그 아이 장래 희망은 큰사람이 되고 싶었다. 동생이 내리 있는 집의 큰아이 큰사람이 되고 싶은 것이다. 지나온 생에 어떤 업의 결과로 막내로 태어났는지 그 아이는 막내로 심부름을 참 많이도 했었다.

그 아이는 6남매의 막내였다. 부모님은 공평하게도 성비(性比)를 잘 맞추어 아들, 딸, 아들, 딸, 아들, 딸, 이렇게 남녀 순으로 꼭

6명을 낳았다. 제각각 특성이 다른 관계로 이 집안은 개성이 빛나는 일이 매일 일어나고 있었다. 타인들이 구경삼을 정도로 일은 어떻게든 빛이 나고 있었다.

우리나라 장남들의 성격은 대부분 내성적이다. 그렇게 된 연유에는 예로부터 내려오던 어떤 차별에서 비롯된 것이리라. 장남은 가만히 있어도 조부모나 부모님이 알아서 챙겨주니, 특별히 날뛰지 않아도 되었다. 도리어 장남이 나서면 경박하다고 핀잔을 들었을 테니, 무엇 때문에 안 들을 욕까지 사서 듣겠는가 말이다.

하지만 차남 이하는 경우가 달라도 많이 달랐다. 자기의 몫은 자기가 알아서 철저히 챙겨야 어떤 대가(代價)가 돌아오는 것이다. 그러지 않으면 개떡 하나라도 마음 놓고 얻어먹지 못할 테니 말이다.

막내는 불쌍하다고 봐 주니, 가운데 끼인 차남, 차녀들은 본인 스스로가 날뛰지 않으면 형제가 많은 집에서 찬 국물도 얻어먹기 힘이 든다. 그러니 살아남기 위해서라도 성격 개조를 해서 외향적으로 바꾸어야 했다.

조선 시대 왕조를 보아도 든든한 백그라운드가 있는 장남들은 그 성격상 크게 나서는 성격을 가지지 못했다. 차남이나 그 밑의 동생들에게 자의든 타의든 정쟁의 틈바구니에서 사정없이 밀려들 났다. 어찌하여 겨우 왕권을 잡은 장남일지라도 길게 살지 못하고, 비운으로 생을 마쳐야 했으니, 팔자도 그런 더러운 팔자가 없을 것이다. 그 후예들이 사는 땅이라 그런지, 여느 집을 막론하고 장남은 순하고 다소곳하지만, 차남은 다분히 외향적인 괄괄한 성격으로 개성이 팔팔 살아 넘쳐났다.

그 아이의 집만 해도 큰오빠는 조용해서 집에 있는지 없는지 몰랐지만, 둘째 오빠는 방방 나부대었다. 이 둘째 오빠가 만인들의 사춘기를 혼자 감당하는 듯, 굉장한 사춘기에 접어들었을 때였다. 남학생들의 사춘기는 생각보다 행동이 앞서는 것이다.

'행동만이 살길이다.'

라는 식이었다. 숨어서 담배를 피우지 않나, 귀엽고 잘 생긴 동생들을 군기(軍氣) 잡는다고 단체 기합을 주지 않나, 하여튼 둘째 오빠는 자기의 발랄하다 못해 날아오르는 열기를 깡그리 동생들에게 아낌없이 다 선보였다.

마루를 번쩍번쩍 빛나지 않게 닦아놓으면 장식용 몽둥이가 실험용 몽둥이로 변하는 것이었다. 그런 오빠에게도 살랑살랑 봄이 꼬리를 치면서 다가왔다.

연애편지는 봄에 그 빛을 더한다. 만산에 꽃물이 들고, 사람 마음에도 꽃물이 번지는 계절이었으니, 한창 사춘기에 접어든 오빠라고 그 꽃물을 피해가라는 예외가 없었다. 우리 동네에 꽃집 언니가 한 명 있었다. 꽃을 키우는 집의 딸답게 얼굴이 뽀얗고 예뻤다. 꽃이나 사람이나 우선 잘나고 볼 일이었다.

오빠의 마음을 빼앗은 그 언니는 오빠의 마음을 아는지 모르는지 그것을 아이는 몰랐다. 그 방방 대고 갈갈하던 오빠였지만, 여학생 앞에서는, 그것도 본인이 마음을 두고 있는 여학생 앞에는 차마 나서지 못하는가 싶었다. 하루는 아이를 살며시 불러서 용돈까지 주면서 편지를 그 집에 전해 주라고 했는데, 꼭 그 언니에게 전해주라는 것이었다. 어린 마음에도 이건 연애편지로구나 눈치를 챘다.

'본인이 못 할 일을 왜 남에게 시킬까?'

용기 있는 자만이 미인을 차지한다고 했는데 말이다. 하지만 체력적으로나 서열상으로나 한참이 밀리는 아이였기에 그 심부름을 해야만 했다. 심부름을 가는 아이 손안에는 분홍 꽃물이 잔뜩 묻어나고 있었다.

'어떤 이야기가 숨어 있을까?'
'어떤 답이 전해져올까?'

시키는 대로 심부름을 하는 아이의 마음에는 그들 당사자 마음보다 더 콩닥거렸다.

그 집에 갈 때마다 라디오에선 꼭 노래가 울려 나왔다.

'~♪~꽃집의 아가씨는 예뻐요.
그렇게 예쁠 수가 없어요~♪~'

노래는 나비가 되어서 나풀거렸다.

인터넷이 발달하여 이메일로 혹은, 휴대폰 문자로 마음을 주고받는 시대이니, 초조하게 기다리는 마음들이 지금은 사라지고 있다. 은근하게 떨리는 마음으로 기다리는 마음들이 사라진 것이다.

우편배달부가 보이지 않는 이 시대, 우표 값을 모르는 시대에 살면서, 지나간 세월의 아이가 부르던 우편배달부의 노래는 여전히 들려오고 있다.

'~♪~꽃집의 아가씨는 예뻐요.

그렇게 예쁠 수가 없어요~♪~'

* 우편배달부 : 집배원

엄마의 이름

"오늘 아침 조회시간에는 가정생활 조사를 한다. 모두들, 두 눈 감고 엎드려!"

담임선생님의 목소리에 아이들은 실눈을 뜨고 엎드리다가 또 한 소리를 들었다.

"누가 눈을 슬그머니 실눈을 뜨고 엎드리라고 했어? 이놈들, 빨리 눈들 안 감어!"

아이들은 꼼짝없이 두 눈을 다 감았다. 눈에 보이는 것이 없으니 참으로 갑갑하였다.

"자, 집에 텔레비전이 있는 사람?"

손을 드는 아이가 있는지 없는지 아무 소리가 없다.

"다음, 집에 비단이 있는 사람?"

나는 자신 있게 손을 번쩍 들었다. 우리 집 이불이 분명 그 촉감이 좋은 비단이불이었기 때문이다.

"자자, 그리고 전화기가 있는 사람?"

"다음으로 자가용이 있는 사람?"

뭔가 많이 조사하는 것 같았지만 다른 말은 귀에 들어오지도 않았다. 비단이라는 말만 내 머릿속에 잔뜩 쌓였을 뿐이다.

'집에 고무신이 몇 켤레 있는 것은 왜 아니 물어보실까?'

속으로 구시렁거리며 별 희한한 것을 다 물어본다고 생각하고 있었다.

'집에 전축이 있으면 판이라도 하나 사 주시려나?'

아이들은 제각각 부끄러운 마음과 부러운 마음을 동시에 가지고 생각에 잠기어 있었다. 자질구레한 각종 조사가 끝나자, 아이들은 두 눈을 뜨고 본격적으로 수군거리기 시작했다.

담임이 나가자 모두들 자리에서 소란스럽게 일어났다.

-니는 어디에 손을 들었냐?-

모두들 수군거렸다. 아이들의 의지와 관계없는 가정환경 조사가 끝이 나자, 손을 가장 많이 든 것 같은 아이가 어깨에 힘이 잔뜩 들어간 채 으스대며 우리들 앞으로 다가왔다.

-니네 집에 뭐 있냐?-

그 아이는 아주 자랑스럽다는 듯이 말을 붙였다.

"......."

아무도 대답이 없다.

"야, 니네 집에 비단 있어?"

나는 한 마디 톡 쏘아붙였다. 그랬더니 그 애는 머쓱한지 자기 자리로 가버리고 말았다. 쉬는 시간은 아이들의 천국이었다. 뛰는 놈 위에 나는 놈이 있게 마련이다. 책상 사이로 뛰어다니며 아이들 연필이랑 지우개를 쓸어버리는 아이가 있는가 하면, 책상과 책상 위를 날아다니는 아이도 있었다. 먼지가 나든 지 말든지, 넘어져 다치든지 말든지, 아무도 개의치 않았다. 우리는 이렇게 신나게 뛰어놀면서 무럭무럭 자랐다. 지루한 수업이 끝나자, 종례시간이 다가왔다.

"자자, 조용히! 이놈들 뭐가 그렇게 신이 나느냐?"

담임의 일갈이 있자 다시 잠잠해졌다.

"어이, 양순이 일어나 봐. 네 어머니 이름이 어찌 되느냐?"

-예, 석기띠기(석기 댁)입니다.-

까르르, 키득키득 교실 안은 웃음으로 난리였다. 담임의 입에 묘한 웃음이 일더니 다시 물었다.

"어이, 양순이 너의 어머니 이름은?"

-석. 기. 댁입니다.-

양순이의 또박또박한 대답이 끝나자 여기저기서 킥킥킥, 까르르 책상을 치고 기함을 하는 난리가 일어났다.

"허허허, 그래? 니네 엄마 이름이 석. 기. 띠. 기라 말이지?"

-예.-

"야이 놈아, 어찌 네 엄마 이름도 모르느냐? 석. 기. 댁은 니네 엄마 택호(宅號)니라."

양순이는 얼굴이 벌개가지고 자리에 앉아 어쩔 줄을 몰랐다. 그 아이는 자기 엄마 이름이 '석기띠기'라고 알고 있었던 것이다. 동네 아주머니들이 자기 엄마를 부를 때, '석기 댁', '석기띠기'라고 불렀으니 이제껏 그렇게 알고 있었던 것이다.

요즘의 '누구 엄마'라고 불러주는 어머니의 이름, 그 이름보다는 훨씬 멋스럽지 않은가? '무슨 댁'이라고 불러 주는 것은, 여자의 근본을 말해 주는 것이기 때문이다. '어디 출신'이라는 것을 확실히 알려주니, 이 얼마나 고향 같은 이름인가 말이다. 아이들도 자기네 외가가 '어디'인 줄 자연히 알게 되니, 나중에 커서도 외가를 잊지 않고 찾아갈 수가 있을 것이다. 예전 사람들의 이 인간적인 마음 씀씀이가 돋보이던 호칭이었다.

가정환경 조사로 말미암아 아이들은 친구들의 가정환경도 대충 알게 되었고, 비밀리에 싸여 있던 아이들의 무식함도 알았다. 이름을 부르는 것도 좋고, 별명을 부르는 것도 다 좋다. 거리의 음식점 간판에 '부산댁', '전주댁'이라는 이름을 보면 어찌 입맛이 새록새록 돋는 것을 느낀다. 그 지방만의 특이한 맛을 알 수 있기 때문이다.

그런데, 양순이는 정말로 자기 엄마 이름을 몰랐을까?

나 잡아 봐라

정월 대보름달은 얼마나 많은 소망을 담았기에 저렇게도 크게 뜰까? 누구의 소원을 얼마나 들어주었기에 저렇게 배가 부를까? 아이들은 배부른 달을 쳐다보며 환호성을 질렀다. 배부른 달도 아이들의 불룩한 배를 보고 웃음을 흘렸다.

동네 우물가에 아이들이 하나둘씩 모여들었다. 한 손에 복조리를 하나씩 들고서 걸음을 바삐 모았다. 행여 자기를 두고 갈까 봐 서둘러서 모인 것이다. 여남은 명이 모이면 편을 나누어서 보름밥 구걸을 하려는 것이다.

아이들은 집에서 배불리 밥을 먹고 나왔어도 남의 집 밥이 들어갈 공간은 남겨두었다. 어느 집의 밥이 어떤 맛이 있을지 그 호기심으로 아이들은 배가 빨리 꺼짐을 느꼈다. 어서 많이 얻어서 골고루 먹어보아야 한 해를 잘 맞이할 수 있을 것 같았다. 보름달은 아이들의 꿈과 함께 자꾸 밝아지고 있었다.

대나무로 만든 복조리는 투박스럽지만 커서 밥을 많이 담을 수 있고, 싸리로 만든 복조리는 귀엽고 섬세하지만, 밥을 담으면 힘이 없어 살짝 부러질 것 같았다. 드디어 아이들의 떼거리 구걸이 시작되었다. 떼거리로 밀려드는 아이들에게 한 집에서 한 숟가락씩 밥을 준다고 해도 그 양은 분명 많을 것이다.

찹쌀과 조 그리고 팥이 많이 들어간 찰밥을 좋아해서 나는 앞장을 섰다. 찰밥은 따로 반찬이 필요 없다. 맛이 간간하게 간이 잘 되어 있기에 밥만 먹어도 좋았다. 고소하게 덖은 가지나물이라도 있으면 행복은 곱이 되었다. 그렇게 얻어온 밥을 논바닥 볏짚 쌓아놓은 곳에 빙 둘러앉아서 아이들은 열심히 먹어댔다.

물이 없어도 체하지 않은지 아무도 물을 찾는 아이가 없었다. 구경 나온 개들이 밥을 얻어먹으려고 부단히도 낑낑대었다. '정월 대보름의 개 팔자'란 말이 있는데 저 개들은 아직 그 말을 들은 적이 없나 보았다. 대보름에 개한테 밥을 주면 정신이 나간다는데, 아이들은 정신이 나가든 들어오든 낑낑대는 개에게 먼저 밥을 던져주었다.

배를 채우고 난 아이들은 슬슬 몸이 간지러워 왔다. 천연 조명도 밝겠다 인원수도 되겠다, 아이들은 망설일 게 없었다. 층층으로 되어 있는 계단식 논은 아이들의 겨울 운동 장소로 안성맞춤이었다. 술래를 정했다. 배부른 아이들의 몸풀기가 기분 좋게 시작되었다. 행동반경을 정해 놓았으니 그 속에서만 무조건 뛰어야 했다. 방금 밥을 먹고 뛰니 위 속에서는 난리도 그런 난리가 아니었다.

　소화하기에 바쁜데 바깥에서 들고 날뛰니 도저히 성질이 나서 못 견디겠는지 위가 벨 벨 꼬이기 시작했다. 위에 들어간 음식물들이 일치단결을 하였는지 출렁거리며 위벽을 콕콕 쪼아대기 시작했다. 아픈 배를 어루만지기 위해서 멈추었다가는 술래에게 잡히기 십상이니, 아픈 배는 배대로 뛰는 아이는 아이대로 길길이 제 갈 길로 뛰었다. 높은 논 계단은 오르기에 숨이 찼지만 내리닫는 논 계단은 창공을 나는 것처럼 가슴이 시원하였다.

　동네를 몇 바퀴를 돌았는지 모른다. 먹고 힘이 남은 아이들은 뛰기도 잘 하였다. 보름달은 아이들의 뜀박질에 제 숨이 차서 가지도 못 하고 밤하늘 한가운데에서 같이 헉헉대고 있었다. 술래가 다른 아이를 쫓다가 갑자기 진로를 바꾸더니 나를 쫓아 뛰어왔다. 얼떨결에 당한 것이라 가슴이 서늘하여 나는 계단 논으로 줄기차게 뛰어내렸다. 나는 이미 소머즈가 되어 있었고 나비가 되어 있었다.

　사람은 급박한 상황에 부딪히면 초능력이 발휘되는가 싶었다. 대낮 같으면 뛰어내리기 힘든 논인데도 상황이 상황인지라 잡히지 않으려고 뛰다 보니, 그런 높이를 훨훨 날아서 뛰어내렸던 것이다. 나중엔 그 짜릿한 스릴을 즐기면서 하게 되었다. 그러다 어느 순간에 술래가 내 뒤를 바짝 따라붙었다. 순간 간이 콩알만 해져서 휘어진 논길을 뛰다가 그만 눈을 감고 뛰어내렸다. 내 옷이 술래에게 잡히려던 순간이었다.

"풍덩"

물소리가 허공으로 튀면서 조용해졌다.

'술래가 돌멩이를 던져놓고 하늘로 사라졌나?'

술래의 발걸음 소리가 들리지 않았다. 아이들이 모였다. 쫓는 자가 있어야 생기가 도는 법인데, 쫓는 술래가 보이지 않았다. 아이들이 웅덩이로 모여들었다. 시커먼 물체가 웅덩이에서 허우적거렸다.

"야, 저게 뭐꼬?"

우리들은 긴장을 하고 막대기를 가져왔다. 살얼음이 있어서 그 살얼음은 달빛을 받아서 뾰족한 빛을 내고 있었다.

-허우적허우적.-

막대를 넣으니 막대를 꽉 쥔 느낌이 왔다. 술래였다. 그것은 하늘을 날다가 웅덩이로 추락한 날지 못한 술래였다. 나를 잡다가 자기를 잡을 뻔한 술래였다. 이 절박한 상황을 앞에 두고 우리는 울어야 함에도 웃음이 픽픽 나왔다. 킥킥대는 아이들 웃음이 찬 기운을 타고 달에 전해졌다. 보름달은 호기심 많은 눈으로 웅덩이를 보고 있었다. 물에 젖어 생쥐 꼴을 한 술래는 계면쩍어서 추위에도 춥지 않은 벌건 얼굴이었다.

감기가 감히 누구를 찾아오겠는가? 요즘은 겹겹이 싸서 아이를 키우는데도 아이들은 감기를 달고 산다. 감기 또한 면역이 강해서 좀처럼 낫지 않는다. 두 겹옷으로 겨울을 나던 그 시대 아이들은 밤이면 뛰고 낮이면 얼음과 씨름을 했다. 그러니 어찌 감히 감기가 찾아왔겠는가? 찬바람이 몰아칠 때 논으로 나가자. 바람을 등에 지고 앞으로 달려보자. 그리고 큰 소리로 고함도 치자.

"나 잡아 봐라."

"잡을 수 있으면 잡아 보라고!"

길파라치

영국의 다이애나 왕세자빈이 카(car)파라치에게 미행당하다 터널 주위에서 차 사고로 죽었다. 차 속에는 다이애나의 부호 애인이 동승해서 같이 죽었다. 카파라치가 죽음의 사신으로 와서 다이애나 왕세자빈을 연모하던 온 세계 만인의 가슴에 못을 박았다.

초등학교 때 천둥 벼락사건으로 하느님과의 약속을 했던 나는, 그 약속을 이행하기 위해서 그날도 열심히 십자가를 따르고 있었다. 하늘은 높고 바람이 싱그러워 걷기엔 안성맞춤이었다. 손바닥엔 쪽지를 들고 중얼중얼 외우며 걸었다. 역사가 머릿속에서 쫙 펼쳐졌고, 한자(漢字)가 날개를 달고 눈앞에서 뱅뱅 돌았다. 마음에 평온이 깔렸다.

'암기 과목은 역시 걸으면서 외우는 게 좋아.'

이렇게 생각하며 교회를 향하던 발걸음은 가벼웠다. 가을 구름이 그런 나의 발걸음을 따라왔다. 그때 수상한 길파라치가 일정한 거리를 두고 나를 따라오는 기운을 느꼈다. 영감(靈感)은 어디에서나 존재했다.

오늘 같이 교회를 가자던 친구들이 하교를 하자마자 미꾸라지처럼 요리조리 빠져나갔다. 그들은 영화를 보러 다녔고, 분식점에 가서 도넛이랑 라면을 먹으며 배를 든든히 채우기도 했다. 그러고는 교회에 와서 시치미를 뚝 떼고 열심히 통성기도를 했었다.

묵언기도를 좋아했던 나는 자칫 정신을 놓으면, 도대체 무슨 기도를 하고 있는지도 모를 정도로 그들은 매우 시끄럽게 기도를 하였다. 그들과 같이 기도를 할 때는 정신을 바짝 차려야 했다. 그렇지 않으면 기도가 흐트러지기에 긴장이 되었다. 이렇다 보니 나는 그들과 같이 잘 어울리지 않았다.

교리에 충실해서 교리에 한 치라도 어긋나게 행동하면 양심에 벌을 받는 것으로 알았다. 친구들이 하던 행동은 하느님과의 약속에 어긋났기 때문이었다. 성경에서는 마음으로도 죄를 짓지 말라고 하였다. 호기심이 도는 야한 영화 포스트에도 시선을 주지 않고 걸었다. 호빵과 단팥죽이 유혹을 해서 식욕이 동했어도, 꾹 참아 내었다. 그런 대가(代價)로 교회의 대표기도를 주로 도맡아 했었다. 중학생이면서도 설교까지 했으니, 그때의 내 신앙생활은 적어도 도도(道道)한 생활 그 자체였었다.

학교에서 친구들이 손을 뻗쳐왔다. 소위 불량소녀 팀이 저들의 무리에 넣기 위해서 나를 부단히 꼬드겼다. 그런 아이들이 정말 싫었다. 그들에게 거절을 할수록 그들은 끈질기게 꼬드겼다. 그 중에 한 아이가 나를 포기하지 못하고 시간만 나면 집적거렸다. 그러나 직접 접근하지는 못하고, 애꿎은 내 짝꿍에게 시비를 걸어서 나의 관심을 끌려고 했었다.

다른 친구들은 그 애가 겁이 나서 설설 기었다. 그 애 입이 험해서 험한 꼴을 당하지 않으려고 그랬는지도 모른다. 그 애 아버지가 우리 학교 선생님인데도 제 아버지 체면을 세워주는 것에 도대체 관심이 없었던 아이였다. 그리고 그 아이는 친구들 앞에서 우쭐거리며 뽐도 잘 내었다. 그 꼴을 나는 안 받아주었으니, 그 앤 얼마나 비위가 상하고 자만심이 상했을까? 그래서 끈질기게 나에게 그랬던 것이었다.

초등학생 때 천둥 벼락에 크게 놀랐던 나는, 하느님과의 거래를 했었다. 그 거래 약속 때문에 내 학창시절의 틈나는 시간을 고스란히 교회에 저당 잡혀놓고 지냈었다. 그런 저당 잡힌 생활을 하였으니, 나와 하나님 사이의 은밀한 약속을 알 수 없었던 친구들은 내 생활이 무척 비밀스러웠을 것이다.

뒤에서 왠지 모를 싸한 기운이 감지되었다. 나는 길을 걸을 때 여간해서는 뒤를 돌아보지 않는다. 뒤를 자주 돌아보는 것은 마음이 약하다는 증거이기 때문이다.

어렸을 때 깜깜한 밤중에 오빠 심부름으로 먼 가게까지 다녀왔을 때도, 아무리 무서워도 절대로 뒤를 돌아보지 않았다. 어떤 때는 너무 무서워서 다리가 후들후들 떨렸고 식은땀도 났었지만, 끝내 돌아보지 않았다. 그런데 지금 뒤에서 그런 느낌이 들었다. 잠시 걸음을 멈추고 그대로 섰다. 그랬더니 따르던 걸음도 따라서는 것을 느꼈다.

지금은 나에게 神이라는 강한 '백 그라운드(Back Ground)'가 있지 않은가! 빽이 없었던 어린 시절에도 잘 견뎠는데, 이렇게 든든한 무소불능(無所不能), 자유자재(自由自在)하신 빽이 지켜주고 계시는데 무슨 두려움이 있으랴!

하지만 기분 나쁜 기운이 감돌았다. 같은 길을 갈 사람이면 나를 앞질러 갈 것이고, 나를 앞지르지 않고 계속 같은 속도로 나를 따른다면, 그것은 분명히 기분 나쁜 길파라치가 틀림없다. 가다가 서고, 가다가 서고 그러기를 반복하여 드디어 교회 입구까지 다다랐다. 교회 문을 열고 들어가면서 획 잽싸게 돌아보았더니, 우리 학교 교복을 입은 여학생 한 명이 후다닥 도망가는 것이 보였다. 모습이 꼭 그 애 같았다.

다음날 학교에 갔더니 그 애가 순한 태도로 말을 걸어왔다. 어제 실은 너를 미행했었다고, 도대체 수업을 마치면 어디로 그렇게 가는가 싶어서 그동안 뒤져 봤었지만, 시내 어느 곳에도 없었고, 행방이 묘연해서 어제는 날을 잡아서 처음부터 미행을 했노라고 말했다.

그런데 내가 교회에 들어가 뒤를 획 돌아보는 바람에, 얼결에 놀라서 도망을 했다고 하였다. 그 애가 친구 하자고 나에게 손을 내밀었다. 나는 이 한마디로 거절을 해버렸다.

"친구, 그 아무나 하고 하는 거 아니다."

꿀 먹은 벙어리

말은 그 사람의 인격을 드러낸다고 한다. 성격이 부드러운 사람은 말씨가 부드럽고, 강한 사람은 대체로 우악스럽게 표현한다. 낯선 거리에서 길을 물을 때, 예쁘장하게 생긴 여자에게서 투박한 대답을 듣거나, 험상궂게 생긴 남자에게서 부드럽고 나긋나긋한 말씨를 들으면, 물음의 답보다는 대답하는 사람의 표현에 신경이 쓰여서, 사람의 모습과 언어의 반전 매력에 놀라면서, 그 사람의 얼굴을 다시 한 번 힐끗 쳐다보게 될 때가 가끔 있다.

한때 사투리를 몹시 싫어한 때가 있었다. 사투리의 어감이 너무 싫어서, 사투리를 사용하는 사람까지 거리를 둔 적이 있었다. 나는 태생이 경기도지만 유년기를 넘기고부터 30대까지 경상도에서 생활을 하였다. 부드럽고 온화한 표준어인 서울말을 사용하다가 사투리 중에서도 표현에서 극도의 투박함을 보이는 서부 경상도에서 살았기 때문에, 주변의 언어생활에 적응을 하지 못해서 한동안 어려움이 따랐었다. 3대가 함께 사는 대가족이었기에 바글바글한 가족과 바로 이웃에 사는 우글거리는 친지들의 종횡무진으로 시끄러운 사투리 행렬 속에서 나는 이방인처럼 혼자 스스로를 따돌리고 있었다.

막내로 태어난 나는 다른 형제들과는 달리 한 번도 부모님과 떨어져 살아본 적이 없었다. 시골 할머니 댁을 오가며 자랐던 오빠, 언니들은 표준어보다 경상도 사투리에 적응이 빨라서 유창한 경상도 사투리를 스스럼없이 구사하였다.

그러나 부모님의 따개비로 생활했던 나는 형제들의 투박한 사투리 홍수 속에도 적응이 잘되지 않아서 말을 적게 하였다. 말수가 적으니 어른들로부터 자연히 의젓하다는 말을 듣게 되었고, 그러다 보니 본의 아니게 점점 무게 있는 아이가 되어 갔다.

누가 말을 걸어오면 스스로 멀리했으니, 그들이 나를 따돌림을 한 것이 아니라 실은 내가 그들을 집단으로 따돌린 것이었다. 또래의 사촌이나 육촌들이 같이 놀고 싶어서 찾아오면, 그들의 사발 깨지는 특유의 투박한 목소리에 기겁을 하여 싸늘한 눈길을 주면, 그들은 멈칫 왔던 대문으로 쓸쓸히 되돌아 나갔다.

학교에서도 가장 즐거운 시간은 수업 시간이나 책을 읽는 시간뿐이었다. 적어도 그 시간에는 사투리를 덜 들을 수 있어서 좋았고, 책을 읽을 때는 모든 글이 표준어라서 아무런 어려움이 없었다.

하지만 아무리 사투리의 어감이 싫었어도 그들 속에 점점 체화(體化)가 되었다. 나긋나긋하던 서울말에서 투박하고 시끄러운 사투리로 바뀔 때 그 어정쩡함이란 말로 표현할 수 없을 만큼 나에게는 기분이 아주 나쁜 것이었다.

단체 생활에서 행동이 튀는 것은 주위로부터 주목을 받기 십상이다. 사투리 동화(同化) 과정을 겪으면서 동네 어른들에게 인사를 할 때도 어떤 말로 해야 할지 고민하다가 엉뚱한 인사말을 하게 된 적이 있었다. 저 멀리 어른이 보이면 머릿속에서 미리 '할아버지, 안녕하세요?'. '할배, 안녕하십니꺼?' 이런 연습을 하다가 막상 부딪히면 혀가 꼬여서,

"할아배, 안녕하입시니꺼?"

라 웃지 못할 상황을 연출하기도 하였다. 그럴 때는 시골로 이사 온 부모님을 약간 원망도 하였다. 그러다 세월이 흘러 입에 사투리가 짝짝 달라붙어서 구수하게 익어갈 무렵, 대학에 입학하여 환상에 젖었던 꿈같은 미팅을 하게 되었다.

하필 나의 파트너는 3대째 서울 본토박이에 훤칠하게 키도 큰, 너무나 잘생긴 남자였다. 프랑스의 미남 배우 알랭 들롱처럼 잘생긴 남자가 목소리까지 부드럽고, 어조가 나긋나긋해서 그대로 빨려 들어갈 것 같았지만, 나는 그 어떤 말도 한마디를 할 수가 없었다.

표준어 앞에서 사정없이 초라해진 나의 뚝배기 언어여! 사투리는 입안에서 헛발질을 마구 해대고 있었다. 남자는 가까워지고 싶어서 말을 자꾸 붙였지만, 나의 언어 구사 능력은 외국인을 처

음 만나 떠듬거리는 영어 언어의 장벽에 부딪히는 꼴이 되었다. 유창했던 사투리 실력이 표준어 앞에서 꼬리를 사정없이 내렸으니, 나의 이런 처절한 속사정을 모르는 남자는 꿀 먹은 벙어리 같은 나를 마냥 안타깝게 바라보았다.

상냥한 서울 여자와 투박한 경상도 남자의 만남은 '환상적'이다. 그러나 서울 남자와 경상도 여자의 만남은 이렇게 '환장할' 지경이었다. 자유롭게 대화를 해야 하는데, 이처럼 언어 장벽에 부딪혀 스스로 대화를 단절시켰으니 속이 끓었다. 화장실에 다녀온 남자의 미처 올리지 못한 바지 지퍼를 보고도 말 대신 화장실에 다시 갔다 오라는 번거롭게 친절한 쪽지를 건네고는 그대로 돌아와 버렸다. 더 이상 같이 있다간 나의 사투리가 표준어 앞에서 너무나 고생할 것 같았기 때문이었다.

그 후로 나의 사투리는 점점 빛을 잃어가기 시작했다. 사투리가 빛을 잃어갈수록 나의 꿀은 입에서 줄어들었다. 그러나 내가 그간 먹었던 꿀을 세월은 새로운 현장에서 다시 게워내고 있다. 뾰족한 언어의 꿀이 아이들에게 흥미를 주고 있고, 나의 창작 활동에서 기지개를 켜고 있으니, 나는 꿀을 먹었던 벙어리에서 이제는 사투리의 꿀을 줄줄 쏟아내는 달콤한 벌[蜂]이 되어 갔다.

꿀통에 꿀이 가득 차면, 표준어가 입맛이 없어 허허로울 때 사투리 꿀을 개봉할 것이다. 다디달고 쫀득쫀득한 꿀이 입에 쩍쩍 달라붙어서 언어의 경계가 헐릴 때, 막힘도 없이 자유롭게 훨훨 날아다닐 수 있기 때문이다.

까마귀

-까악~-

-까아악~-

-까아아악~-

뒷산을 넘어가는 까마귀가 기분 나쁜 울음을 길게 흘리고 있었다.

"퉤, 퉤퉤퉤."

나는 마당에 침을 꼭 세 번을 뱉었다. 어른들이 까마귀는 사람을 잡아가는 저승사자이기 때문에, 까마귀가 울면 꼭 침을 뱉어야 한다고 했기 때문이다.

"누가 돌아가셨을까?"

나는 침을 뱉은 입을 닦으면서 하늘을 보았다. 지붕 위로 시커먼 까마귀가 날개를 퍼덕이며 뒷산을 넘어가고 있었다.

'혹시…… 뒷집 할머니가?'

한동안 우리 집에 자주 놀러 오셨던 할머니가 발길을 뚝 끊고 집 안에 누워 계신다는 뒷집 할머니가 참으로 궁금하였다. 그 뒷집 할머니는 연세가 팔순이 넘으셨는데도 피부가 옥처럼 뽀얬다. 머리칼은 검은 머리털이 하나 없는 순백으로 뽀얀 피부와 맞물려 백발은 햇살에 얼마나 빛이 났던가 말이다.

가냘픈 몸으로 하얀 고무신을 보이며 지팡이에 몸을 의지해 천천히 걸어오시면, 나는 쪼르르 달려가서 그 할머니를 부축하여 대청마루에 앉혀 드렸다. 그리고 고무신을 벗겨서 재빨리 우물가에 앉아서 비누로 빡빡 문질러, 때 묻은 코고무신을 하얗게 말려서 가실 때 신겨 드렸다. 몇 번을 그렇게 했더니 할머니는 우리 집에 오시면 먼저 신발부터 보시는 모양이었다. 어느 날부터 깨끗한 신발을 신고 오셨기 때문이다. 아마도 스스로 나에게 미안한 감이 들어서였을까? 코고무신을 씻을 때, 거품 속에 검은 때가 씻겨 나감을 즐겨했는데…… .

그 할머니에게 미숫가루를 타 드리면 작은 입술을 오물오물 움직여 조금씩 마시며 배시시 웃으시던 그 할머니가 걱정되었다.

귀를 기울였다. 그 집에선 아직까지 아무런 소리도 새어 나오지 않았다. 다행한 일이었다. 학교에 가면서도 논바닥에서 먹이를 찾고 있던 까마귀를 보면 왜 그렇게 슬프게 보였던지 모른다. 탁음으로 내려앉은 까마귀의 울음은 들을수록 기분이 나빴다. 까마귀가 한 번 울 때마다 한 사람이 죽어 나간다면 큰일이다. 그렇지 않아도 작은 동네인데 까마귀가 자꾸 오면 안 될 일이다. 그런데 까마귀가 울어도 다 죽는 것은 아닌가 보았다.

  나는 침을 뱉은 마당을 다시 보며 앞으로는 침을 뱉지 않으리라 생각하고 마당을 쓸었다. 개미가 빗자루 사이에 걸려서 요동을 친다. 개미를 놓아주고 쓰레기를 모아서 아궁이로 가져갔다

  -아이고~-

  -아이고오~-

  -어머니~ 할머니이⋯⋯⋯⋯⋯⋯⋯.엉엉엉-

  갑자기 대 소란이 일어났다.

  '이게 뭔 소리고?'

  나는 급히 빗자루와 쓰레받기를 놔두고 뛰어 나갔다. 웅성웅성 사람들이 그 집으로 바삐 달려가고 있었다. 그 할머니가 조금 전에 운명하셨다고 한다. 까마귀 울음이 아직도 귓가에 쟁쟁거리며 산을 넘어간다.

  -까악~-

  -까아악~-

  -까아아악~-

  입에 침이 고였다.

산중수도승(山中修圖勝)의 파계(琶溪) 이야기

여름은 태양을 먹고 산다고 한다. 하얀 피부가 태양을 먹으면 노르끼리한 유혹의 눈길 색으로 빛이 나지만, 까무잡잡한 피부가 태양을 먹으면 아궁이 몰대(철판)에 얹힌 생선 모양으로 시꺼멓게 타고 만다.

방학이 되면 언제나 산에서 은근히 부르는 소리가 있다. 그 감미로운 음률을 거절하지 못하는 5인방 여걸들이 있었는데, 그들은 날을 잡아 며칠을 출가하기로 결심했다. 산천초목이 눈을 시퍼렇게 뜨고 있어서 어디를 가거나 싱싱한 기운을 느낄 수 있지만, 그들은 언제나 산으로 갔었다.

여걸의 중심에는 물을 아주 싫어하는 인도자인 내가 있었다. 어느 전생에 물에 빠져서 호되게 고생을 하여 죽었던지, 아니면 인

어공주여서 물에 싫증이 났었는지 나는 죽으라고 바닷물을 싫어했다.

그러나 물을 싫어하는 대신에 산이라고 하면 신바람이 났다. 어쩌면 나는 전생에 철저한 수도승으로서 도를 닦다가 죽었는지도 모를 일이다. 그렇지 않고서는 산이라 하면 그렇게 얼씨구나 노래를 부르며 산에만 오르면 몸이 날아갈 수가 없는 것이기 때문이다.

그들의 입줄을 쥐고 있는 나는 그날도 행선지를 지리산 피아골로 잡아서 물품을 세심히 정리하고 있었다. 길을 떠나자면 길손이 필요하다. 학과의 남학생들이 자기네들도 데려가 달라고 줄을 서서 요청을 했다. 그들 여걸이 있는 곳엔 언제나 웃음과 해학이 있고, 또 쭉쭉빵빵 여걸들이니 같이 다니면 그림이 그럴싸하게 보일 테니 그랬을까? 전자는 그렇다손 치더라도 후자는 좀 그렇지 않을까? 그렇지만 후자도 포함되는 것으로 치자. 착각도 일종의 운치이니까.

그러나 여걸 중의 한 명, 인도자인 나만 빼고는 다 그럴싸했으니 맞는 말이다. 이 여걸들의 특징은 언제나 남학생들을 달고 다니지 않는다는 점에서 더욱 남학생들의 호기심과 관심을 받았다.

그녀들은 코가 높은 것도 아니면서, 그렇다고 부족한 것이 있는 것도 아니면서, 무슨 이유에선지 그들은 하나같이 5인방 여걸 속에서 한 발자국도 나가지 않는 것이었다. 그 흔한 미팅에도 그들은 잘 참석하지 않았다. 그러니 남학생들의 여걸들에 대한 관심

집중은 충분히 이해가 가는 것이다.

그녀들의 사전에 어디를 가든, 남학생들과의 동행은 없었지만 이번 며칠 출가 행은 좀 달랐다. 남한의 육지 산 중 최고봉인 지리산에 가는데, 무거운 짐과 행여 불손한 행인들의 공격에 대처해 줄 든든한 보디가드가 필요한 것이었다.

남학생들의 입장에서 보면 그들을 이용한다고 볼 수 있으나, 여걸들의 속마음은 오로지 그 이유에서였다.

드디어 남학생들을 간택하게 되었다. 남학생들은 사이좋게 짝을 지어 가자고 강력히 요청을 했으나, 그건 큰일 날 소리를 하고 있는 것이었다. 따라가는 주제에 주최 측에게 힘든 요구 사항을 하고 있다는 것을, 그 남학생들은 모르고 했던 말일 것이다. 5인 여학생에게 잘 맞는 남학생 숫자는 딱 2명이다. 본래는 한 명만 데려가려고 했지만, 그것은 너무 심한 처사 같아서, 2명을 선발해서 마무리 짐을 모두 챙겼다.

길을 떠나는 것은 언제나 즐겁다. 그건 목적지보다는 여행 과정이 즐거워서 그렇다. 산야의 풍경들은 여걸들의 마음을 휘어잡기에 충분히 멋있었다.

옛날 선조들은 여름날 산길을 걸을 때 신고 갈 짚신은 일부러 헐겁게 만들었다고 하였다.

무성한 여름철에 작은 생명이 큰 숨을 쉬며 그들의 생존을 위해 발악을 하는데, 인간들은 그것도 모르고 실수든 아니면 본의든 간에 그들을 죽이니, 생명보호 차원에서 그렇게 짚신을 헐겁게 만들었다는 것이다.

　미충들이 짚신에 의해 자칫 잘못 밟혔더라도 느슨한 틈에서 생명을 건질 수가 있도록 배려한 선조들의 지혜에 감탄하면서, 여걸들은 행여 등산화에 벌레들이 밟혀 죽을까 봐 길을 걸을 때 조심조심해서 산으로 올랐다.

　스님들의 만행이 따로 없었다. 여걸들은 스스로 만행을 하며 인내를 배워갔다. 간택을 당해서 좋아라고 따라나섰던 남학생들은 그들의 본심과는 전혀 다르게 나가는, 이 여걸들을 비로소 이해를 하고, 고맙게도 군소리 없이 잘 따라 주었다. 역시 그 남학생 두 명도 본심이 착하기는 착한 모양이었다. 아주 다행한 바람직한 착함이었다.

　출발을 할 때의 날씨가 하도 좋아서 신이 난 여걸들은 경연을 하기 시작하였다. 오르기 힘든 산길을 그냥 가면 더 힘이 들까 봐, 시조 외우기, 동요 외우기, 가사 따라 이어 외우기 등, 잠시도 입을 그냥 놀려주는 일이 없었다. 그러는 그녀들을 보는 남학생들은 기가 차는 모양이었다. 입을 놀리랴, 길을 걸으랴, 머리를 굴려서 게임에 이기랴 그렇게 바빴지만, 여걸들은 마냥 신이 나서 즐거울 뿐이었다.

　그런데 그렇게 좋든 날씨가 산에 접어들 무렵부터 하늘이 이상했다. 하늘나라에서 무슨 변고가 생겼는지 시꺼먼 구름이 삽시간에 밀려오고 게다가 방울 비가 쏟아지기 시작하였다. 텐트를 칠 계곡엔 이미 많은 사람들로 북새통을 이루어 자리가 없었다. 내리는 비를 맞으며 그들은 더 깊고 더 높은 쪽으로 꾸역꾸역 올라갔다.

어느 큰 바위가 보이는 곳에 겨우 도착을 하였다. 거기에서 짐을 내리고 부지런히 텐트를 치기 시작하였다. 이제부터 두 남학생의 힘이 필요한 순간이었다. 거뜬히 텐트를 친 그들에게 아낌없는 치하의 말을 건넨 여걸들은 그녀들의 애용 식품인 커피와 비스킷을 내놓았다.

산속에서 마시는 커피, 그리고 비스킷, 비스킷을 커피에 푹 담가서 찍어 먹으면 맛이 일품인 것을, 옛날 임금님들은 그런 것을 드셔 보지도 못하고 붕어하셨다. 그러니 여걸들은 당연 임금님보다는 행복한 사람이었다.

텐트를 치고 나자 빗방울이 제법 굵어졌다. 바깥으로 나가지도 못하고 여걸들과 두 명의 남학생들은 제일 큰 텐트에 모여 앉았다. 사람이 모인 곳에는 언제나 반짝이는 재치가 있게 마련이다.

누군가가 동양화를 가져왔다고 하였다. 동양화는 화투였다. 모두들 일대 기뻐하는 함성을 질렀다. 비가 오니 무엇을 할 것인가? 담요를 펼치고 규칙을 정했다. 점수제로 해서 진 사람이 밥 당번, 커피 당번, 설거지 당번을 하기로 하였다. 모두 대 찬성이었다. 고스톱에 참여할 다섯 명을 뽑기 위해 공정하게 가위, 바위, 보로 선수를 선발하였다. 고스톱 놀이의 규칙을 정하고 드디어 머리에 기름칠할 경기에 들어갔다.

여걸들의 인도자인 나는 출발도 좋았거니와 도대체 그 경기에서 질 줄을 몰랐다. 하나씩 떨어져 나가 먹을 것, 챙길 것 챙겨온 다고 자리바꿈이 있었지만, 나는 경기에 들어선 후부터 자리 이동이 없었다. 다리가 간질간질 미치도록 저려왔다. 거기다가 어깨까지 아파왔다. 바닥이 차가우니 나중엔 엉덩이, 허리 등 몸의 모든 근육이 마비가 되는 것같이 아팠지만 자리 이동이 없으니, 나는 수도승을 자처하고 그대로 고스톱 도를 닦아나갔다.

해가 지고 밤이 되었다. 화장실에도 갈 수가 없었다. 비가 오니 주변에 이웃한 텐트마다 고스톱으로

"고, 고다."

"스톱!"

하는 소리가 산을 울렸다. 게 중 어떤 텐트에서는 노래를 부르는지 기타 반주도 들렸지만, 대부분 사천만의 놀이인 고스톱에 빠져서 도낏자루가 썩는 줄을 모르고 있었다. 가는 날이 장날이라고 산에 도착하자마자 비가 내렸으니, 텐트 안에서 한 발자국도 밖으로 나가지 못하고 꼼짝없이 텐트 안에서 동양화 매력에 푹 빠져 각종 그림들의 특징을 파악하였다.

경기의 본질은 우승에 있지만, 고스톱의 우승은 다리 아픔과 허리 결림, 어깨 아픔이었다.

굳이 좋은 것이 있다면 수고하지 않고 해 주는 것을 받아먹는 것뿐이었다. 승리자의 혜택 이면에는 저린 발의 고통이 있었다.

그러나 저린 발로 고통을 모르는 패배자는 승리자를 부러워하였다. 승리자는 잠을 포기하였다. 대신 승리자는 여름밤을 비와

함께 상대방들을 쓰리고 피박을 씌운다고 밤을 꼬박 새웠다.

이틀이 지났다. 산을 올라야 하는데 비가 멈추지 않으니 고스톱 경기도 멈출 수가 없었다. 난감하였다. 모두들 세수하는 것도 포기하고 오로지 커피와 빵, 라면으로 열심히 요기를 때웠다. 선수들을 위해 수고하는 그들은 차라리 행복하다고 생각이 들었다. 중노동, 아마 이것을 두고 하는 말이지 싶다. 누가 이틀 내내 잠도 자지 말고 일만 하라고 하면, 사람 잡는다고 생쇼를 벌일 것이다.

하지만 고스톱 중노동은 누구 하나 불만이 없으니 대단한 망조의 경기임에 틀림이 없다. 암 그렇고말고.

이틀째 밤이었다. 옆 텐트에서 난리가 났다. 거기엔 여자 한 명만 보이고 대부분 남자들 같았는데, 여자 하나 때문에 난리가 난 것이었다. 친구들과 같이 캠핑을 와서 사이좋게 술 마시고 노래 부르는 것 같더니, 그중에 누군가가 신의를 깬 모양이었다. 병을 깼는지 죽인다는 말도 새어 나오고 비명이 새어 나왔다.

우리들은 경기를 잠시 멈추고 모두들 귀를 그쪽 텐트에 기울였다. 술 취한 사람의 행동이란 그 불똥이 어디로 튈지 모르기 때문에, 사전에 방비를 해야 하기에 모두들 조용한 분위기로 그들의 소리를 들었더니 어처구니가 없었다.

여자 한 명을 누가 좋아해서 그 여자랑 같은 텐트에 자려고 난동을 부리니, 다른 친구들이 그러면 안 된다고 말리다가 싸움이 벌어진 것이었다. 아닌 밤중에 홍두깨라고, 여자 한 명 때문에 탈이 생긴 그들은 비가 오는데도 철수를 한다고 어떤 남자 하나가 우리 텐트로 와서 남은 음식물을 잔뜩 주고 가는 것이었다. 우리가 학생들 같아 보이기에 주고 간다며 소란을 피워 대단히 미안하다며 철수를 하고 떠나는 것이다.

우리는 완전히 어부지리를 한 것이었다. 안 그래도 가져왔던 식량 사정이 달랑달랑하던 차에, 우리는 쾌재를 부르며 그 남은 식량으로 하루를 더 채웠다. 거의 3일을 꼬박 텐트 안에서 동양화 경기를 즐겼더니 머리가 하얗게 빈 것 같았다. 라디오는 물론이고 카세트도 안 틀었으니, 세상이 어떻게 변해가는 줄도 몰랐다.

비가 멈춘 후 텐트 밖으로 나왔더니, 나뭇잎들이 모두 화투로 보였다. 대단한 착시현상이었다. 그들이 주고 간 음식으로 야무지게 밥을 챙겨 먹은 우리는 드디어 계곡으로 갔다. 바위가 반겨주었다. 주야장천 내린 비로 계곡의 물은 한껏 불어서 그 소리마저 거리낌 없이 마구 쏟아내었다.

오랜만에 얼굴에 모두들 물 칠을 하였다. 오랜만에 모두들 이에 치약을 선보였다. 비가 멈춘 하늘은 더욱 높아 있었다. 그러나 3일간의 고스톱 경기에 이긴 승리자의 몸은 무거움으로 축 처져 있었다. 뼈마디 마디마디에 화투패가 근육에 다닥다닥 붙어서, 계속 패를 돌리고 있어서 그럴까?

계곡은 매우 상쾌한 음률을 선사하며 수도승의 승리를 축하해 주었다. 그러나 승리자인 나는 온 뼈마디가 쑤시는 고통을 맛보며, 며칠 동안 하얗게 비어버린 머리에 초록을 주워 담느라고 너무나 바빴다.

쌍 바윗골의 비명

때는 바야흐로 시험의 계절, 캠퍼스의 낭만이 시험과 함께 잠시 사그라질 때였다. 대학교 중앙 도서관은 새벽부터 발을 디딜 공간만 겨우 있을 뿐, 좌석을 찾기란 벌건 대낮에 하늘의 별을 찾기와 다름이 없었다.

학교와 거리가 가장 가까운 친구를 사귀는 일이 시험 기간을 대비한 유비무환(有備無患)이라고 외쳐대던, 먼 거리 학생들의 단말마 같은 외마디가 오가던 그런 슬픈 시절이 있었다.

새벽에 일어나 밥 몇 숟가락 먹는 둥 마는 둥 허둥대며 학교에 와서 자리 하나 마련하고는 지상 최대의 임무를 완수한 듯, 다시 곤한 잠에 빠지는 그런 학생들도 가끔씩 눈에 띄었던 것이다.

변변한 애인을 둔 여학생들이야 무슨 자리 걱정이 있겠는가?

여학생 애인의 한마디 지상명령에 자리는 어김없이 마련이 되겠지만, 변변치 못한 애인이 있는 자는 시험 때나 평소 때나 도서관 출입을 할 일도 별로 없을 테니, 자리를 걱정할 하등의 이유가 없다. 그러나 이도 저도 아닌 여학생들은 죽으나 사나 제힘으로 자리 걱정을 해야 하니, 이 아니 애련하고도 서글픈 일이 아니겠는가?

 자리가 일단 확보되면 다음은 장기전으로 가야 하니, 누가 자리를 먼저 차지하기 전에 자리에 성(城)을 쌓듯 책을 쌓아 두었다. 곳곳에 자리 전쟁에 대비한 성(城)들이 즐비하였다.

 서성(書城)과 무안(霧眼), 전쟁은 소리 없이 몇 시간을 그렇게 할퀴고 지나갔다. 누가 커피를 들고 오나 싶었다. 향긋한 향이 전쟁터에서 잠시 정전(停戰)으로 밀려오는 배고픔의 향수에 젖어, 고향의 엄마가 끓여 주시던 숭늉처럼 달콤하게 다가왔다. 다시 사위는 적막강산…….

 숨소리조차 걸러서 고요히 내뿜는 순간, 어디에선가 일성(一聲)이 울렸다.

 "뽀오~옹……."

 지극히 겸손한 소리,

 그윽한 인내의 소리,

 그 소리는 고요를 타고 전방에서 후방까지 들려왔다.

 "큭큭!"

 "호호!!"

"흐흐흑!!!"

"까르~~~~~~~~~~~~~~~륵!"

일순간 웃음은 초(超)를 타고 급속도로 도서실 안을 초토화시켜 버렸다.

'순간에서 영원으로 전쟁은 평화를 원하는가!'

여기저기서 참지 못할 그 미묘한 웃음소리로 도서실은 잠시 마비가 되었었다.

쌍 바위 골의 비명은 전쟁을 종식시키는 위대한 나팔이었던 것이다.

"뽀오~옹……."